언어,

진실을 전달하는가 왜곡하는가

언어,

진실을 전달하는가 왜곡하는가

박찬욱 기획, **한자경** 편집 | **한상희** · **김성철** · **김방룡** · **박찬국** · **권석만** 집필

LANGUAGE

운주사

기획자 서문

언어에 대한 성찰을 통하여 평안을 향유하기를 기원하며

세상에는 다양한 생명체들이 존재합니다. 우리 인류가 다른 생명체들과 차별되는 두드러진 특징 중 하나는 매우 발달된 언어의 사용입니다. 인류는 오랜 기간 동안 언어를 고도로 발달시켜 왔으며, 그 언어를 통하여 문명과 문화를 형성하고 창달시켰고, 현재 지구에서 가장 강력한 영향력을 행사하고 있습니다.

언어는 우리에게 순기능적으로 작용하기도 하지만, 많은 역기능을 초래하기도 합니다. 언어의 본질 중 하나는 대상을 지시하거나 상징할 뿐, 대상 그 자체는 아니라는 것입니다. 인류는 언어를 통하여 사유능력을 발달시킴으로써 자연을 이해하고 활용하여 인류의 삶을 풍성하게 하였지만, 언어가 지시하는 대상 그 자체와의 접촉은 오히려 소원해지는 결과를 초래하기도 하였습니다.

언어는 강력한 힘을 갖고 있어서 개인이 사용하는 언어의 내용과 질에 따라 그 사람의 삶에 지대한 영향을 미칠 뿐만 아니라, 타인과의 교류와 소통에서도 중요한 역할을 하며 인류의 행복과 불행에 막대한 영향력을 행사하고 있습니다. 대개 언어 형태로 하는 생각이 말과 행동으로 이어지고, 생각과 말과 행동은 개인과 사회를 차별화하고 있습니다.

올해는 이처럼 인류에게 중요한 역할을 하고 있는 언어에 대하여 논의해 보고자 합니다. 언어에 대하여 본질적 내지 실천적 측면에서 성찰해 봄으로써, 자기 자신과 타인 나아가 세상을 좀 더 깊이 이해하는 계기가 마련되기를 소망하며, 궁극적으로 오해와 집착에서 벗어나서 평안을 향유하기를 기원합니다.

2006년부터 매년 한두 차례 개최해 온 '밝은사람들 학술연찬회'는 논의되는 내용을 학술연찬회 개최 전에 '밝은사람들 총서'로 출간하고 있습니다. 학술연찬회와 총서 내용을 더욱 알차게 꾸리기 위하여 매번 1년 가까운 기간 동안 성실하게 준비하고 있습니다.

주제 발표자로 확정된 이후 여러 준비 과정에 진지한 태도로 참여하시고, 각자 전문 분야의 관점과 연구 성과를 일목요연하게 정리하신 한상희 교수님, 김성철 교수님, 김방룡 교수님, 박찬국 교수님, 권석만 교수님, 다섯 분의 주제발표 원고를 조율하시고 학술연찬회 좌장 역할을 하시는 한자경 교수님께 진심으로 감사드립니다. 그리고 옥고를 단행본으로 출간해 주시는 운주사 김시열 사장님과 직원 여러분의 노고에도 감사드립니다.

특히 2006년 초 밝은사람들연구소 발족 이래 지금까지 불교와 사회의 상생적 발전을 촉진하는 연구소 사업을 물심양면으로 적극 지원해 주고 계신 수불 스님과 안국선원에 깊이 감사드립니다.

일상에서 늘 행복하시길 기원하며

2023년 11월

밝은사람들연구소장

담천 박찬욱 합장

편집자 서문

언어, 진리의 전달인가 왜곡인가

- 언어는 존재와 어떤 관계인가? -

한자경(이화여자대학교 철학과 교수)

1. 언어, 무엇이 문제인가

언어는 우리가 하는 말과 쓰는 글을 뜻하고, 진리 내지 진실은 우리가 언어로써 드러내고자 하는 존재 내지 실재를 뜻한다. 우리는 언어를 갖고 진리를 사유하고 인식하며, 그렇게 인식된 진리를 다시 언어를 갖고 서로 이야기하면서 의사소통한다. 언어는 각자 진리를 인식함에 있어서나 그렇게 인식된 내용을 타인과 의사소통함에 있어서나 결코 빼놓을 수 없는 가장 기본적이고 또 가장 일반적인 수단이라고 할 수 있다.

우리는 대개 언어가 존재를 있는 그대로 여여하게 드러낸다고 여긴다. 즉 언어의 각 단어 내지 명칭인 명(名, nama)이 실제로 존재하는 사물이나 사건인 사(事, vastu) 내지 실實과 일대일 대응하고, 언어의 구문론적 형식이 사물의 존재론적 구조를 그대로 반영하고 있다고 여긴다. 예를 들어 '사과'라는 단어에는 눈앞의 저 사과가 대응하고, '사과는 빨갛다'라는 주어-술어의 문장 구조에는 실제 사과와 빨강의 실체-속성의 존재 구조가 상응한다고 여긴다. 그렇게 언어와 대상, 언어와 존재 간에 내용면에서든 형식면에서든 일대일 대응이 있다고 여기는 것이다. 소쉬르의 용어로 말하면, 대상을 지시하는 형식적 기호인 기표(記標, signifiant)로서의 단어에 그 단어에 의해 지시된 내용인 기의(記意, signifié)가 일대일 대응한다고 여기고, 불교 용어로 말하면, 사를 지시하는 능전能詮인 단어에 그 단어에 의해 말해지는 소전所詮이 일대일 대응한다고 여긴다.

언어/명(名, nama)/단어: 기표(記標, signifiant) = 능전能詮
존재/사(事, vastu)/사물: 기의(記意, signifié) = 소전所詮

서양철학에서는 언어에 의해 지시되는 것을 관념적 대상인 보편적 이데아(플라톤)나 로고스(기독교) 또는 본유관념(합리론)으로 보든 아니면 물리적 대상인 개별적 사물(보편 명목론/경험론)로 보든 고대 플라톤의 이데아설부터 현대 비트겐슈타인의 그림이론에 이르기까지 늘 언어와 대상, 기표와 기의 간의 일대일 대응을 당연시해 왔다.[1] 현대의 기호학자 소쉬르(Saussure, 1857~1913)가 비로소 기호에서의

---

1 이것이 명칭과 사물, 표상과 대상 간의 일대일 대응을 주장하는 '진리 대응설' 내지 '일치설'이다. 물론 예외는 있으니, 해체론자 니체(Nietzsche, 1844~1900)가 대표적 경우이다. 니체는 우리가 '실체-속성'의 구조로 세계 존재를 인식하는 것은 우리의 언어구조가 '주어-술어'의 구조로 되어 있기 때문일 뿐이며, 실제 세계가 그런 방식으로 존재하는 것은 아니라고 논하였으며, 따라서 이전의 서양 형이상학을 언어의 틀에 따라 존재를 왜곡하여 해석하는 '언어형이상학'이라고 싸잡아 비판하였다.

기표와 기의를 구분하면서 그 둘 간의 일대일 대응을 부정하였는데, 그는 기표에 일대일로 대응하는 기의는 본래 존재하지 않고, 기표는 항상 기의로부터 미끄러져 어긋나 있으며, 그런 기표를 따라 기의가 늘 새롭게 만들어진다고 주장하였다.

반면 불교는 처음부터 우리의 언어가 실재를 있는 그대로 반영한다는 것에 대해 회의적이었다. 불교는 인간의 언어적 분별을 '허망분별'이라고 간주하는데, 언어적 분별이 허망한 까닭은 그 분별에 상응하는 실재가 따로 있지 않기 때문이다. 붓다(釋迦牟尼, 기원전 5~6세기)의 무아설無我說은 언어적 분별에 일대일로 상응하는 자성自性이 따로 있지 않음을 말한다. 예를 들어 '사과'라는 명칭에 상응하는 사과의 자성, '나'라는 명칭에 상응하는 나의 자성, 나의 본질이 따로 있지 않다는 것이다. 명칭에 상응하는 자성이 있지 않은데도 그 명칭을 사용할 때, 우리는 그런 명칭을 임시적으로 또는 가정적으로 말하는 가설假說 또는 돌려서 말하는 비유(譬喩, upacara)라고 부른다. 불교는 우리의 언어는 기본적으로 가설이라고 보며, 그런 가설적 명칭을 따라 상정되는 자성 또한 실재하는 자성이 아니라 단지 언어적으로 시설된 '가설자성(假說自性, prajñapti-svabhāva)' 또는 '가립자성'이라고 논한다.

> 일체법의 가립자성假立自性은 혹 색色이라고 하든 혹 수受라고 하든 혹 열반이라고 하든 일체가 오직 가假로써 건립된 것이지 자성이 있는 것이 아니며, 또한 가립을 떠나 별도로 자성이 있는 것도 아님을 알아야 한다. 그것은 언어로 행해지는 것이며 언어의

경계이다.[2]

명칭으로 칭해진 자성을 '가설자성'이라고 부르는 것은 명칭에 일대일로 상응하는 자성이 존재하지 않는다는 말이다. 색이나 수, 아나 법 등은 명칭만 있을 뿐, 모두 그 명칭에 상응하는 자성이 따로 없다. 이처럼 불교는 언어적 허망분별을 따라 시설된 일체 존재의 자성을 부정하면서, 우리가 실재라고 여기는 것들이 사실은 언어적 분별을 따라 임시적으로 시설된 언어의 경계일 뿐이라고 논한다. 능전으로서의 각각의 단어는 있되 그 단어에 상응하는 소전으로서의 자성은 따로 존재하지 않는다는 것이다.

그러나 눈앞의 세계를 보면서 우리가 행하는 언어적 분별이 어째서 그에 상응하는 자성이 없는 허망분별이라는 것일까? 기표에 상응하는 기의, 명칭에 상응하는 자성이 없다면, 그럼 우리 눈앞에 있는 것은 과연 무엇인가? 기의 없이 우리는 어떻게 기표를 만들고, 상응하는 자성 없이 어떻게 언어적 분별이 행해질 수 있는 것일까?

2. 언어적 분별의 특징

언어적 분별은 기본적으로 이것을 이것 아닌 것과 구분하기 위한 것이며, 따라서 일체를 이것과 이것 아닌 것, 둘로 나누고 쪼개는

---

2 『유가사지론』, 「진실의품」(『대정장』, 권30, 488상12-15). "一切法假立自相, 或說爲色或說爲受如前廣說乃至涅槃, 當知一切唯假建立非有自性, 亦非離彼別有自性. 是言所行是言境界."

이원적 분별이다. 이것을 이것 아닌 저것과 나누기 위해 우리가 주목하는 것은 이것과 이것 아닌 것, 이것과 저것의 차이이며, 우리는 그 차이를 언어로 담아낸다. 그리고 그 언어를 따라 이것을 '이것 아닌 것이 아닌 것'으로 규정한다.[3] 예를 들어 눈앞의 대상을 '사과'라는 단어로 칭할 때 우리는 그것을 사과 아닌 것이 아닌 것, 말하자면 배나 감 등이 아닌 것으로 이해한다. 사과를 배나 감과의 차이를 통해 사과로 규정하는 것이다. 그런데 이처럼 이것을 이것 아닌 저것과의 차이를 따라 규정하는 것은 결국 이것과 저것 간의 공통점은 배제하고 오직 차이만을 이것의 본질 내지 자성으로 삼는 것을 뜻한다. 말하자면 사과에서 사과와 배와 감의 공통적 특징인 과일성은 배제하고 그것들을 서로 다른 것으로 구분 짓는 차이에만 주목하면서 그 차이를 갖고 사과를 규정하는 것이다. 그러나 과일성이 배제된 사과가 과연 사과인가? 과일성이 배제된 사과가 과연 있기나 한가?

'인간은 이성적 동물이다'라는 서양식 인간 규정 또한 이러한 이원적 분별을 따라 성립한다. 근사류를 종적 본질인 종차種差를 가진 것과 안 가진 것으로 이원화하여 분별하는 것이다. 모든 것을 '살아있음'의 종차를 따라 생물과 무생물로 나누고, 생물을 다시 '운동성'의 종차를 따라 동물과 식물로 나누며, 동물을 다시 '이성'의 종차를 따라 인간과 (인간 아닌) 동물로 나눈다. 이것은 둘 간의 공통점은 사상하고 차이를 본질로 간주하면서 하나를 그것 아닌 다른 것들과 본질적으로 다른 것으로 규정하는 것이다. 그러나 동물과의 공통점이 배제된 인간,

---

3 이러한 불교적 언어관을 '아포아(aphoa)론'이라고 한다.

이성만을 본질로 삼는 인간이 과연 인간인가? 그런 인간이 과연 있기나 한가?

인간을 '인간 아닌 것이 아닌 것'으로 규정할 때, 그 인간은 인간 아닌 다른 모든 존재와의 공통점이 배제된 인간, 따라서 인간 이외의 다른 일체 존재와의 연관성을 상실한 존재가 되고 만다. 나를 '나 아닌 것이 아닌 것'으로 규정하면, 그 나는 다른 일체 존재와의 연관성을 상실한 나가 된다. 붓다는 이런 인간, 이런 나의 본질, 자성自性은 있지 않다고 말한다. 다른 것과의 공통점은 사상하고 차이에만 주목하는 이원적 분별은 마치 분별의 기반이 되는 공통점에 해당하는 계단을 하나씩 밟고 올라가면서 그 기반이 되는 아래 계단을 치워버려 결국 허공 중에 떠 있게 되는 것과 같다. 이원적 분별이 점점 더 복잡해지고 점점 더 치밀해질수록 모든 것은 다른 모든 것과의 연관성을 상실하고 공통의 기반으로부터 점점 더 멀리 떨어져 결국 고립화되고 원자화되며, 어디에도 닻을 내리지 못하는 배처럼 파도에 떠다니고, 끈 풀린 연처럼 허공에 부유할 뿐이다. 그처럼 고립화되고 원자화된 나에 일대일로 상응하는 자성은 따로 있지 않다.

3. 분별과 사事, 언어와 존재의 순환

그러나 분별적 언어에 상응하는 자성으로서의 사事가 실제로 있지 않다면, 즉 분별대상이 되는 눈앞의 사물들, '사과', '인간', '나'의 단어에 상응하는 개별자들이 실제로 있는 것이 아니라면, 그럼 분별은 무엇에 의거해서 일어나고, 또 분별을 통한 가설자성은 어떻게 시설되는 것일까?

붓다는 이것을 언어적 분별과 존재(사)의 시설, 둘 간의 순환으로 설명한다. 분별은 사에 의거해서 일어나고, 사는 다시 분별을 통해 생겨난다는 것이다. 이 순환을 명료하게 표현한 것이 바로 『맛지마니까야』 「마두핀다카경」의 다음 구절이다.

> A. 안과 색을 인연하여 안식이 일어난다. 이 셋(근·경·식)의 화합이 촉이다. 촉을 인연하여 수가 있다. 자신이 느낀 것을 자신이 지각하고, 자신이 지각한 것을 자신이 사유하며, 자신이 사유한 것을 자신이 망상한다. B. ①자신이 망상한 것에 의존하여 망상-상-수數가 일어나고, ②이것은 과거 현재 미래에 걸쳐 색과 안식에 대해 그 사람을 구속하고 제한한다.[4]

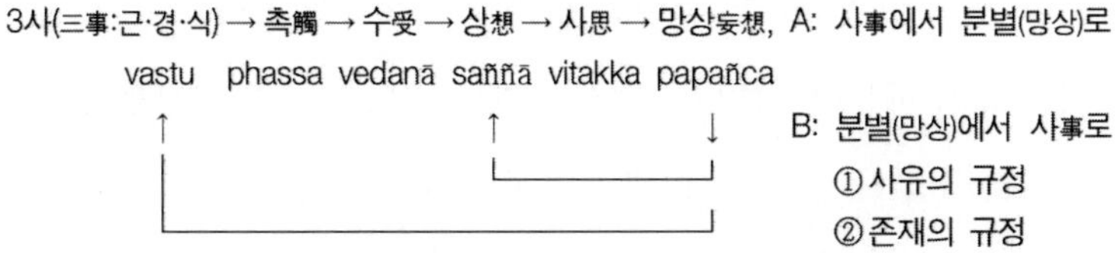

(A) 근·경·식 3사의 화합으로 느낌과 지각과 생각이 일어나고, 그로부터 언어적 개념체계인 망상이 만들어지는데, (B) 그 언어적 망상분별이 다시 ①지각과 생각을 일으키고 또 ②근·경·식 3사를

---

4 『맛지마니까야』, 「마두핀다카경」. 여기서 망상-상-수의 수數는 사思를 구성하는 개념을 뜻하므로 사思와 같은 의미로 읽어도 된다.

제한한다는 것이다. (A)는 사事로부터 분별이 일어나는 과정을 보인 것이고, (B)는 그렇게 형성된 분별적 망상으로부터 다시 사가 규정되는 과정을 보인 것이다.

이처럼 분별망상과 사事, 언어와 존재는 서로 순환관계에 있다. 사로부터 분별망상체계인 희론이 만들어지는 과정(A)은 경험적 의식으로도 쉽게 파악할 수 있지만, 언어적 분별망상체계인 희론이 우리의 사유와 존재를 규정하는 과정(B)은 분별적 표층의식에는 가려져 있어 누구나 쉽게 알 수 있는 것이 아니다. 이 두 과정이 반복되는 것에 대해 유식 논서 『유가사지론』「진실의품」은 다음과 같이 설명한다.

> a. 과거세의 분별이 인因이 되어 현재의 분별의 소의所依와 소연所緣인 사事를 능히 생한다. b. 현재의 분별의 소의이고 소연인 사가 이미 생기면, 다시 (사가) 능히 인이 되어 현재세의 저 소의와 소연으로부터 일어나는 분별을 생한다. c. 지금의 분별을 요지了知하지 않기 때문에, (분별은) 다시 미래의 소의와 소연인 사를 생한다. d. 저것(사)이 미래에 생기기 때문에, 결정코 미래에 그것에 의지하고 그것을 연하여 일어나는 분별을 생한다.[5]

---

5 『유가사지론』「진실의품」(『대정장』, 권30, 490상25-중1), "a. 過去世分別爲因, 能生現在分別所依及所緣事. b. 現在分別所依緣事旣得生已, 復能爲因, 生現在世由彼依緣所起分別. c. 於今分別不了知故, 復生當來所依緣事, d. 彼當生故, 決定當生依彼緣彼所起分別."

과거세 현재세 미래세
a. 〈분별 → 사〉
b. 〈사 → 분별〉
c. 〈분별 → 사〉
d. 〈사 → 분별〉

a. 현재세의 사事는 과거세의 분별로 인해 만들어진 것이며, b. 우리는 현재세에서 그 사에 근거해서 다시 분별을 일으킨다. 그런데 c. 이 현재세의 분별이 다시 미래세의 사를 만들고, 그러면 d. 우리는 미래세에서 다시 그 사에 의지해서 분별을 일으킨다는 것이다. (A) 사를 소의와 소연으로 삼아 분별을 일으키지만, (B) 그 사는 그 이전의 분별을 통해 만들어진 사라는 것이다. 이처럼 우리가 눈앞에 실재하는 사물이라고 생각하는 사가 사실은 언어적 분별체계인 희론을 따라 만들어진 가유假有, 시설된 가설자성인 것이다. 이 점을 여실하게 알지 못하고 현세에서 분별의 소의와 소연이 되는 사를 실유實有라고 집착하면서 그 위에서 분별하면, 그 분별이 다시 그 다음 생의 사事를 만든다. 이처럼 언어적 분별과 존재의 사는 서로 순환으로 얽혀 있다. 이 얽힘을 벗어나지 못하는 한, 사에 의거하여 일어나는 분별이 다시 사의 원인이 된다. 그렇게 사는 언어적 분별을 따라 만들어진 가유에 불과하다.

언어적 분별이 가유(사)를 만들어내는 과정(B)을 유식 논서 『성유식론』은 좀 더 상세히 설명하는데, 이 과정에 언어적 분별의 힘(업력)을 간직한 '종자種子'와 무수한 생을 거쳐 그런 종자들을 함장하고 있는 '제8아뢰야식'이 등장한다. 유식은 이 과정을 세계로부터 일어나는 경험(분별/업)이 종자(명언종자/정보)를 남기고(현행훈종자), 그 종자가 아뢰야식 안에 머물다가(서로 연결되어 희론/개념체계/인식망을 구축하여)(종자생종자), 인연이 갖추어지면 현행화(구체화)하면서 다시 세계를 만들어내는(종자생현행) 과정으로 설명한다.

『유가사지론』	사	→	분별	→	사	→	분별
			‖		‖		
『성유식론』	세계	→	경험/업		세계	→	경험/업
			↓〈현행훈종자〉		↑〈종자생현행〉		
			종자 →	→ → →	종자		
				〈종자생종자〉			

종자의 현행화 결과로 만들어지는 세계가 바로 중생 자신의 인식기관인 근根과 그에 상응하는 대상세계인 경境이다. 이를 유식은 각자의 유근신有根身과 공통의 기세간器世間이라고 부른다. (A) 현상세계 속에 살면서 사물을 나누고 쪼개는 언어적인 이원적 분별을 일으키면, 그러한 이원적 분별을 따라 우리의 언어적 개념체계(희론)가 형성되고, 결국 (B) 그것이 두뇌신경세포를 포함한 인간의 몸(유근신)이 되고 또 동시에 그 근에 상응하는 세계(기세간)가 펼쳐지는 것이다. 결국 우리가 지각하는 분별된 사물들은 그 자체로 실재하는 실유가 아니고 아뢰야식의 전변 결과인 식소변識所變이며 우리의 언어적 분별을 따라 시설된 가유인 허망분별상인 것이다. 이 사실을 여실하게 알지 못하고 분별된 나와 세계를 실유로 간주하면서 그 위에서 또다시 분별하니, 그렇게 분별과 사(허망분별상), 인식과 존재, 종자의 훈습과 현행이 반복되고, 우리는 그 순환에 갇혀 허망분별상의 세계인 3계界

6도道를 돌고 도는 윤회를 벗어나지 못하는 것이다.

4. 언어적 분별 너머로의 길

우리가 보는 현상세계는 무수한 과거생 동안의 언어적 허망분별을 따라 일체가 나뉘고 쪼개어져 현재와 같은 모습으로 나타나는 가유의 허망분별상일 뿐이다. 이처럼 일체가 이원적 분별을 따라 형성된 것으로서 실유 아닌 가유이고, 실상 아닌 허망상일 뿐이라면, 우리에게 그런 허망분별상을 넘어설 길은 과연 없는 것인가? 일체가 가유임을 알아 더 이상의 이원적 분별을 더하지 않는다면, 우리는 과연 어디로 나아가게 될까?

이원적 분별을 멈춘다는 것은 이것을 보되 이것을 이것 아닌 저것과의 차이를 따라 저것 아닌 이것으로만 보는 것이 아니라, 이것과 저것이 함께 갖는 공통점을 따라 이것 안에 포함된 저것을 함께 보는 것을 의미한다. 그렇게 함으로써 이것과 이것 아닌 것, 이것과 저것을 둘로 나누고 쪼개는 이원적 분별의 경계선을 넘어서게 된다. 말하자면 사과를 보되, 사과를 배가 아닌 것으로만 보는 것이 아니라 배와 다르지 않은 같은 과일이라는 것을 보는 것이다. 나를 나 아닌 너와 구분되는 별개의 단독자로 여기는 것이 아니라, 나 안에 너가 스며들어 있고 너 안에 내가 스며들어 있어 너와 내가 이미 하나의 우리를 이루고 있음을 아는 것이다. 다시 말해 이것이 이것 아닌 것이 아닌 것으로, 즉 저것이 아닌 것으로 존재하는, 그 자체로 존재하는 실체가 아니라, 오히려 저것이 있으므로 이것이 있고, 저것이 없으므로 이것이 없는 그런 연기緣起의 존재라는 것을 여실하게 아는 것이다.

이것과 저것을 나누는 허망분별의 경계선들이 모두 제거되면, 이것은 이것 아닌 것을 모두 자신 안에 포함하는 전체가 되고, 저것 또한 저것 아닌 것을 모두 자신 안에 포함하는 전체가 된다. 따라서 이것과 저것, 나와 너는 비록 현상적 모습인 상相에서는 서로 다른 것으로 드러날지라도 그 자체의 성품인 성性에 있어서는 서로 다르지 않은 하나인 것이다. 이것이 화엄이 말하는 상즉相卽과 상입相入의 연기세계이며, 사事와 사事가 각각으로 분리되지 않은 채 하나로 소통하고 하나로 호흡하는 사사무애법계事事無礙法界의 실상이다. 이렇게 감지되는 사事는 일체의 언어적 분별 내지 이원적 분별을 모두 넘어선 '오직 사'인 유사唯事이며, 불교는 이것을 일체의 언설을 떠난 '이언자성離言自性', 즉 진여眞如라고 부른다.[6] 이것을 보되 언어적 이원성의

---

6 일체의 언어적 분별을 떠난 후 남겨지는 '유사(唯事, vastumātra)'를 '이언자성' 또는 '진여'라고 부르는 것에 대해서는 『유가사지론』「진실의품」 참조. 그곳에서 논사는 언어틀에 따라 우리가 지각하고 인식하는 모든 것이 가설이고 가유라고 해서 그 너머의 이언자성인 진여까지 부정한다면, 그것은 '최극단의 허무주의자(pradhāna-nāstika)'로서 '악취공'에 빠진다고 비판하며, 그럴 경우에는 '일체가 오직 가일 뿐임이 진실이다'라는 주장조차 성립할 수 없게 된다고 지적한다. "그(손감론자損減論者/허무주의자)는 허망한 가假의 소의의 처소에 실제로 있는 '유사'를 폐하여 있지 않다고 한다. 그런즉 일체가 허망한 가일 뿐이고 모두 없다면, 어떻게 '일체가 오직 가일 뿐임이 진실이다'가 성립할 수 있겠는가?(彼於虛假所依處所實有唯事撥爲非有. 是則一切虛假皆無, 何當得有一切唯假是爲眞實?)"「진실의품」(『대정장』, 권30, 488하3-5). "만약 오직 가假만 있고 실제 사事가 없다면, 이미 의지할 곳이 없으니 가假 또한 있지 않다.(若唯有假無有實事, 旣無依處, 假亦無有. 是則名爲壞諸法者.)"「진실의품」(『대정장』, 권30, 488중25-27). 가설자성 배후

분별을 따라 이것 아닌 것이 아닌 것으로만 보지 않고, 이것 안에서 이것 아닌 것을 함께 보고 따라서 이것 아닌 것을 모두 포함하는 전체를 본다면, 그것은 곧 사물을 보되 상相을 보지 않고 성性을 보는 것이고, 곧 여래如來를 보는 것이며, 바로 존재의 실상인 진여를 보는 것이다. 이것이 곧 언어로 말을 하되 언어의 분별적 이원성에 머무르지 않고 언어로써 언어를 뛰어넘는 바른 말이라고 할 수 있다.

5. 언어에 대해 다시 묻기

우리는 대개 우주 만물을 인간의 언어와 상관없이 그 자체로 존재하고 또 그 자체로 인식되는 것으로 여기며, 언어는 단지 그렇게 인식된 진리를 표현하고 전달하는 수단에 불과하다고 여긴다. 우주 만물은 객관적 실재이고, 인식 수단인 언어는 인식자 주관에 속하는데, 객관은 주관 너머에 그 자체로 실재하고, 주관은 그 객관을 인식하고, 그렇게 인식된 결과를 언어로 표현할 뿐이라고 여기는 것이다. 예를 들어 이 방에 책상이 있기에, 나는 '이 방에 책상이 있다'고 인식하고 그렇게 말하며, 나의 이 언표는 있는 그대로의 사실을 있는 그대로 반영한다고 여긴다. 책상의 존재 및 그 존재의 인식에 있어 언어는 아무 상관이 없으며, 언어는 단지 인식을 표현하고 전달하는 기호

에 남겨지는 이언자성의 유사는 결국 사물의 공성이며, 이는 곧 스스로를 공으로 자각하는 본각本覺의 마음, 공적영지空寂靈知의 마음이다. 이것이 곧 여래심이고 진여심이니, 불교가 지향하는 것은 결국 주객의 이원적 분별을 넘어 일체를 포괄하는 무한과 절대의 마음, 일심一心의 자각이라고 할 수 있다.

내지 수단에 불과하다고 여기는 것이다.

그런데 '방'이나 '책상' 또는 '있음'의 개념이 없는 자에게도 '이 방에 책상이 있다'는 인식이 성립할까? 나아가 그렇게 인식하는 자를 떠나 그렇게 인식되는 존재가 과연 있기나 할까? 애당초 인간과는 다른 인식기관을 가진 존재, 예를 들어 지렁이 같은 동물은 이 공간에서 책상 대신 지나가기 매우 힘든 광활한 사막과도 같은 들판을 느낄지 모르고, 화탕지옥의 지옥중생은 이 자리에서 불꽃이 이는 화염덩어리를 만날지도 모른다. 무색계의 천天이나 귀鬼나 신神도 각각 보는 것이 서로 다를 수 있다. 우리가 이 자리에서 '책상'으로 언표할 수 있는 그런 모양의 물체를 보는 것은 우리 인간의 인식기관이 현재와 같은 안·이·비·설·신·의 6근根으로 되어 있기 때문이며, 이러한 6근의 인식기관은 지난 억겁(진화론에 따르면 수백만 년)의 역사 속에서 인간이 행한 언어적 이원성의 분별적 사고가 반복적으로 쌓이고 쌓여 그렇게 만들어졌기 때문이다. 결국 인간의 언어가 인식뿐 아니라 존재까지도 규정한다는 말이 된다.

그러므로 우리는 다시 묻게 된다. 우리가 인식하는 객관이 과연 주관 너머의 실재일까? 주관은 과연 있는 그대로의 객관을 여여하게 아는 것일까? 언어가 과연 진리를 있는 그대로 반영하는가? 오히려 대상을 관찰하기 위해 투사하는 빛이 대상의 상태를 변화시키듯, 언어를 포함한 우리의 인식수단은 인식대상을 특정한 방식으로 변화시키고, 우리는 그렇게 변화된 대상만을 보면서 그것을 객관적 실재라고 착각하는 것일 수도 있다. 그렇듯 객관은 주관에 의해, 존재는 인식에 의해 만들어진 허망분별상으로 허상 내지 가상일 수 있는 것이다. 태양을 알고자 가까이 다가갈수록 양초 날개가 녹아내리는 이카루스의 운명처럼, 우리에게 존재 자체는 가려져 있고, 우리는 우리 자신이 만든 허상 속에 갇혀 있는지도 모른다. 그리고 우리를 그렇게 가상 속에 가둬놓는 것이 바로 언어일지도 모른다. 언어는 과연 우리에게 진리를 밝혀주는 빛인가, 아니면 진리를 감추고 왜곡시키는 어둠인가? 언어의 한계를 넘어서는 길은 과연 무엇인가?

6. 이 책의 전개

이 책은 세계의 존재 및 그에 대한 인식의 문제와 복잡하게 얽혀 있는 언어의 문제를 다루고 있다. 언어가 과연 우리에게 있는 그대로의 진실을 투명하게 보여주는 유용한 도구인지, 아니면 오히려 진실을 가리고 왜곡하는 불편한 도구인지를 밝혀보려는 것이다. 이를 위해 언어를 중점적으로 다루는 다섯 분야를 골라서 다섯 분의 전문가에게 언어에 관한 논의를 부탁드렸다. 초기불교(한상희), 대승불교(김성철), 선불교(김방룡), 서양철학(박찬국), 심리학(권석만) 다섯 분야의 전문가의 글을 모아 한 권의 책으로 엮어보았다.

초기불교의 언어관은 한상희의 「언어, 깨달음으로 가는 길」에서 살펴볼 수 있다. 언어를 절대시하던 정통 바라문 사상과 달리 붓다는 언어를 조건, 즉 합의나 관습 등에 의해 만들어지는 일종의 사회적 산물로 간주하며, 따라서 존재와 명칭 간의 자연적이고 절대적인 일대일 대응을 부정한다. 붓다에 따르면 언어는 인식의 전개과정 상에서 일어나는 개념의 확산(papañca)인 희론이며, 그럼에도 그

희론이 다시 인간의 사유와 삶을 규정하는 순환을 보인다. 한상희는 그 안에서 우리가 행해야 할 바람직한 언어생활이 무엇인지를 붓다의 설법과 제자들의 설법 듣기 및 깨달음으로 다가가는 언어의 실천적 사용을 통해 제시한다. 그러면서 그는 언어가 진실을 가리는 면이 있어도 궁극적 진실로 나아가기 위한 중요한 수단은 역시 언어라는 것을 강조한다.

김성철은 「은유로 나타나는 세계」라는 제목 하에 대승불교의 언어관을 논한다. 그는 우선 인도 정통 언어철학자 바르트르하리의 언어관, 즉 언어의 지시대상이 은유적 실재라는 관점을 설명하며, 그것이 유가행파 안혜의 은유론에 영향을 주었다고 말한다. 김성철은 『유가사지론』 「보살지·진실의품」에서는 언어적 분별이 사事를 산출함을 논하되 중관의 손감견과 달리 그러한 언어 표현의 기반으로서 언어적 분별 너머 불가언설의 궁극적 실재가 있음을 인정한다고 밝히고, 이어 세친의 『유식30송』의 제1게송에 대한 안혜의 주석에서 안혜가 일체의 언어적 분별 및 표현의 기반으로 식의 전변轉變을 논한다고 밝힌다. 유식에서 일체의 언어적 표현을 은유라고 칭하는 것은 그러한 언어에 의해 지칭된 사물이 아뢰야식 내 함장된 명언종자의 현현이며, 따라서 아뢰야식의 전변활동을 떠나 그 자체로 존재하는 실유가 아니라 식의 현현으로 드러나는 가유이기 때문이다. 언어적 분별은 분별로써 가유를 형성함으로써 실재를 은폐하는 성격을 갖지만, 그럼에도 그런 분별과 가유의 실상을 여실지견하기 위해 언어에 대한 통찰이 요구된다는 언어의 이중성을 강조한다.

선불교 분야에서의 언어관에 대해서는 김방룡이 「불립문자와 불리문자의 이중주」라는 제목의 글에서 논하고 있다. 경·율·론 3장藏에 기반한 교종과 달리 선종은 처음부터 '교외별전, 불립문자'를 내세우며 언어적 차원을 넘어선 '이심전심以心傳心'에 의한 본성의 깨달음을 강조하였다. 김방룡은 붓다와 가섭 간의 염화미소를 출발점으로 삼은 중국의 선불교가 마조 이후 '조사선'에서 조사와 제자 간의 언어적 선문답이 중시되었어도, 이때 언어는 즉심즉불의 본래면목을 직지하는 '직지인심'의 방편으로 사용되었을 뿐이라고 논한다. 그러다가 당말과 오대를 거쳐 북송에 이르면 선사들의 수많은 어록과 등록이 등장하여 언어로써 선의 세계를 표현하는 요로설선繞路說禪의 '문자선'이 유행하게 되었다고 밝힌다. 그는 이 과정을 문자를 세우지 않는 '불립문자'에서 문자를 떠나지 않는 '불리문자不離文字'로의 전환이라고 설명한다. 그러한 문자선의 유행을 따라 불립문자의 정신이 흐려지고 언어적 사량분별로 치우치게 됨을 경계하고자 북송 말 대혜종고는 간화선看話禪의 수행법을 제시하였다. 간화선은 선문답의 공안인 화두를 의심을 일으키는 수단(방편)으로 사용하여 수행자로 하여금 의정疑情과 의단疑團을 일으켜 스스로 사유 내지 언어의 한계인 은산철벽에 맞닥뜨려 그 무명의 철벽을 타파하게 만드는 방법이다. 김방룡은 이와 같은 대혜의 간화선을 문자선의 '불리문자'에서 다시금 선종 본래의 '불립문자'로 재전환시키는 수행법이라고 평가한다. 이런 의미에서 그는 선불교의 언어관을 '불립문자와 불리문자의 이중주'라고 표현한다.

언어는 동양 내지 불교철학에서 뿐 아니라 서양철학에서도 존재와 인식을 논하는 데 있어 빼놓을 수 없는 주요 주제 중의 하나이다. 서양철학의 언어관을 소개하기 위해 박찬국은 「언어를 사용하는 동물로서의 인간」이라는 제목 하에 서양 고대와 중세 및 근대와 현대의 언어관을 총괄적으로 정리한다. 그는 고대 플라톤과 아리스토텔레스의 언어관을 언어가 객관적 실재를 있는 그대로 반영한다는 의미에서 '실재론적 언어관'이라고 부르며, 이를 언어가 인간의 주관적 표상의 반영일 뿐이라고 보는 중세의 '유명론적 관점'이나 근세의 '경험론적 관점'과 대비시킨다. 나아가 박찬국은 이들의 재현주의적 관점을 넘어서는 현대철학에서의 '언어적 전회'를 강조하는데, 이를 헤르더와 훔볼트와 카시러 그리고 하이데거와 비트겐슈타인과 데리다를 통해 해명하고 있다. 그들의 '언어적 전회'에 따르면, 언어는 더 이상 객관 실재의 반영도, 주관적 표상의 반영도 아니고 오히려 세계를 구성하는 능동적 틀이며, 인간은 그러한 언어에 의해 구성된 세계 속에 살면서 그 언어적 질서를 따라 생각하고 행동한다.

권석만은 「말과 마음의 관계: 언어가 삶에 미치는 부정적인 영향을 중심으로」에서 심리학 분야에서 언어가 어떻게 다뤄지고 있는지를 논한다. 그는 우선 인간이 영아기와 유아기와 아동기를 거치면서 어떤 방식으로 언어를 습득하게 되는지를 밝히고, 그러한 언어습득 과정에 대한 학습론자와 생득론자의 입장 차이 및 그들을 종합하는 상호작용이론을 구분하여 설명한다. 그리고 언어발달상의 장애의 예로 의사소통장애, 특정학습장애, 자폐스펙트럼장애 등을 제시한다. 그는 언어와 사고가 서로 영향을 미친다는 점에 주목하면서,

언어가 한편으로는 인간 상호 간의 의사소통 수단으로서 인간의 환경 적응 및 생존에 기여하는 바가 크지만, 또 다른 한편으로는 인간의 사고와 삶에 여러 가지 방식으로 부정적 영향을 미칠 수 있음을 경고한다. 말하자면 언어가 일체를 명사화하고 실체화함에 따라 인간의 사고가 '인지적 융합'에 빠져 실상을 간과하기도 하고, 언어의 이분법적 개념틀을 따라 흑백 논리적 사고에 치우쳐 중도적 사유능력을 상실하기도 하며, 언어적 권위에 굴복하며 심리적 경직성에 빠져버리기도 한다는 것이다. 이처럼 언어는 유용한 도구이면서 동시에 위험한 도구이기도 한 양날의 칼과 같으니, 문제는 언어를 사용하되 언어의 속박에 걸려들지 않는 자유로운 정신의 함양일 것이다.

서양철학 ｜ 언어를 사용하는 동물로서의 인간　　　　　　　박찬국 · 245

{초기불교에서의 언어}

언어, 깨달음으로 가는 길

한상희(경북대학교 인문학술원 학술연구교수)

◆ ◆ ◆

베다를 중심으로 한 정통 바라문 사상에서 언어가 신성하고 절대적이었던 것과 달리, 초기불교에서 언어는 비절대적이며 사회적인 것이었다. 고정된 실체가 없는 존재에 대한 명칭은 단지 조건과 사회적인 동의에 의해 부여된 것으로, 조건이 사라지면 그 존재와 명칭은 더 이상 어떤 관계도 갖지 않는다. 이와 같은 언어의 본질을 이해한 붓다는 그것에 얽매이거나 집착하지 않았고, 언어의 종류나 성격에 따른 우열도 인정하지 않았다. 초기불교에서 언어는 깨달음을 실현시키는 유용한 도구였다. 붓다에게 언어는 실천 수행의 방법을 가르침으로써 해탈로 이끄는 수단이었고, 제자들에게 언어는 가르침을 들음으로써 해탈에 다가갈 수 있는 유일한 방법이었다.

언어는 인식이 전개되어 나가는 과정에서 일어난다. 유익하지 않은 인식과 생각은 번뇌와 분별을 낳는 '개념의 확산(papañca, 戱論)'으로 이어지고, 언어는 그 영향 아래 놓인다. 그리고 이 언어는 다시 우리의 생각에 영향을 미친다. 언어는 생각의 결과이지만, 생각을 만드는 것 또한 언어이기 때문이다. 따라서 서로 긍정적인 영향을 주고받도록 생각과 언어활동을 바르게 하는 것이 중요하다. 초기불교에서 바른 언어의 사용을 강조하는 이유는 그것이 타인과 관련된 윤리·도덕적 측면에서 바람직하기 때문이기도 하지만 이처럼 자신의 생각과 마음을 유익한 방향으로 변화시키기 때문이다.

종교적·철학적 차원에서 언어가 가지는 한계는 그것이 진실(진리) 자체가 아니라 단지 그것을 나타내는 표현이라는 데에 있다. 그래서 불교에서는 실천을 통한 체득을 중시한다. 그것이 언어의 한계를 극복하고 진실을 있는 그대로 알 수 있는 최선의 방법이기 때문이다. 언어는 그것을 어떻게 사용하느냐에 따라 깨달음으로 가는 길이 되기도 하고, 깨달음과 멀어지는 길이 되기도 한다. 어느 길을 갈 것인가 하는 선택은 전적으로 우리 자신에게 달려 있다.

---

1. 초기불교는 언어를 어떻게 보고 있는가

어린 시절 내 손에 놓인 빨갛고 동그란 과일인 '사과'를 다른 나라에서는 '애플(apple)'이라는 말로 부른다는 사실을 처음 알았을 때 느꼈던 의아함을 지금도 기억한다. '이건 사과인데 왜 애플이라고 부르지?'라는 의문과 함께, 나에겐 생소한 소리들의 연속이 일정한 의미를 가지고 있고 어떤 사람들은 그 소리를 통해 서로의 생각을 나누고 있다는 사실이 꽤나 신기하게 느껴졌다. 언어는 의미와 소리 또는 문자가 결합되어 있는 일종의 기호이다. 의미와 소리 또는 문자 사이에는 어떠한 필연적인 관계도 없기 때문에 언어는 자의적恣意的이고, 함께 공동체를 이루는 사람들 사이의 합의와 동의에 의해 만들어졌기 때문에 사회적社會的이다. 이러한 언어의 특성이 어린 날 애플이라는 단어에 대해 내가 느꼈던 신기함의 이유이다.

그런데 이러한 언어의 자의적이고 사회적인 특성이 모든 시대와 지역, 그리고 모든 사상에서 인정되었던 것은 아니다. 때로는 언어가 절대적이고 불변하는 힘을 가진 것으로 신성시되기도 하였는데, 베다(veda)를 중심으로 한 인도철학에서의 언어가 바로 그러하다. 주지하는 바와 같이 인도사상에는 두 가지의 흐름이 있다. 즉 베다를 근간으로 하는 정통 바라문 사상과 베다의 권위를 인정하지 않는 자유사상이다. 이 가운데 전자에게 베다는 인간의 저작인 스므르띠(smṛti)가 아니라 르쉬(ṛṣi, 현자)들이 계시에 의해 깨달은 슈루띠(śruti)로, 그 자체로서 불변하고 오류가 없는 절대 진리로서의 권위를 지닌다. 그들에게 베다의 언어는 신성하고 절대적이며 영원하다. 그래서 훗날 베다의 권위를 지키기 위한 여러 언어이론들이 생겨나게 된다.

정통 바라문 사상에서 언어는 일찍이 『리그베다(Ṛgveda)』에서부터 바쯔(vāc)라는 이름의 신으로 찬양되었다. 브라흐마나(Brāhmaṇa)에서는 언어가 모든 피조물의 지지자이고 언어의 신 바쯔는 쁘라자빠띠(Prajāpati)와 함께 세계를 창조한다고 보았으며, 우빠니샤드(Upaniṣad)에서는 '언어가 곧 브라흐만이다(vāg vai brahmeti)'라고 선언하며 브라흐만이 단일한 실재로서 언어와 동일시되기에 이른다.[1] 후에 언어(śabda)는 상키야(Sāṃkhya)와 베단따(Vedānta), 니야야(Nyāya)와 미망사(Mīmāṃsā) 등 정통 바라문 철학 학파의 바른 인식수단으로 채택된다. 여기서 언어란 믿을만한 사람의 증언 혹은 베다 성전의 말씀을 뜻하는데,[2] 니야야학파와 바이쉐시까(Vaiśeṣika)학파[3]

1 이지수, 「불교의 언어관」, 『과학사상』 35, 2000, p.38.

2 길희성, 『인도철학사』, 소나무, 2019, p.23: "무엇이 타당한 인식의 방법 내지 규범(pramāṇa) 인지에 대해 인도의 학파들은 다양한 학설을 제시했다. 인도철

는 '언어무상론'을,[4] 미망사학파와 후대의 문법학파는 '언어상주론'을 주장하였다.

언어의 영원성을 주장한 두 학파 가운데 미망사학파는 베다가 가지는 절대적 무오류성과 상주불변성을 증명하기 위해 언어에 대한 독특한 이론들을 전개하였다. 즉 말은 단순히 발음과 함께 생기는 소리 현상이 아니고 말의 본질은 글자에 있다. 또한 말은 인간이나 신에 의해 만들어진 것이 아니고 시공을 초월한 영속적인 존재로, 소리로 표현되지 않을 때에도 잠재적으로 존재한다. 말과 의미의 결합은 신의 뜻에 근거한 것이거나 인간의 계약이나 관습에 의해 만들어진 것이 아니라 본래적으로 성립해 있다.[5] 따라서 이러한 말에 의해 구성된 베다 성전은 상주불변하고 진실과 결합되어 있다고 그들은 보았다.

한편 문법학의 언어철학을 확립한 바르뜨르하리(Bhartṛhari)는 '언어 브라흐만 이론(śabdabrahmavāda)'을 내세워, 브라흐만은 언어로

학은 대체로 감각기관을 통한 사물의 직접경험(pratyakṣa)과 이에 근거한 추론(anumāna), 그리고 믿을만한 타인의 증언(śabda), 특히 베다의 계시적 권위 등을 타당한 인식의 방법으로 인정했다."

3 바이쉐시까학파는 인식수단으로서의 언어를 추론에 포함시키고, 하나의 독립된 인식수단으로는 인정하지 않았다.

4 이지수, 앞의 논문, 2000, p.40. 니야야학파와 바이쉐시까학파는 "언어가 영원하다는 것을 부정하며 베다란 세계의 창조 시에 주재신(Īśvara)에 의해 저작된 것이고, 언어 역시 주재신의 의지에 의해 만들어진 것(Īśvara-saṃketa)이라고 말한다."

5 길희성, 앞의 책, 2019, p.224.

이루어져 있고 언어를 본성으로 하며 언어가 만유의 본질이라고 하였다. 또한 말의 본체를 생멸·변화하는 음성인 나다(nāda)와 구별하여 상주·불멸하는 스포따(sphoṭa)라고 하였는데, 스포따로서의 말과 의미 사이에는 불가분의 결합관계가 있으며, 말과 의미 그리고 그 양자의 결합관계는 상주한다고 보았다. 나아가 언어는 브라흐만과 동일하기 때문에 스포따 역시도 브라흐만과 다르지 않고,[6] 브라흐만은 아뜨만(ātman)과 동일하기 때문에 아뜨만의 본질도 언어라고 규정하였다.[7] 이처럼 『리그베다』에서부터 신성시되던 언어는 절대적이고 영원한 것으로서 브라흐만 및 아뜨만을 이루는 것으로 간주되기에 이른다.

그러나 인도사상의 또 하나의 흐름인 자유사상가들에게 언어는 신성한 존재도 절대적인 존재도 아니었다. '정화된 언어'인 산스끄리뜨어(Saṃskṛta)를 사용하고 베다 성전의 권위를 지키기 위해 언어이론을 발전시킨 정통 바라문 철학과 달리, 반베다적 자유사상에 속하는 불교는 실천적인 면에서 속어의 사용도 꺼리지 않았으며 진실을 직면하고 해탈을 지향하는 수행체계 안에 다양한 교리들을 발전시켰다. 붓다의 가르침은 최고의 의지처가 되었고 일상생활에서의 바른 언어행위는 늘 중시되었다.[8] 달리 말하면, 초기불교에서 언어는 그 종류에 따른 우열이 없었으며, 해탈을 향해 가는 수행의 방법을 전해 주는 하나의 수단이었다. 붓다의 말씀은 그것을 따라 실천하는 수행자들에

---

6 早島鏡正·高崎直道外, 정호영 역, 『인도사상의 역사』, 민족사, 1993, p.131.

7 早島鏡正·高崎直道外, 위의 책, 1993, p.132.

8 高崎直道外, 『仏教·インド思想辭典』, 東京: 春秋社, 1987, p.108.

게 무엇보다 중요한 '언어'였고, 일상의 바른 언어생활은 해탈 성취의 주요 요인 가운데 하나였다.

초기불교에서는 언어를 절대적인 것이 아니라 조건과 동의에 의해 만들어진 것으로 보았다. 이것은 지금 우리가 언어를 보는 시각과 유사하다. 언어의 본질이 이러하기에 붓다는 그 언어 속에 갇히지 않도록 여러 방법으로 가르침을 설했다. 특히 '자아'라는 것은 정통 바라문 철학에서 말하듯이 영원불멸의 실체가 아니라, 단지 조건에 의해 일시적으로 부여된 명칭이라는 것을 보여줌으로써 그것에 대한 잘못된 견해와 집착을 경계하였다. 언어에 대한 초기불교의 이러한 이해는 붓다의 말씀을 비롯한 언어에 대하여 우리가 어떤 태도를 가져야 하는지에 대한 해답이 된다.

언어와 사고는 매우 밀접한 관계에 있다. 우리의 머릿속은 끊임없이 일어나는 생각과 그것을 구체화해 주는 언어로 가득하다. 경험에 의해 축적된 언어화된 개념은 사고에 깊은 영향을 미치고, 그 생각의 결과로 우리는 '말'을 한다. 이렇게 밖으로 표출되어 나오는 말은 이제 더 이상 나 혼자만의 것이 아니라, 타인과 관계를 이루고 그들에게 영향을 주는 매개로 기능한다. 그렇기에 언어를 어떻게 사용하는지가 중요하다. 진실되고 부드러운 말은 상대를 기쁘게 하고 더 좋은 관계를 만들어 주겠지만, 거짓되고 거친 말은 상대를 힘들게 하고 그들과의 관계를 악화시킬 것이다. 붓다가 바른 말을 사용하도록 강조한 이유 중의 하나는 이와 같이 타인과 관련된 윤리·도덕에 있다.

바른 말이 중요한 또 다른 이유는 그것이 자신에게 유익하게 작용한다는 것이다. 바른 말은 바른 생각·바른 마음의 표출이다. 즉 바른 말을 사용하고자 하는 것은 그것을 일어나게 하는 마음을 바르게 하려는 것과 다르지 않다. 따라서 바른 말은 우리의 생각과 마음을 유익한 방향으로 변화시킨다. 경전에서는 이것이 천상에 태어나는 원인이 되는 것은 물론, 집중(samādhi, 定)과 지혜(paññā, 慧)를 얻어 깨달음을 실현하기 위한 기반이 된다고 설한다. 바른 말의 사용은 궁극적으로 깨달음으로 가는 첫 번째 실천이 되는 것이다.

이 글은 초기불교에서 언어를 어떻게 이해하고 있는지 니까야(Nikāya)를 중심으로 살펴본 것이다.[9] 다루어질 내용은 다음과 같다.

먼저 제2장에서는 언어의 본질에 대해 다룬다. 언어가 가진 특성을 보여 주는 몇몇 술어들을 통해 그 본질을 파악하고, 성격이 다른 두 가지 종류의 언어표현을 살펴보면서 그것을 확인한다. 제3장에서는 언어의 발생과 소멸을 다룬다. 언어는 인식의 어떤 과정에서 일어나는지, 그때 문제가 되는 점은 무엇인지에 대해 고찰하고, 수행의 과정에서 사라지는 것으로 설명되는 언어의 작용에 대해 살펴본다. 제4장에서는 언어의 실천적 측면을 다룬다. 붓다는 언어를 어떻게 활용하였으며 언어에 대한 붓다의 태도는 어떠하였는지, 그리고 니까야에 설해지는 바른 언어의 실천이란 무엇인지에 대해 알아본다. 마지막 제5장에서는 불교의 종교적·철학적 관점에서 언어가 가지는

9 니까야를 중심으로 하지만 필요한 경우 아비담마(Abhidhamma) 문헌 및 주석서(Aṭṭhakathā)를 참고하였다. 불교의 전문술어는 그 뜻을 풀어서 쓰는 것을 원칙으로 하였으나, 가독성을 고려하여 한역 표현 그대로 사용하거나 필요성에 따라 빨리 원어 그대로 표기하였다.

한계점과 그 극복방안에 대해 생각해 본다.

2. 언어, 그 본질은 무엇인가?

1) 언어의 특성

① 비절대성과 사회성

니까야에는 상카(saṅkhā, 이름), 사만냐(samaññā, 명칭), 니룻띠(nirutti, 어법), 보하라(vohāra,〔언어〕표현), 빤냣띠(paññatti, 시설施設) 등 언어와 관련된 몇몇 술어들이 등장한다. 이 술어들은 니까야에 빈번하게 등장하는 것은 아니지만, 초기불교에서 언어를 다음과 같이 바라보고 있음을 알려주는 중요한 역할을 한다.

첫째, 이름은 그것이 부여된 대상과 일대일의 절대적 관계를 가지고 존재하는 것이 아니라 조건에 따른 것이다.

둘째, 개념을 규정하고 명칭을 부여하는 언어활동은 사회적 동의와 합의에 의해서 이루어지는 것이다.

『디가니까야(Dīghanikāya)』의 「뽓타빠다숫따(Poṭṭhapādasutta)」는 '자아'에 대한 설명을 통해 이러한 언어의 특성을 잘 보여준다. 경전에 따르면 자아의 획득에는 거친 자아의 획득(oḷārika atta-paṭilābha), 마음으로 이루어진 자아의 획득(manomaya attapaṭilābha), 물질이 아닌 자아의 획득(arūpa attapaṭilābha)의 세 가지가 있다. 이 세 가지 자아의 획득을 버릴 것을 설하는 붓다의 가르침을 들은 찟따

(Citta)는 '어느 한 가지 자아의 획득이 있을 때 그것만이 사실(sacca)이고 나머지 두 자아의 획득은 헛된 것(mogha)'이라고 말한다. 이에 대해 붓다는 다음과 같이 설한다.

> 찟따여, 거친 자아의 획득이 있을 때, 그때에는 마음으로 이루어진 자아의 획득이라는 이름은 얻을 수 없고 물질이 아닌 자아의 획득이라는 이름도 얻을 수 없다. 그때에는 거친 자아의 획득이라는 이름을 얻는다(saṅkhaṃ gacchati).
> 찟따여, 마음으로 이루어진 자아의 획득이 있을 때, 그때에는 거친 자아의 획득이라는 이름은 얻을 수 없고 물질이 아닌 자아의 획득이라는 이름도 얻을 수 없다. 그때에는 마음으로 이루어진 자아의 획득이라는 이름을 얻는다.
> 찟따여, 물질이 아닌 자아의 획득이 있을 때, 그때에는 거친 자아의 획득이라는 이름은 얻을 수 없고 마음으로 이루어진 자아의 획득이라는 이름도 얻을 수 없다. 그때에는 물질이 아닌 자아의 획득이라는 이름을 얻는다.[10]

붓다는 찟따의 말을 이와 같이 어떤 자아의 획득이라는 이름을 얻거나 얻지 못하는 것으로 다시 설명한다. 즉 어떤 자아의 획득이라는 이름을 얻는다면 그것은 사실이고, 나머지 두 자아의 획득은 이름을 얻지 못했기에 헛된 것이다. 여기서 중요한 것은 붓다가 '자아의 획득'을 '이름을 얻는 것'으로 설명했다는 점이다. 자아란 변하지 않는

---

10 DN. I. 199-200.

하나의 실체로서 존재하는 것이 아니라 조건에 따라 그 이름이 부여된 것일 뿐임을 보여 주고 있는 것이다.

이것은 마치 소에서 우유가 있고 우유에서 응유(curd)가 있으며 응유가 버터가 되지만, 우유일 때는 우유라고만 불리고 응유나 버터라는 이름을 얻지 못하며, 버터일 때는 버터일 뿐 우유나 응유라고 불리지 않는 것과 같다.[11] 우리가 실재한다고 여기는 모든 것들이 사실은 조건에 의해 일어났다가 그 조건이 없어지면 사라진다. 그렇기에 하나의 명칭이 특정한 대상과 본래적으로 결합되어 실재할 수 없는 것이다.

설법의 마지막에 붓다는 "찟따여, 이런 〔자아의 획득〕들은 세상의 명칭이고 세상의 어법이며 세상의 표현이고 세상의 시설施設이다. 여래는 이런 것들로 집착 없이 표현한다(imā kho citta lokasamaññā lokaniruttiyo lokavohārā lokapaññattiyo, yāhi tathāgato voharati aparāmasan ti)"[12]라고 말한다. 이 경문을 통해 두 가지 사실을 알 수 있다. 첫 번째는 '자아'와 같은 언어표현들은 단지 사회적 동의에 의해서 이 세상에서 통용되는 명칭일 뿐이라는 것이다. 스리랑카의 불교학자 띨라까라뜨네(Tilakaratne)는 이 경문과 관련하여 다음과 같이 서술한다.

> 이 언급에서 붓다는 언어의 개념을 묘사하기 위해 4가지 표현, 합의(samaññā), 언어방식(nirutti), 용법(vohāra), 관습(paññatti)

---

11 DN. I. 201.

12 DN. I. 202.

을 사용한다. 이 항목에는 '합의'와 밀접한 의미상의 연관을 가지며 언어와 같은 개념을 말하는 'sammuti(합의, 가설)'를 부가할 수 있을 것이다. 이러한 표현들이 나타나는 것은 문자적 형태의 단순한 동의어 목록을 보여 주기 위한 예가 아니다. 비록 이들 표현이 동의어로서 사용되었을지도 모르지만 엄격히 말해 이들 표현들은 그렇지 않다. 이들 각각의 표현들은 다른 표현들과 중복되면서도 또한 그들 나름의 의미들을 가지고 있다. 이들 모두는 우리에게 비절대론적이고 비자의적인 언어의 성격을 설명하는 언어의 일반적이며, 관습적이고 사회적인 성격에 대해 말하고 있는 것이다. 붓다로 하여금 힌두교에서 수용하고 있는 '신성한 언어'라는 관념을 거부하게 한 것은 언어에 대한 이러한 인식이었음에 틀림없다.[13]

떨라까라뜨네가 지적하듯이 언어를 나타내는 이 표현들은 모두 그것의 비절대적이고 관습적이며 사회적인 성격을 보여준다. 언어에 대해 이러한 인식을 가지고 있던 붓다에게 베다의 언어(말씀)가 절대적이고 불변하는 신성한 것으로 받아들여지지 않은 것은 당연한 일이었을 것이다.

이 경문을 통해 알 수 있는 두 번째 사실은, 붓다는 이러한 언어의

---

13 Tilakaratne Asanga, 공만식·장유진 역, 『열반 그리고 표현 불가능성』, 씨아이알, 2007, p.189. 여기서 '비자의적'이라고 표현된 것은 언어를 이루는 의미와 소리의 결합이 자의적이지 않다는 것이 아니라, 언어의 사회성, 즉 개인이 마음대로 그것을 결정하거나 바꿀 수 없음을 나타내는 것이라고 보아야 할 것이다.

본질을 알기에 그것에 집착하지 않고 언어를 사용한다는 것이다. 언어에 대한 붓다의 이러한 입장은 제자들에게 언어 자체에 집착하지 말 것을 당부함은 물론, 언어 사용의 신중함을 강조하고 침묵을 중시하는 가르침으로 전해졌을 것이다. 주석서는 붓다가 세 가지 자아의 획득에 대해서 이야기한 후 이 모든 것이 단지 '언어표현일 뿐(vohāram-attakaṃ)'이라고 말한 이유에 대해서 다음과 같이 설명한다.

> 궁극적인 의미에서 중생이라고 부를 것은 없고, 이 세상은 비어 있고(空) 헛된 것이기 때문이다(yasmā paramatthato satto nāma n'atthi, suñño tuccho esa loko).[14]

잘 알려져 있듯이 남방 상좌부(Theravāda) 아비담마(Abhidhamma)는 두 가지 실재를 인정한다. 하나는 관습적인 것(sammuti)으로 궁극적으로 실재하는 것은 아니지만 사회적 동의에 의해 인정됨으로써 존재하는 것이고, 또 하나는 궁극적인 것(paramattha)으로 자신의 고유한 성질(sabhāva, 自性)을 가지고 있으면서 더 이상 나누어질 수 없는 존재의 구성요소 등을 가리키는 것이다.[15] 이 가운데 관습적인 것은 조건에 의해 발생하고 동의에 따른 언어표현을 통해 존재한다. 즉 우리는 그것을 '언어'를 통해서 존재하는 것으로 인식하는 것이다.

---

14 Sv. II. 382.

15 예를 들어 오온五蘊으로 구성된 사람이나 부품으로 이루어진 차 등은 관습적인 것이고, 사람을 구성하는 오온의 각 요소인 물질(rūpa, 色) 등은 궁극적인 것이다.

붓다가 자아의 획득은 언어표현일 뿐이라고 말한 이유는 자칫 이 말에 의해 자아가 궁극적으로 실재한다고 여기거나 그것에 집착하게 될 것을 우려하였기 때문일 것이다. 그래서 주석서는 자아나 중생이라는 것은 궁극적 의미에서 존재하는 것이 아니고 이 세상은 비어 있는 것이라고 설명하고 있는 것이다.

불교에서는 이처럼 우리가 자아라고 여기는 것이 실체적으로 존재하는 것이 아니고 조건에 따르는 것이라고 보고 있지만, '나'라든가 '너'라를 말을 통해 개개인을 구분하며 지금 여기에 존재하는 경험적 자아 또한 존중한다. 그런데 위에서도 언급했듯이 이런 '말'은 그 본질을 알지 못하는 이들에게 혼란과 오해를 불러일으키기도 한다. 붓다 당시 이런 오해를 하고 있던 한 천신의 이야기가 있다. 그는 붓다에게 아라한이 어떻게 '나는 말을 한다'거나 '그들이 내게 말한다'와 같이 자만(māna)을 가지고 말할 수 있는지를 묻는다. 자아관념은 깨달음에 이르기 위해서 반드시 버려야 하는 요소 중의 하나이므로, 번뇌를 다한 아라한이라면 당연히 '나'라는 생각이 없어야 한다고 보았기 때문이다. 이에 대해 붓다는 다음과 같이 대답한다.

자만을 버린 자에게 속박은 없으니,
자만에 의한 속박이 모두 흩어졌기 때문이다.
그 현자는 〔번뇌인〕 생각을 극복한 이로,
'나는 말을 한다'라고도 말할 수 있고
'그들이 나에게 말한다'라고도 말할 수 있다.
세상에서 통용되는 언어(samaññā)를 잘 알고서

능숙한 그는 공통된 용법(vohāra)으로만 표현하는 것이다.[16]

아라한은 모든 번뇌를 극복한 성자이기 때문에, '나'라고 말하는 것에 자아관념은 들어가 있지 않다. 붓다가 언어에 집착하지 않고 그것을 사용하는 것과 마찬가지로, 아라한 역시 세상에서 통용되는 관습적인 말들을 집착 없이 사용할 뿐이다. 이처럼 언어를 사용함에서 중요한 것은 그것이 가지고 있는 특성을 잘 알고 집착하지 않는 것, 즉 언어에 얽매이지 않는 것이라고 할 수 있을 것이다.

② 언어표현의 길

그런데 세상에서 통용되는 언어표현은 어떻게 이루어질까? 니까야에는 용어의 길(adhivacanapatha), 어법의 길(niruttipatha), 시설의 길(paññattipatha)이라는 세 가지 언어표현의 길이 언급되는 두 개의 경전이 있다.

먼저 『상윳따니까야(Saṃyuttanikāya)』의 「니룻띠빠타숫따(Nirutti-pathasutta)」는 이 길에 대해 다음과 같이 설한다. 즉 지나갔고(atīta) 사라졌고(niruddha) 변한(vipariṇata) 오온에 대해서는 '있었다'라는 이름과 명칭과 시설만이 있고(ahosī ti tassa saṅkhā, ahosī ti tassa samaññā ahosī ti tassa paññatti), '있다(atthi)'나 '있을 것이다(bhavissati)'라는

---

16 SN. I. 14-15: pahīnamānassa na santi ganthā / vidhūpitā mānaganthassa sabbe // sa vītivatto maññataṃ〔PTS yamataṃ〕 sumedho / ahaṃ vadāmīti pi so vadeyya / mamaṃ vadantīti pi so vadeyya // loke samaññaṃ kusalo viditvā / vohāramattena so vohareyyā ti//

이름은 없다. 마찬가지로 생겨나지 않았고(ajāta) 나타나지 않은 (apātubhūta) 오온에 대해서는 '있을 것이다'라는 이름만이 있으며, 생겨났고(jāta) 나타난(pātubhūta) 오온에 대해서는 '있다'라는 이름만이 있다는 것이다.[17]

경전의 내용은 다음의 두 가지를 나타내는 것으로 보인다. 첫째, 과거·현재·미래의 오온에 대하여 각각 '있었다, 있다, 있을 것이다'라고 하는 것은 단지 '이름'에 불과하다는 것이다. 이것은 앞서 살펴본 「뽓타빠다숫따」에서 자아의 획득이 이름을 얻는 것이라고 한 것과 동일한 맥락이라고 보아도 좋을 것이다. 둘째, 사회적으로 약속된 표현을 하는 것, 그것이 바른 언어표현의 길이라는 것이다. 과거의 것에 대해 '있다'라거나 '있을 것이다'라고 하는 등의 시제에 맞지 않는 표현은 타인과의 소통을 어렵게 만들 것이다.

한편 이 세 가지 길이 언급된 또 다른 경전인 『디가니까야』의 「마하니다나숫따(Mahānidānasutta)」에는 이 길이 무엇인지에 관한 구체적인 설명이 없다. 그러나 명칭이 주어지는 세 가지 방법을 보여 주는 주석서의 설명이 흥미롭다.

> '용어의 길'이란 시리왓다까(길상을 증장시키는 사람), 다나왓다까(재산을 증식시키는 사람) 등 의미를 보여 주지 않고 단어와 관련해서만 일어나는 표현의 길이다. '어법의 길'이란 마음챙기기 때문에 마음챙기는 사람, 알아차리기 때문에 알아차리는 사람 등 근거와

---

17 SN. III. 71-73.

이유에 의해서 일어나는 표현의 길이다. '시설의 길'이란 현명한 사람, 영리한 사람, 학식 있는 사람, 총명한 사람, 논쟁하는 사람 등 여러 측면에서 알게 함으로써 일어나는 표현의 길이다.[18]

이처럼 언어표현은 단어만을 보여 주거나 근거와 이유에 따르거나 여러 측면에서 알게 하는 방식으로 일어나지만, 하나의 대상에 대해 반드시 한 가지 표현의 길만이 적용되는 것은 아니다. 이 언어표현의 길은 현재 우리가 이름 붙이는 방식과도 매우 유사한데, 우리는 태어나면서 어떤 의미를 가진 특정한 소리로 만들어진 이름을 갖게 되고, 살아가면서 이름 이외의 다양한 호칭으로 불린다. 사회적 역할과 직업에 따라 혹은 본인의 특성이나 여러 활동 내용에 따라 자신을 가리키는 다양한 표현들을 가지게 되는 것이다. 그런데 중요한 것은 이 모든 명칭과 표현이 자신을 지칭하고 나타내지만, 이 역시 일시적인 것으로 그 이름을 얻게 된 조건이 사라지면 그 이름은 더 이상 자신과 동일시되지 않는다는 점이다.

한 대상을 지칭하는 이름의 이러한 양상은 니까야에서도 어렵지 않게 확인할 수 있다. 니까야에는 예를 들어 "벗이여, 이런 방법에 의해 조띠빨라 바라문 학도에게 '마하고윈다, 마하고윈다'라는 명칭이

---

18 Sv. II. 503-504: adhivacanapatho ti sirivaḍḍhako dhanavaḍḍhako ti ādikassa atthaṃ adisvā vacanamattam eva adhikicca pavattassa vohārassa patho. niruttipatho ti saratī ti sato, sampajānātī ti sampajāno ti ādikassa kāraṇāpadesavasena pavattassa vohārassa patho. paññattipatho ti paṇḍito nipuṇo vyatto medhāvī kataparappavādo ti ādikassa nānappakārato ñāpanavasena pavattassa vohārassa patho.

생겨났다"[19]나 "벗이여, 깟짜나여, 왜냐하면 이전에 그에게 있던 끄샤뜨리야라는 명칭은 사라지고 사문이라는 이름을 얻었기 때문이다"[20] 등과 같은 형식의 경문이 자주 나타난다. 이 경문들의 앞에는 그 이름이나 신분이 주어지게 된 경위를 설명하는 내용이 전개되어, 어떤 대상에 대한 이름은 조건에 따라 달라진다는 것을 잘 보여준다.

2) 관습적 언어와 궁극적 의미의 언어

니까야에는 자아나 중생, 나 혹은 너와 같이 일상적이고 관습적인 표현들과는 조금 다른 성격을 지닌 또 다른 언어들이 있다. 바로 오온五蘊·십이처十二處·십팔계十八界 혹은 무상無常·고苦·무아無我와 같이 철학적이고 교리적인 표현들이다. 이 두 가지 언어표현은 아비담마에서 설하는 두 가지 진리(sacca)와 매우 밀접하게 연관되어 있다.

① 두 가지 언어표현

『상윳따니까야』의 「와지라숫따(Vajirāsutta)」는 악마 빠삐만(Pāpimant)과 와지라 비구니의 대화를 내용으로 하고 있는데, 여기서 악마 빠삐만은 와지라 비구니에게 공포심을 일으키고자 다가가 다음과 같은 게송으로 말을 건다.

---

19 DN. II. 232: iminā kho evaṃ bho pariyāyena jotipālassa māṇavassa mahāgovindo mahāgovindo tveva samaññā udapādi.

20 MN. II. 89: yā hi'ssa bho kaccāna pubbe khattiyo ti samaññā sā'ssa antarahitā. samaṇo tveva saṅkhaṃ gacchatī ti.

이 중생은 누가 만들었는가? 중생을 만든 자는 어디에 있는가?
중생은 어디에서 생겨났는가? 중생은 어디에서 소멸하는가?[21]

이 말을 들은 와지라 비구니는 다음과 같은 게송으로 대답한다.

그대는 무엇을 중생이라고 여기는가? 마라여, 그대는 잘못된 견해에 빠져 있다.
단지 형성된 것들의 더미일 뿐, 여기서 중생이란 것은 찾을 수 없다.
마치 부품을 조립한 것이 〔있을 때〕, 마차라는 말(sadda)이 있는 것처럼,
무더기들이 있을 때 중생이라는 관습〔적 표현〕이(sammuti) 있을 뿐이다.
단지 괴로움이 생겨나고 단지 괴로움이 머문다.
괴로움과 다른 것이 생겨나는 것이 아니며, 괴로움과 다른 것이 소멸하는 것이 아니다.[22]

---

21 SN. I. 135: kenāyaṃ pakato satto / kuvam sattassa kārako // kuvaṃ satto samuppanno / kuvaṃ satto nirujjhatī ti//

22 SN. I. 135: kiṃ nu satto ti paccesi / māra diṭṭhigataṃ nu te // suddhasaṅkhārapuñjo yaṃ / nayidha sattupalabbhati // yathā hi aṅgasambhārā / hoti saddo ratho iti // evaṃ khandhesu santesu / hoti sattoti sammuti. // dukkham eva hi sambhoti / dukkhaṃ tiṭṭhati veti ca // nāññatra dukkhā sambhoti / nāññaṃ dukkhā nirujjhatī ti //

이 게송은 불교 교리의 매우 중요한 내용을 담고 있다. 첫째, 우리가 중생이라고 생각하는 것은 변하지 않는 실체로서 존재하는 것이 아니라, 단지 다섯 가지 무더기인 오온五蘊이 조건에 의해 일시적으로 결합되어 있는 것일 뿐이라는 것이다. 둘째, 중생이라는 표현은 조건에 의해서 형성된 오온에 대해 주어진 명칭으로, 조건이 사라지면 이 이름은 더 이상 유효하지 않다는 것이다. 경전은 이러한 특징을 가진 언어를 나타내는 말로 밑줄에서 보듯이 '삼무띠(sammuti)'라는 술어를 사용하고 있다.

삼무띠는 '함께'라는 뜻을 지닌 접두사 '삼(saṃ)'과 '생각하다'라는 의미의 어근 '만(man)'의 결합에서 이루어진 여성 명사로, '함께 생각하다'라는 기본 의미에 맞게 '동의, 합의, 일반적 의견, 관습' 등으로 풀이된다. 니까야에서는 자주 사용되지 않으며, 이와 같이 '관습적인 표현'이라는 뜻으로 언어와 관련된 의미로 쓰이는 용례도 이곳 한 곳밖에 없다. 그러나 주석서에는 '궁극적인 것(paramattha)'[23]과 대비되는 의미로 짝을 이루어 자주 등장한다. 아비담마에서는 궁극적인

---

23 이 용어는 형용사인 '빠라마(parama: 최상의, 최고의)'와 명사인 '앗타(attha: 의미, 사물, 이득)'의 결합으로 이루어져 있다. 이에 대응하는 산스끄리뜨어 '빠라마르타(paramārtha=parama+artha)'의 경우 '최승의最勝義' 혹은 '승의勝義' 등의 역어에서 보듯이 '아르타(artha)'가 '의미'라는 뜻으로 쓰인다. 그러나 상좌부의 경우 '의미'라는 뜻에 한정짓기보다 그러한 '의미를 지닌 것'이라고 이해하는 것이 적절해 보인다. 왜냐하면 상좌부에서 빠라맛타(paramattha)는 '궁극적으로 존재하는 것', '궁극적인 의미를 가진 것'이기 때문이다. 그래서 본고에서는 이 용어를 경우에 따라서 '궁극적인 것' 혹은 '궁극적인 의미'로 번역하였다.

것과 관습적인 것의 두 가지 진리(二諦)를 인정하고 있으며, 이 두 가지 진리는 다음의 두 가지 언어표현에 의해서 드러난다.[24]

붓다들에게는 관습적인 〔것에 관한〕 이야기(sammutikathā)와 궁극적인 〔의미에 관한〕 이야기(paramatthakathā)라는 두 가지 이야기〔의 방식〕이 있다. 이 가운데 '중생, 사람, 인간, 개인, 띳사, 나가', 이렇게 나아가는 것은 관습적인 이야기라고 한다. '온蘊, 계界, 처處', 이렇게 나아가는 것은 궁극적인 이야기라고 한다. 〔그들은〕 궁극적인 의미를 말해도 관습적인 것을 떠나지 않고 말한다. 그들은 관습적인 것을 말해도 궁극적인 의미를 말해도 진실만을 말한다. 그래서 〔다음과 같이〕 설해졌다.

〔법을〕 설하는 이들 가운데 가장 뛰어나신 분, 완전히 깨달은 붓다는 두 가지 진리를 설하셨다.

〔즉〕 관습적인 〔진리〕와 궁극적인 〔진리〕이다. 세 번째 〔진리는〕 찾을 수 없다.

동의에 의해 얻어진 말(vacana)은 세상의 관습이므로 진실이고, 궁극적인 의미의 말은 법들의 진정한 특징이므로 진실이다.[25]

---

24 Karunadasa, Y.(2010), The Theravāda abhidhamma: Its Inquiry into the Nature of Conditioned Reality, 64: "궁극적인 진리는 존재의 궁극적인 요소를 나타내는 전문 용어를 사용함으로써 표현되는 진리를 의미하고, 관습적인 진리는 일상적인 어법에서 통용되는 용어를 사용함으로써 표현되는 진리를 의미한다."

25 Spk. II. 77: buddhānañ hi sammutikathā paramatthakathā ti dve kathā honti. tattha satto naro puriso puggalo tisso nāgo ti evaṃ pavattā sammutikathā

두 가지 언어표현이란 중생, 사람, 천신 등 사회적 동의에 의해 만들어져 일상적으로 통용되는 언어와 오온·십이처·십팔계 등 궁극적으로 존재하는, 자성自性을 가진 법(dhamma)[26]을 나타내는 언어를 말한다. 이 두 언어에 의해 드러나는 두 가지 진리는 선행연구에서도 지적되었듯이[27] 그 사이에 어떠한 우열관계가 존재하는 것은 아니다. 이러한 사실은 각 진리를 나타내는 언어표현도 서로 다른 역할을 하고 있을 뿐, 그 사이에 중요하고 중요하지 않은 구분이 있을 수 없음을 말해 준다. 밑줄에서 보듯이 궁극적인 의미에 대해 이야기한다고 해도 그것이 관습적인 표현을 떠나 이루어질 수는 없으며, 두 표현 모두 '진실'이라는 점에서 동등한 것이다. 이와 같은 두 가지 언어표현의 차별 없는 사용은 붓다의 설법방식에서도 잘 나타난다.

> 실로 붓다·세존에게는 두 가지 가르침이 있다. 관습적인 〔것에 대한〕 가르침(sammutidesanā)과 궁극적인 〔의미에 대한〕 가르침

---

nāma. khandhā dhātuyo āyatanānī ti evaṃ pavattā paramatthakathā nāma. paramatthaṃ kathentā pi sammutiṃ amuñcitvā kathenti. te sammutiṃ kathentā pi paramatthaṃ kathento pi saccam eva kathenti. ten'eva vuttaṃ. duve saccāni akkhāsi / sambuddho vadataṃ varo // sammutiṃ paramatthañ ca / tatiyaṃ n'ūpalabbhati // saṅketavacanaṃ saccaṃ / lokasammutikāraṇaṃ // paramatthavacanaṃ saccaṃ / dhammānaṃ bhūtalakkhaṇan ti //

26 아비담마에서 법(dhamma)은 '자성을 가진 것'으로 정의된다. As. 39: "스스로의 자성을 지니기 때문에 법이다(attano pana sabhāvaṃ dhārentī ti dhammā)."

27 Karunadasa, Y.(2010), 62~64; 김한상, 「두 가지 언어로 표현된 초기불교의 열반」, 『불교학연구』 48, 2016, pp.286~288 등.

(paramatthadesanā)이다. … 이 중 세존은 관습적인 것에 의해서 가르침을 듣고서 의미를 통찰하여 어리석음을 버리고 특별함을 얻을 수 있는 사람들에게는 관습적인 가르침을 설한다. 그러나 궁극적인 것에 의해서 가르침을 듣고서 의미를 통찰하여 어리석음을 버리고 특별함을 얻을 수 있는 사람들에게는 궁극적인 가르침을 설한다.[28]

이와 같이 관습적인 〔것에 관한〕 이야기에 대하여 지혜가 있는 중생에게는 먼저 궁극적인 〔것에 관한〕 이야기를 하지 않는다. 관습적인 이야기로 깨닫게 하고 나서 그 후에 궁극적인 이야기를 한다. 궁극적인 이야기에 대하여 지혜가 있는 중생에게는 먼저 관습적인 이야기를 하지 않는다. 궁극적인 이야기로 깨닫게 하고 나서 그 후에 관습적인 이야기를 한다.[29]

---

28 Mp.I. 94-95: buddhassa hi bhagavato duvidhā desanā sammutidesanā paramatthadesanā cā ti … tattha bhagavā ye sammutivasena desanaṃ sutvā atthaṃ paṭivijjhitvā mohaṃ pahāya visesaṃ adhigantuṃ samatthā tesaṃ sammutidesanaṃ deseti. ye pana paramatthavasena desanaṃ sutvā atthaṃ paṭivijjhitvā mohaṃ pahāya visesamadhigantuṃ samatthā tesaṃ paramatthadesanaṃ deseti.

29 Sv. II. 383: tathā sammutikathāya bujjhanakasattassāpi na paṭhamaṃ paramatthakathaṃ katheti. sammutikathāya pana bodhetvā pacchā paramatthakathaṃ katheti. paramatthakathāya bujjhanakasattassāpi na paṭhamaṃ sammutikathaṃ katheti. paramatthakathāya pana bodhetvā pacchā sammutikathaṃ katheti.

붓다는 궁극적인 진리가 법을 나타낸다고 하여 제자들을 깨달음으로 이끌기 위해 궁극적인 언어만을 사용했던 것은 아니다. 오히려 많은 비유와 일상적 언어를 활용하여 그들에게 가르침을 전했다. 이런 의미에서 관습적인 언어를 통한 가르침은 '대기설법對機說法'으로 잘 알려진 붓다의 설법에서 매우 중요한 역할을 했을 것이다.

② 빤냣띠(paññatti, 施設)

여기서 한 가지 궁금증이 들 수 있다. 궁극적인 진리를 나타내는 언어는 실재하는가? 궁극적으로 실재하는 것들을 지칭하는 말이라면 이 역시 관습적으로 만들어진 언어와 달리 실재하는 것이 아닐까? 베다와 인도철학에서 그러하였듯이 궁극적 언어도 절대적이고 불변하는 것이 아닐까? 결론을 말하자면 그렇지 않다. 아비담마에서 '언어'는 궁극적 실재인 법에 포함되지 않으며,[30] 궁극적인 것이든 관습적인 것이든 그것을 표현하는 언어는 모두 '빤냣띠'이기 때문이다.

빤냣띠는 '앞으로'를 뜻하는 접두사 쁘라(pra)와 '알다'라는 의미의 어근 즈냐(jñā)의 사역형 동사인 빤냐뻬띠(paññapeti)에서 파생된 명사가 결합된 단어로, '알게 함(making known), 지정(designation), 이름(name), 개념(notion)' 등의 의미를 가진다.[31] 빤냣띠는 니까야에서 사만냐, 니룻띠, 보하라 등 이름 및 명칭을 의미하는 단어와 동의어로

30 바른 말(sammāvāca)은 바른 행위(sammākammanta), 바른 생활(sammāājīva)과 함께 절제(virati)의 마음부수(cetasika)에 포함된다. 그러나 이것은 언어 일반을 뜻하는 것이 아니므로, 언어를 궁극적 실재라고 할 수 없다.

31 PED. 390.

사용되는 술어 가운데 하나였다. 그러다가 아비담마에서 그 의미와 종류가 보다 세분화되면서 상좌부 불교의 언어이론으로 발전하게 된다.[32]

빤냣띠를 본격적으로 다루고 있는 문헌은 논장論藏 가운데 하나인 『뿍갈라빤냣띠(Puggalapaññatti, 人施設論)』이다. 이 문헌의 주된 내용은 사람의 규정(빤냣띠)에 따른 인간의 여러 유형에 관한 것이지만, 마띠까(mātikā, 論母)의 서두에는 온蘊·처處·계界·제諦·근根·인人의 여섯 가지 빤냣띠가 소개되어 있다. 여기서 주목할 부분은 이 여섯 가지 항목 가운데 마지막 '사람'을 제외한 다섯 가지 항목은 모두 궁극적인 것이지만, 궁극적인 것과 관습적인 것이 동일하게 '빤냣띠'라는 하나의 개념으로 묶여 있다는 점이다.

주석서의 설명에 따르면 빤냣띠란 한정되고 구분된 법(dhamma)에 이름을 붙이고, 그 법을 그 이름에 상응하는 의미·개념으로 알게 하고 드러내는 것이라고 할 수 있다.[33] 물론 여기서의 법은 자성을 가진 궁극적인 존재만을 뜻하는 것이 아니라, 모든 사물·현상 등을 포함하는 개념으로 보아야 할 것이다. 예를 들어 우리가 '사람'이라는 말을 들었을 때 그 개념과 이미지를 떠올릴 수 있는 것은, 일정한 범주로 한정시킨 어떤 법을 사람이라는 명칭 아래 개념화하고 그것을 사람이라는 것으로 정해 놓았기 때문이다. 마찬가지로 '오온'이라는

---

32 빤냣띠에 대한 자세한 내용은 水野弘元, 『水野弘元著作選集第二巻　仏教教理研究』, 1997, pp.425~447 및 Karunadasa, Y.(2010), 47-58 참고.

33 Pp-a. 171. 韓尚希, 「paññattiの意味と種類 - Puggalapaññattiaṭṭhakathāを中心として-」, 『印度學佛教學研究』 65-2, 2017, pp.242~245 참고.

말을 들었을 때에는 색수상행식色受想行識이라는 다섯 가지 무더기를 떠올리는 것은, 오온이 그 다섯 가지 무더기를 가리키는 것으로 이미 정해져 있기 때문이다. 즉 실재하는 것은 아니지만 개념화된 사람이라는 말도, 실재하기에 그 의미가 규정되어 있는 오온이라는 말도 빤냣띠라는 것이다. 그렇다면 빤냣띠로서 이 둘이 가지는 차이는 무엇일까?

빤냣띠에 대한 아비담마의 이론이 발전하면서 두 가지 빤냣띠가 확립된다. 즉 '이름으로서의 빤냣띠(nāmapaññatti)'와 '의미로서의 빤냣띠(atthapaññatti)'이다. 이름으로서의 빤냣띠는 '알게 하는 빤냣띠(paññāpanato paññatti)'로, 의미로서의 빤냣띠는 '알려지는 빤냣띠(paññāpiyattā paññatti)'로 주로 정의된다.[34] 이름으로서의 빤냣띠는 이름을 통해서 그것을 알게 하기 때문에, 궁극적으로 존재하는 것과 관습적인 것 모두가 이에 해당된다. 반면 의미로서의 빤냣띠는 궁극적으로 존재하지 않기에 개념화되어 알려질 필요가 있는 관습적인 것만 해당된다. 위에서 예로 든 사람은 관습적인 개념이기 때문에 이름으로서의 빤냣띠와 의미로서의 빤냣띠 둘 다이지만, 오온은 궁극적인 것이기에 이름으로서의 빤냣띠일 뿐 의미로서의 빤냣띠는 아닌 것이다.

궁극적으로 실재한다는 것이 변하지 않는 실체로서 존재한다는 것을 의미하는 것은 아니다. 아비담마에서 실재하는 것으로 여겨지는 요소들은 그만의 고유한 특징(sabhāvalakkhaṇa)을 가지고 있지만 무상·고·무아라는 보편적 특징(sāmaññalakkhaṇa)을 벗어나지는 못하기

34 Karunadasa, Y.(2010), 51; 윤희조, 「상좌부의 빤냣띠와 중관의 시설」, 『인도철학』 34, 2012, p.243.

때문이다. 이와 같은 궁극적 실재를 표현하는 언어 또한 절대적인 것이 아니며, 실체로서 존재하는 것도 물론 아니다.[35]

3. 언어, 어떻게 일어나고 사라지는가?

1) 언어의 발생과 문제

언어에 대해 이야기할 때 항상 관련지어 논하는 것이 바로 '생각' 혹은 '사고'일 것이다. 우리는 생각한 것을 언어로 표현하고 생각은 언어에 의해 구체화되며, 이를 통해 자아가 형성되고 세상이 확립되기 때문이다. 초기불교에서도 언어는 생각의 결과라고 본다. 그렇지만 여기서 그치지 않고 언어가 발생하는 인식의 과정에서 왜 문제가 일어날 수 있는지를 논리적으로 보여줌으로써, 바른 생각과 바른 언어행위의 중요성을 환기시킨다.

① 언어의 발생

니까야에 언어가 어떠한 메커니즘에 의해 발생하는지 구체적으로 다루고 있는 경전은 없다. 다만 다음의 두 개의 경전을 통해 인식 혹은 생각에 의해 언어가 발생하는 원리를 확인할 수 있다. 먼저 『앙굿따라니까야(Aṅguttaranikāya)』의 「닙베디까숫따(Nibbedhika-sutta)」이다.

---

35 상좌부와 달리 설일체유부는 명名·구句·문文의 세 가지를 심불상응행법心不相應行法에 포함시키며, 문법학파의 스포따와 같이 의미를 담지하며 의미를 전달하는 힘을 가진 언어적 실체로 보았다. 이지수, 앞의 논문, 2000, p.45.

비구들이여, 이것이 여섯 가지 인식(想, 지각)이다. 물질(色)에 대한 인식(rūpasaññā), 소리(聲)에 대한 인식(saddasaññā), 냄새(香)에 대한 인식(gandhasaññā), 맛(味)에 대한 인식(rasasaññā), 감촉(觸)에 대한 인식(phoṭṭhabbasaññā), 법法에 대한 인식(dhammasaññā)이다. 비구들이여, 무엇이 인식의 원인과 근원인가(nidānasambhavo)? 비구들이여, 접촉(phasso, 觸)이 인식의 원인과 근원이다. …

비구들이여, 무엇이 인식의 과보(vipāko)인가? 비구들이여, 인식은 표현(vohāra)이라는 과보를 가진다고 나는 말한다. 이러저러하게 그것을 인식하는 대로, 그대로 그러저러하게 표현한다(yathā yathā naṃ sañjānāti tathā tathā voharati). 인식하는 자는 이와 같다. 비구들이여, 이것이 인식의 과보이다. 비구들이여, 무엇이 인식의 소멸(nirodho)인가? 비구들이여, 접촉의 소멸이 인식의 소멸이다.[36]

이에 따르면 여섯 가지 인식으로 인해서 언어표현이 일어나고 그 인식은 접촉으로 인해서 일어난다.[37] 즉 '**접촉 → 인식 → 표현**'의 순서로 언어가 발생한다는 것이다. 따라서 접촉의 소멸은 곧 인식의

---

36 AN. III. 413.

37 이 경전은 통찰(nibbedha)의 방법에 대한 붓다의 설법을 내용으로 하는데, 여기에는 감각적 욕망(kāma), 느낌(vedanā), 인식(saññā), 번뇌(āsava), 업(kamma), 괴로움(dukkha)과 각각의 원인과 근원, 차이점(vemattatā), 과보, 소멸, 소멸로 이끄는 길(nirodhagāminī paṭipadā)을 아는 것이 통찰의 방법으로 제시되고 있다. 이 가운데 번뇌와 괴로움의 원인이 각각 무지와 갈애인 것을 제외하고 나머지 항목의 원인은 모두 접촉으로 설명된다.

소멸이고, 인식이 없어지면 그것으로 인한 언어 역시 사라지게 된다.

다음은 『맛지마니까야(Majjhimanikāya)』의 「쭐라웨달라숫따(Cūḷavedallasutta)」이다. 이 경전은 불교 내의 주요개념들이 문답의 형식으로 간결하고 명쾌하게 설명되어 있는데, 그 가운데 몸(身)·말(口)·마음(意)을 이루는 세 가지 형성(saṅkhāra, 行)이 무엇인지에 관한 내용이 있다. 경전에 따르면 들숨과 날숨(assāsapassāsā)은 몸의 형성, 일으킨 생각과 머무는 생각(vitakkavicārā, 尋伺)은 말의 형성, 인식(saññā, 想)과 느낌(vedanā, 受)은 마음의 형성이다. 그 이유에 대해서 다음과 같이 설해진다.

> 벗이여, 위사카여, 들숨과 날숨은 몸에 속하는 것으로 이 법들은 몸에 묶여 있다. 그러므로 들숨과 날숨은 몸의 형성이다(kāyasaṅkhāro). 벗이여, 위사카여, 먼저 생각을 일으키고 계속 생각하고 나서 말을 한다(pubbe kho āvuso visākha vitakketvā vicāretvā pacchā vācaṃ bhindati). 그러므로 일으킨 생각과 머무는 생각이 말의 형성(vacīsaṅkhāro)이다. 인식과 느낌은 마음에 속하는 것으로 이 법들은 마음에 묶여 있다. 그러므로 인식과 느낌은 마음의 형성이다(cittasaṅkhāro).[38]

들숨과 날숨, 인식과 느낌을 각각 몸과 마음을 형성하는 요소로 보는 이유는 그것들에 속해 있기 때문이다. 그런데 말의 형성에 대한 설명은 이 두 가지 형성에 대한 것과 다소 다른 양상을 보인다. 즉

38 MN. I. 301. SN. IV. 293에도 동일한 내용이 있다.

'일으킨 생각과 머무는 생각'(이하 생각)을 말을 형성하는 요소로 보는 이유는 말을 하기 전에 먼저 이러한 생각의 과정을 거치기 때문이라는 것이다. 여기서 '생각 → 말(언어)'이라는 또 하나의 도식을 생각해 볼 수 있다. 그런데 이것은 말을 하는(vācaṃ bhindati) 행위, 즉 언어를 밖으로 표출하는 행위의 과정을 보여 주는 것으로, 생각의 단계에서 처음으로 언어가 개입된다는 것을 뜻하는 것은 아니다. 여기서 한 가지 고려해야 할 점은 생각에 의해 일어나는 모든 언어가 말이 되어 나오는 것은 아니라는 것이다. 그러므로 발화發話가 생각에 의해 일어난다고 하더라도, 여기에는 말로써 나오지 않았지만 우리의 머릿속에 있는, 말을 하는 것과 동일한 정도의 '구체화된 언어'가 함의含意되어 있다고 보아야 할 것이다.

이 경전의 설명과 앞서 살펴본 「닙베디까숫따」와의 차이는, 언어를 일으키는 요소가 각각 '인식'과 '생각'으로 설해진다는 점이다. 그러나 아래의 〈인식의 과정(3-1-3)〉에 대한 고찰을 통해 보겠지만, 인식은 생각으로 이어지기 때문에 발화發話는 **'접촉 → 인식 → 생각 → 말'**의 과정으로 일어난다고 할 수 있을 것이다. 그러므로 언어는 생각의 단계가 아니라 그 이전의 인식의 단계에서 이미 발생한다고 보아야 한다.

여기에서 인식으로 번역한 단어 산냐(saññā)는 감각기관(根)과 감각대상(境), 그리고 의식(識)이라는 세 요소의 결합(三事和合)인 접촉이 있을 때 그 대상을 개념화 혹은 표상화하는 작용 또는 그렇게 만들어진 개념 및 표상을 가리킨다.[39] 산냐에 대응하는 산스끄리뜨어 산즈냐(saṃjñā)의 의미 가운데에도 '이름'이 있지만, 산냐는 대상을 다른 것과 구별하거나 동일화하는 기능을 가지고 있는데, 이것은 사실상 그것에 이름을 붙이는 것과 다르지 않다.[40] 즉 산냐는 '언어에 의한 개념〔화〕 및 표상〔화〕'인 것이다.

② 나마루빠(nāmarūpa, 名色)

그렇다면 인식(산냐)이 언어가 발생하는 최초의 단계일까? 여기서 세 가지 언어표현의 길을 언급한 『디가니까야』의 「마하니다나숫따」를 자세히 살필 필요가 있다. 왜냐하면 이 언어표현의 길이 의식(viññāṇa, 識)과 명색(nāmarūpa, 名色)의 상호조건 관계에 의해서 있는 것으로 설하고 있기 때문이다.

이 경전은 연기지 가운데 무지(avijjā, 無明), 형성〔력〕(saṅkhāra, 行), 여섯 감각기관(saḷāyatana, 六入)이 나타나지 않는 9지 연기를 보여 주고 있는데, 의식과 명색이 서로의 조건이 되는 관계에 있다는 설명이 특징적이다. 즉 의식이 모태에 들지 않거나 모태에 들어가서 잘못된 경우 명색은 이 상태(itthattā)[41]가 될 수 없고, 어릴 때 의식이 잘못될 경우 명색이 증장할 수 없기 때문에 의식은 명색의 조건이 된다. 또한 의식이 명색에 확립되지 못할 경우 미래에 태어남과 늙고

---

39 水野弘元, 『パーリ仏教を中心とした仏教の心識論』, 1978, p.401.

40 cf. Hamilton, Sue(1996), Identity and Experience: The Constitution of the Human Being According to Early Buddhism, 56-57.

41 주석서의 설명에 따르면 '완전해진 오온의 상태(paripuṇṇapañcakkhandha bhāva)'를 뜻한다. Sv. II. 502: "'이 상태로'란 이러한 상태로〔라는 뜻이다〕. 이와 같이 완전해진 오온의 상태로라는 의미이다(itthattāyā ti itthabhāvāya. evaṃ paripuṇṇapañcakkhandhabhāvāyā ti attho)."

죽음 등의 괴로움이 생기지 않기 때문에 명색은 의식의 조건이 된다.[42] 이와 같이 의식과 명색의 상호관계를 설명한 후에 붓다는 다음과 같이 설한다.

> 아난다여, 이렇게 해서 태어나고 늙고 죽고 다음 생으로 가서 다시 태어난다. 이렇게 해서 용어의 길이 있고, 이렇게 해서 어법의 길이 있고, 이렇게 해서 시설의 길이 있으며, 이렇게 해서 지혜의 영역이 있고, 이렇게 해서 이 상태를 드러내기 위하여 윤회가 전개된다. 즉 명색이 의식과 함께 〔서로 조건이 되어 전개된다〕.[43]

이에 따르면 의식과 명색이 서로 조건이 됨으로써 태어나고 죽고 다시 태어나는 윤회가 계속되고, 용어와 어법 등의 언어의 길이 있게 된다. 이 두 요소의 상호관계를 통해서도 알 수 있지만, 여기서 의식과 명색은 명백히 한 개체의 태어남 등 삶에 관여하고 있다. 명색의 원어인 나마루빠(nāmarūpa)는 우빠니샤드에서 현상계를 이루는 '이름과 형상'을 의미하는 용어이다. 나마와 루빠의 기본적인 의미는 각각 '이름(name)'과 '형태(form)'로, 니까야에서도 이 두 단어가 개별

---

42 DN. II. 62-63.

43 DN. II. 63-64: tasmāt ih'ānanda es'eva hetu etaṃ nidānaṃ esa samudayo esa paccayo viññāṇassa, yadidaṃ nāmarūpaṃ. ettāvatā kho ānanda jāyetha vā jīyetha vā mīyetha vā cavetha vā upapajjetha vā. ettāvatā adhivacanapatho ettāvatā niruttipatho ettāvatā paññattipatho ettāvatā paññāvacaraṃ ettāvatā vaṭṭaṃ vattati itthattaṃ paññāpanāya, yadidaṃ nāmarūpaṃ saha viññāṇena 〔BCS adds aññamaññapaccayatā pavattati〕.

적으로 쓰일 때에는 이러한 의미로 사용된다. 그런데 연기의 지분으로서 나마루빠라는 복합어로 나타날 경우, 이것을 이름과 형태를 뜻하는 것으로 해석하지 않는 것이 일반적이다. 나마루빠에 대해 다음과 같이 설명되기 때문이다.

> 느낌(vedanā), 인식(saññā), 의도(cetanā, 思), 접촉(phasso), 주의 기울임(manasikāro, 作意), 벗이여, 이것을 나마라고 부른다. 네 가지 근본물질(cattāri mahābhūtāni)과 네 가지 근본물질에서 파생된 물질(catunnaṃ mahābhūtānaṃ upādāya rūpaṃ), 벗이여, 이것을 루빠라고 부른다. 이 나마와 이 루빠, 벗이여, 이것을 나마루빠라고 부른다.[44]

나마는 느낌, 인식 등 우리의 정신적인 면을 이루고 있는 요소를,[45] 루빠는 땅(paṭhavī, 地), 물(āpo, 水), 불(tejo, 火), 바람(vāyo, 風) 등 우리의 신체를 이루는 요소를 의미한다. 그래서 나마루빠는 우리의 정신과 신체 또는 물질로 이해된다. 그런데 이러한 이해에서 다소 의아한 점은 나마를 이루는 정신적 요소 가운데 접촉과 느낌은 연기의

---

44 MN. I. 53.

45 주석서에 따르면 나마는 '이름 짓는 것'을 특징으로 하고 루빠는 '변화'를 특징으로 한다. 나마 가운데 느낌은 느낌의 무더기(受蘊)에, 인식은 인식의 무더기(想蘊)에, 의도와 접촉과 주의 기울임은 형성〔력〕의 무더기(行蘊)에 속한다. Ps. I. 221: nāmarūpavāre namanalakkhaṇaṃ nāmaṃ. ruppanalakkhaṇaṃ rūpaṃ. vitthāravāre panassa vedanā ti vedanākkhandho. saññā ti saññākkhandho. cetanā phasso manasikāro ti saṅkhārakkhandho veditabbo.

유전문流轉門에서 명색을 조건으로 하는 여섯 감각기관(六入)에 이어 순차적으로 다시 일어나고, 연기지에 들어 있지는 않지만 인식의 경우 느낌 후에 일어나는 것으로 설해진다는 것이다.

해밀톤(Hamilton)은 나마루빠에 대하여 '개인의 개념적·형성적 청사진(the conceptual and formational blueprint of the individual)'이라는 해석을 제안한다.[46] 이 해석은 매우 설득력 있게 들리는데, 이렇게 본다면 나마루빠를 그 뒤에 이어지는 지분들에서 완전해지는 '한 개인의 정신적·육체적 요소들의 바탕(밑그림)이 되는 상태'로 이해할 수 있기 때문이다. 앞서 언급했듯이 「마하니다나숫따」에서 나마루빠는 한 개체의 태어남에 관여하고 있기에 이러한 이해는 타당해 보인다. 그런데 나마루빠를 이렇게 이해할 경우 또 하나 의문이 생긴다. 그것은 정신적 요소의 바탕이 되는 상태인 나마에 '언어'가 작용하는가 하는 것이다. 여기서 같은 경전의 '명색을 조건으로 접촉이 있다(nāmarūpa-paccayā phasso)'라는 경문에 대한 설명을 보자.

"아난다여, 어떠한 상태, 특징, 표상, 표시에 의해 나마의 무리라는 개념이 있게 되는 그러한 상태, 특징, 표상, 표시가 없다면, 루빠의 무리에서 이름에 의한 접촉이(adhivacanasamphasso) 알려지겠는가?"
"세존이시여, 그렇지 않습니다."
"아난다여, 어떠한 상태, 특징, 표상, 표시에 의해 루빠의 무리라는 개념이 있게 되는 그러한 상태, 특징, 표상, 표시가 없다면,

46 Hamilton, Sue(1996), 128.

나마의 무리에서 감각물질에 의한 접촉이(paṭighasamphasso) 알려지겠는가?"

"세존이시여, 그렇지 않습니다."[47]

이와 같이 나마루빠가 있을 때 두 가지 접촉이 있기 때문에, 그것은 접촉의 조건이라고 설해진다. 나마가 있을 때 루빠에 '이름에 의한 접촉'이 있고, 루빠가 있을 때 나마에 '감각물질에 의한 접촉'이 있다는 것이다. 나마는 루빠에 대해 이름, 즉 개념을 부여하는 기능을 하고, 루빠는 나마에 대해 감각을 부여하는 기능을 한다. 다시 말해 루빠는 나마로 인해 이름을 얻고, 나마는 루빠로 인해 감각을 가진다. 예를 들어 루빠에 해당하는 '눈(眼)'이라는 기관의 의미를 규정하고 개념을 부여하며 그것을 이름 붙여 부르는 것은 나마의 기능이다. 그리고 나마가 무엇을 보고 어떠한 감각을 느끼는 등의 정신작용을 하기 위해서는 그것을 일으키는 눈과 그 대상인 형색이 있어야 한다. 이런 점에서 보자면 나마와 루빠 역시도 서로 의존하는 관계에 있다.

나마는 개념을 부여하고 이름을 붙이는 등의 '언어'작용을 지니고 있는 것으로 보인다. 그렇지만 그것이 완전한 정신작용이 아닌 그것의

---

47 DN. II. 62: yehi ānanda ākārehi yehi liṅgehi yehi nimittehi yehi uddesehi nāmakāyassa paññatti hoti, tesu ākāresu tesu liṅgesu tesu nimittesu tesu uddesesu asati, api nu kho rūpakāye adhivacanasamphasso paññāyethā ti. no h'etaṃ bhante. yehi ānanda ākārehi yehi liṅgehi yehi nimittehi yehi uddesehi rūpakāyassa paññatti hoti, tesu ākāresu tesu liṅgesu tesu nimittesu tesu uddesesu asati, api nu kho nāmakāye paṭighasamphasso paññāyethā ti. no h'etaṃ bhante.

밑그림과 같은 상태라고 한다면, 이 상태에서 언어가 얼마나 명확히 작용하는지 단언하기 어렵다. 여기서 얻을 수 있는 한 가지 결론은 나마루빠의 나마는 정신적인 면을 뜻하지만 그 속에는 나마의 '이름'이라는 본래 의미가 녹아 있고, 나마는 '언어'작용의 바탕으로서 기능한다는 것이다.

③ 인식의 과정과 언어의 문제

이처럼 나마가 언어 작용의 바탕이라고 할 수 있지만, 언어를 일으키는 처음 단계로 니까야에 명확히 설해지는 것은 인식(산냐)이라고 보아야 할 것이다. 그렇다면 인식에 의해 언어는 어떤 영향을 받으며, 이때 문제가 되는 것은 무엇일까? 먼저 『맛지마니까야』의 「마두삔디까숫따(Madhupaṇḍikasutta)」에 나타나는 인식의 진행과정을 살펴보자.

> 벗이여, 눈을 조건으로 형색에 대해서 눈의 의식이 일어난다(cakkhuñ cāvuso paṭicca rūpe ca uppajjati cakkhuviññāṇaṃ). 〔이〕 셋의 결합이 접촉(觸)이다. 접촉을 조건으로 느낌이 있다. 느끼는 것 그것을 인식하고, 인식한 것 그것을 생각하며, 생각한 것 그것을 〔개념적으로〕 확산한다(yaṃ vedeti taṃ sañjānāti, yaṃ sañjānāti taṃ vitakketi, yaṃ vitakketi taṃ papañceti). 확산한 것 그것을 원인으로 사람에게 과거·현재·미래의 눈으로 알아지는 형색에 대하여 '개념의 확산과 결합된 인식이라고 불리는 것(papañcasaññāsaṅkhā)'[48]이 일어난다.[49]

---

48 빠빤짜산냐상카(papañcasaññāsaṅkhā)는 빠빤짜(개념의 확산) + 산냐(인식)

경전에 따르면 삼사화합인 접촉에 이어 느낌이 발생하고 여기서 인식과 생각(vitakka, 尋) 그리고 개념의 확산(papañca, 戱論)에 이르는 구조로 인식은 전개된다. 여기서 '개념의 확산'으로 번역한 단어 빠빤짜(papañca)는 잘못된 인식이 더욱 확산되고 다양화되어 있는 상태로, 실상을 바로 볼 수 없게 만들기 때문에 열반을 얻기 위해 반드시 제거해야 하는 마음의 작용이다. 이 과정을 이해함에서 중요한 부분은 이러한 개념의 확산이 있을 때 우리의 인식은 그것과 결합하여 그 영향 아래에 놓여버린다는 점이다. 그리고 이렇게 개념의 확산과 결합된 인식은 다시 생각으로 이어져 또 다른 개념의 확산을 낳게 되고 동일한 과정이 되풀이된다는 것이다. 이 과정을 도식화하면 다음과 같다.

+ 상카(헤아림/수/호칭)라는 세 단어의 결합으로 이루어진 복합어이다. 주석서에 따르면 여기서 상카는 '부분'이라는 의미이다. 빠빤짜에는 갈애와 자만과 사견에 의한 세 가지가 있고, 빠빤짜산냐는 두 가지로 풀이된다. 첫 번째는 이러한 '빠빤자와 결합된 인식'이고, 두 번째는 단지 '빠빤짜'를 뜻하는 것이다. 필자는 이 가운데 빠빤짜산냐의 첫 번째 의미를 채택하였다. 주석서의 설명대로 상카를 '부분'이라는 의미로 해석할 경우, 빠빤짜산냐상카는 세 가지 종류의 빠빤짜 전부가 아니라 일부와 결합된 인식을 뜻하는 것으로 볼 수 있다. Ps. II. 75: "'빠빤짜산냐상카'라고 하는 여기에서 상카는 일부〔라는 의미이다〕. 빠빤짜산냐란 갈애·자만·사견에 의한 개념적 확산과 결합된 인식이다. 또는 인식이라는 이름으로 개념적 확산만을 말한다. 그러므로 개념적 확산의 일부라는 것이 여기서의 의미이다(papañcasaññāsaṅkhā ti ettha saṅkhā ti koṭṭhāso. papañcasaññā ti taṇhāmānadiṭṭhipapañcasampayuttā saññā, saññānāmena vā papañcā yeva vuttā. tasmā papañcakoṭṭhāsā ti ayam ettha attho)."

49 MN. I. 111-112.

접촉 → 느낌 → 인식 → **생각** → **개념의 확산** → **개념의 확산과 결합된 인식**
↑ ↓
←-- ←-- ←-- ←-- ←-- ←-- ←-- ←-- ←-- ←-- ←--

한편, 『디가니까야』의 「삭까빵하숫따(Sakkapañhasutta)」는 이와 동일한 맥락에서 개념의 확산과 결합된 인식이 생각의 근원이 됨을 보여준다. 경전에 따르면 인간과 신들을 비롯한 여러 존재들이 적대감과 원망을 가지는 이유는 질투와 인색(issāmacchariya) 때문이다. 그런데 이 질투와 인색은 좋아함과 싫어함(piyāppiya)을 원인으로 생겨나고 좋아함과 싫어함은 의욕(chanda)을 원인으로 하며, 의욕은 생각(vitakka)을, 그리고 생각은 개념의 확산과 결합된 인식을 원인으로 하여 일어난다. 다음과 같이 설한다.

> 신들의 왕이여, 생각은 개념의 확산과 결합된 인식이라고 불리는 것을 원인으로 하고, 개념의 확산과 결합된 인식이라고 불리는 것에서 일어나며, 개념의 확산과 결합된 인식이라고 불리는 것에서 생겨나고, 개념의 확산과 결합된 인식이라고 불리는 것에서 발생한다. 개념의 확산과 결합된 인식이라고 불리는 것이 있으면 생각이 있고(papañcasaññāsaṅkhāya sati vitakko hoti), 개념의 확산과 결합된 인식이라고 불리는 것이 없으면 생각이 없다(papañcasaññāsaṅkhāya asati vitakko na hoti).[50]

---

50 DN. II. 277.

즉 적대감과 원망이 일어나는 것은 '**개념의 확산과 결합된 인식 → 생각** → 의욕 → 좋아함과 싫어함 → 질투와 인색 → 적대감과 원망'의 순서로 이루어진다. 이 순서는 언뜻 앞서 살펴본 「마두삔디까숫따」의 인식과정과 반대의 구조로 진행되는 것으로 보일 수 있으나, 열반의 상태인 '개념의 확산이 없는 상태(nippapañca)'가 아닌 이상 우리의 인식은 그것과 결합되어 있기 때문에, 사실상 두 경전에서 보여 주고 있는 구조는 동일하다고 할 수 있다.

우리의 사고와 언어에서 문제가 되는 것은 다름 아닌 '개념의 확산'이다. 이것은 우리의 인식을 왜곡시키고, 그 결과로 나타나는 언어에 영향을 미친다. 언어는 외적으로는 생각을 드러내고 타인과 소통하는 매개이지만, 그 이전에 내적으로 자신과 자신의 세상을 만들어가는 도구이다. 그렇기에 언어는 중요하다. 하지만 왜곡된 인식에 따른 언어가 내적으로든 외적으로든 긍정적으로 작용할 리가 없다. 그러면 인식은 항상 개념의 확산을 낳고 그것과 결합하여 왜곡되기만 하는가? 만약 그렇다면 우리에게 깨달음은 불가능할 것이다.

다행히 모든 인식이 개념의 확산으로 전개되는 것은 아니다.[51] 인식과 생각에는 유익한 것(kusala)과 유익하지 않은 것(akusala)이 있기 때문이다. 니까야에 나타나는 유익한 인식(kusalasaññā)과 유익한 생각(kusalavitakka)은 욕망을 떠남(nekkhamma)에 대한 것, 악의 없음(abyāpāda)에 대한 것, 남에게 해를 끼치지 않음(avihiṃsā)에

---

51 Hamilton, Sue(1996), 60.

대한 것으로,[52] 팔정도(ariya aṭṭhaṅgika magga, 八正道)의 바른 생각(sammāsaṅkappa, 正思惟)과 내용이 동일하다. 유익하지 않은 인식과 생각은 개념적 확산으로 이어져 분별과 번뇌를 낳는다. 그러나 유익한 인식과 생각은 외적으로는 바람직한 언어생활로 이어지고, 내적으로는 자신을 변화시키고 자신의 세상을 변화시킬 것이다.

2) 선정(jhāna, 禪定)의 과정에서 사라지는 언어

이와 같이 언어와 생각은 밀접한 관계에 있기에, 우리가 깨어서 생각을 하는 동안 언어는 끊임없이 일어난다. 그렇다면 언어가 사라지는 순간은 없는 것일까?

초기불교에서는 '선정'이라는 수행의 체험 속에서 언어는 가라앉고 사라질 수 있다고 본다. 주지하듯이 선정의 가장 전형적인 형태는 색계 4선色界四禪과 4무색정四無色定으로, 상수멸(saññāvedayitanirodha, 想受滅)과 함께 구차제정九次第定으로 불리기도 한다. 이 선정의 단계 가운데에서 먼저 언어가 사라지는 것으로 볼 수 있는 단계는 색계 제2선이다. 초선에 들면 일으킨 생각(vitakka)과 머무는 생각(vicāra), 기쁨(pīti) 그리고 즐거움(sukha)이 생겨나게 되는데,[53] 이 요소들은 선정의 단계가 올라갈수록 점차로 사라진다.[54] 즉 제2선에서

52 DN. III. 215.

53 「마하웨달라숫따(Mahāvedallasutta)」에 따르면, 초선에서 '마음이 한곳에 집중됨(cittassa ekaggatā, 心一境性)'을 포함한 다섯 요소가 얻어진다.(MN. I. 294)

54 정형구의 설명에서 보듯이 색계선의 각 상태들은 초선에서 생긴 여러 요소들이 단순히 사라져 가는 것이 아니라, 같은 요소가 다른 상태로 나타나기도 하고

는 일으킨 생각과 머무는 생각이 사라지고 제3선에서는 기쁨이, 마지막 제4선에서는 즐거움마저도 사라지게 된다. 색계 4선의 정형구는 다음과 같다.

①초선: 그는 여러 감각적 욕망에서 벗어나고 불선한 법들에서 떠나, 일으킨 생각과 머무는 생각이 함께하고 벗어남에서 생긴 기쁨과 즐거움인 첫 번째 선정을 성취한다.
②제2선: **일으킨 생각과 머무는 생각이 가라앉음으로써** 내적으로 고요하고 마음이 한곳에 집중된, 일으킨 생각과 머무는 생각이 없는 사마디(samādhi, 三昧)에서 생겨난 기쁨과 즐거움인 두 번째 선정을 성취한다.
③제3선: 기쁨이 사라짐으로써 평온(upekkha)을 갖추고 마음챙기고 바르게 알아차리며 머문다. 그리고 즐거움을 몸으로 경험한다. 그를 일러 성자들이 '평온을 갖추고 마음챙기며 즐겁게 머무는 자이다'라고 말하는 세 번째 선정을 성취한다.
④제4선: 즐거움도 버려지고 괴로움도 버려지고 이전의 정신적 즐거움과 정신적 괴로움도 사라짐으로써 괴롭지도 즐겁지도 않은 평온과 마음챙김에 의해 청정한(upekkhāsatipārisuddhi) 네 번째 선정을 성취한다.[55]

초선은 일으킨 생각과 머무는 생각이 함께하고 감각적 욕망과

초선에서 없었던 요소가 생겨나기도 하는 등 보다 복잡한 양상을 보인다.

55 SN. V. 198.

불선한 법들로부터 벗어남에서 생긴 기쁨과 즐거움이 있는 상태를 가리킨다. 수행을 계속해 나가면 일으킨 생각과 머무는 생각이 가라앉게 되고, 이로 인해 마음이 집중된 상태인 사마디에서 기쁨과 즐거움이 생겨나게 되는데 이 경지가 제2선의 상태이다. 제3선에서는 기쁨이 사라지고 평온과 마음챙김, 그리고 바르게 알아차림이라는 새로운 요소들이 등장한다. 그리고 마지막 제4선에서는 즐거움은 물론 괴로움도 사라진 평온하고 마음챙김이 있는 청정한 상태가 된다.

이 가운데 주목할 부분은 제2선에서 가라앉는 '생각'이다. 앞서 〈언어의 발생(3-1-1)〉에서 보았듯이 일으킨 생각과 머무는 생각으로 인해 말을 하는 작용이 일어나기 때문에, 생각이 가라앉는다는 것은 언어행위 또한 가라앉음을 의미한다.[56] 이때 가라앉는 언어는 말을 하는 것과 같은 정도의 구체화된 언어를 뜻한다. 선정에 들어 있을 때 소리 내어 말을 하는 일은 없기 때문이다. 그리고 여기서 구체화된 언어가 가라앉는다는 것은 생각 이전의 인식 단계에서의 언어, 즉 개념을 형성하는 언어는 아직 남아 있음을 시사한다.

그런데 여기 지금까지 살펴본 내용과 다소 다른 설명을 하고 있는 경전이 있다. 『상윳따니까야』의 「라호가따숫따(Rahogatasutta)」는 형성된 것들(saṅkhārā, 行)이 어떻게 차례로 소멸하고 가라앉는지에 대한 설법을 내용으로 한다. 이에 따르면 초선을 성취한 사람에게는 말이 사라져 있고(vācā niruddhā hoti), 제2선을 성취한 사람에게는

---

56 미즈노 코겐은 일으킨 생각과 머무는 생각이 없는 제2선 이상에서는 語行이 사라지기 때문에 말을 하는(言語を發する) 일도 소리를 듣는 일도 없다고 지적한다. 水野弘元, 앞의 책, 1978, p.435.

일으킨 생각과 머무는 생각이, 제3선을 성취한 사람에게는 기쁨이, 제4선을 성취한 사람에게는 들숨과 날숨이 사라져 있다.[57]

흥미로운 부분은 초선에서 말이 사라진다는 설명이다. 말은 일으킨 생각과 머무는 생각에 의해 일어나기 때문에, 생각이 사라지는 제2선 전에 초선의 단계에서 말이 먼저 사라져 있는 것이라고 볼 수도 있다. 하지만 초선에서 갖추어지는 요소에 말의 조건이 되는 일으킨 생각과 머무는 생각이 있다는 점을 감안한다면, 이 해석은 자연스러워 보이지 않는다. 그렇다면 이 경전의 '초선을 얻은 사람에게 말이 사라졌다'고 하는 경문은 어떻게 이해할 수 있을까. 단지 선정에 들면서 밖으로 표출되는 말을 하지 않게 되었음을 뜻하는 것은 아닐까.

다시 돌아와 이제 모든 선정의 가장 마지막에 위치하는 수행의 단계인 상수멸[58]에 대해 살펴보자. 상수멸은 인식과 느낌(vedayita)이 소멸(중지)된 상태로, 이 선정에 든 사람은 죽은 자와 달리 수명도 다하지 않고 온기도 식지 않으며 감각기능들도 뚜렷함에도 불구하고 마치 죽어 있는 상태처럼 보인다. 그 이유는 죽어 있는 자와 마찬가지로 몸의 형성과 말의 형성, 그리고 마음의 형성이 소멸하여 가라앉았기 때문이다.[59] 앞 절(3-1-1)에서 이미 살펴보았지만 몸을 형성하는 것은

57 SN. IV. 217.

58 정준영, 「상수멸정의 성취에 관한 일고찰」, 『불교학연구』 9, 2004, pp.4~5: "상수멸정은 크게 세 가지 과정에 의해 성취된다. 첫째, 팔해탈(八解脫, vimokkha)의 과정을 통하여 여덟 번째 해탈로써 얻어지는 것, 둘째, 일곱 가지 요소들 중에 일곱 번째 요소로 얻어지는 것, 그리고 셋째, 색계 4선色界四禪과 무색계 4선無色界四禪을 거쳐 아홉 번째로 얻어지는 것이다."

59 MN. I. 296.

들숨과 날숨, 말을 형성하는 것은 일으킨 생각과 머무는 생각, 마음을 형성하는 것은 인식과 느낌이다. 이 세 가지 형성은 상수멸에 이르는 수행의 과정에서 사라지고 가라앉게 된다. 그러면 이 형성들은 어떤 순서로 소멸했다가 다시 일어나는가?

> "고귀한 분이여, 상수멸을 성취한 비구에게 어떤 법들이 먼저 소멸합니까? 몸의 형성입니까, 아니면 말의 형성입니까, 아니면 마음의 형성입니까?"
> "벗이여, 위사카여, 상수멸을 성취한 비구에게 먼저 말의 형성이 소멸하고, 그 다음에 몸의 형성이 〔소멸하고〕, 그 다음에 마음의 형성이 〔소멸합니다〕."[60]

> "고귀한 분이여, 그러면 상수멸정에서 출정出定하는 비구에게 어떤 법들이 먼저 일어납니까? 몸의 형성입니까, 아니면 말의 형성입니까, 아니면 마음의 형성입니까?"
> "벗이여, 위사카여, 상수멸정에서 출정하는 비구에게 먼저 마음의 형성이 일어나고, 그 다음에 몸의 형성이 〔일어나고〕, 그 다음에 말의 형성이 〔일어납니다〕."[61]

상수멸에 들 때에 형성의 소멸은 말 → 몸 → 마음의 순서로 이루어지고, 출정할 때에 형성의 일어남은 마음 → 몸 → 말의 순서로 이루어진

---

60 MN. I. 301-302.

61 MN. I. 302.

다. 이 과정은 상수멸을 성취하기까지의 선정 단계에서 사라지는 요소에 따른 것으로, 제2선에서 먼저 말의 형성이 사라지고, 제4선에서 몸의 형성이 사라지며, 마지막 상수멸에서는 마음의 형성이 사라진다. 제4선에서 몸의 형성요소인 들숨과 날숨이 사라진다는 것은 위에서 살펴본 「라호가따숫따」를 통해서도 알 수 있지만, 몸의 형성이 고요해지는 것(passaddhakāyasaṅkhāra)이 제4선의 성취라고 설해지거나,[62] 제4선에 들숨과 날숨은 가시라고 설해지는[63] 용례를 통해서도 확인할 수 있다. 특히 이 용례는 가시라는 비유를 통해 각 선정의 단계에서 사라지는 요소를 잘 보여준다.

우리는 인식의 단계에서 이미 언어가 작용함을 보았다. 만약 그렇지 않고 제2선에서 생각이 가라앉음으로써 모든 언어가 사라진다면, 상수멸에서 인식이 사라지기 전까지 제3, 4선과 무색정의 과정에서 남아 있는 것은 '언어가 기능하지 않는 인식'일 것이다. 그러나 개념화 작용인 인식이 언어 없이 성립되기는 힘들어 보인다. 이처럼 인식을 가능하게 하는 언어가 남아 있기에, 선정의 과정에서 언어 작용의 부재로 인해 모순처럼 보였던 여러 교설들, 예를 들어 제4선 후에

---

62 DN. III. 270.

63 AN. V. 134-135: "첫 번째 선정에 소리는(saddo) 가시이다. 두 번째 선정에 일으킨 생각과 머무는 생각은 가시이다. 세 번째 선정에 기쁨은(pīti) 가시이다. 네 번째 선정에 들숨과 날숨은 가시이다. 상수멸정에 인식과 느낌은 가시이다. 탐욕은(rāgo) 가시이다. 성냄은(doso) 가시이다. 어리석음은(moho) 가시이다." 초선에서 소리가 가시라고 한 것은 선정에 들기 위해 조용한 곳에 머물러야 함을 뜻한다.

삼명(tevijjā, 三明)을 얻고[64] 초선에서 무소유처(ākiñcaññāyatana, 無所有處)까지의 각 단계에서 오온의 무상·고·무아를 관찰한다는[65] 등의 내용은 충분히 설득력을 지닐 수 있다. 무색정 가운데에서도 명확한 인식의 상태로 볼 수 없는 비상비비상처(nevasaññānāsaññāyatana, 非想非非想處)가 이러한 관찰에서 제외된다는 것도, 인식과 함께하는 언어의 작용이 그 이전까지 남아 있음을 보여준다.

이처럼 선정의 과정에서 언어는 사라진다. 그렇지만 여기서 오해하지 말아야 할 것은 수행에서 언어의 작용이 그친다는 사실이 깨달음에 언어가 부정적인 역할을 하는 것임을 뜻하는 것은 아니라는 것이다. 선정의 과정에서는 언어를 포함한 모든 형성의 작용이 고요해지지만, 일상에서의 우리는 언어 속에서 살아가고 그 언어를 일으키는 마음을 가지고 있다. 이러한 상황에서 중요한 것은 언어를 어떻게 사용할 것인가 그리고 언어를 통해 어떻게 마음의 변화를 일으킬 것인가, 즉 깨달음으로 다가갈 수 있을 것인가 하는 문제일 것이다.

---

64 MN. I. 247-249. 삼명이란 숙명통(전생을 기억하는 지혜, 宿命通), 천안통(중생들의 사후 세계를 보는 지혜, 天眼通), 누진통(번뇌를 소멸하는 지혜, 漏盡通)의 세 가지 지혜를 일컫는 말로, 전생을 기억하고 사성제를 아는 등 언어의 작용이 포함된다.

65 MN. I. 435-436.

4. 언어, 어떻게 사용할 것인가?

1) 붓다의 언어: 깨달음으로 이끌다

① 붓다의 설법과 제자의 가르침 듣기

『맛지마니까야』의 「아리야빠리예사나숫따(Ariyapariyesanāsutta)」는 깨달음을 얻은 붓다가 사람들에게 가르침을 설할 것을 주저하지만 범천 사함빠띠(Sahampati)의 간곡한 청으로 설법을 결심하였다고 전하고 있다.[66] 붓다는 왜 설법을 망설였을까? 경전에서는 다음과 같이 설하고 있다.

> 비구들이여, 그런 내게 이런 생각이 들었다. '내가 증득한 이 법은 심오하고 보기 어렵고 깨닫기 어렵고 고요하고 뛰어나며 사유의 영역이 아니고(atakkāvacaro) 미묘하여 오로지 현자만이 이해할 수 있을 것이다. 그러나 이 사람들은 집착을 좋아하고 집착을 기뻐하고 집착을 즐긴다. 집착을 좋아하고 집착을 기뻐하며 집착을 즐기는 이 사람들에게 이 경지, 즉 이것에게 조건이 됨(idappaccayatā)인 연기는(paṭiccasamuppādo) 보기 어려운 것이다. 또한 이 경지, 즉 모든 형성된 것들(sabbasaṅkhāra)의 가라앉음, 모든 재생의 근거(sabbūpadhi)를 완전히 버림, 갈애의 소멸, 탐욕의 사라짐, 소멸, 열반도 보기 어려운 것이다. 만약 내가 법을 가르친다고 해도 저들이 나의 〔말〕을 이해하지 못한다면 그것은 나에게 피로일 것이고 나에게 성가심일 것이다.'[67]

---

66 MN. I. 167-169.

붓다는 스스로 깨달은 그 법이 너무나 심오하여 집착으로 가득 찬 사람들은 보기 어려운 것이라고 생각하여 설법을 주저하였다. 붓다가 깨달은 법에 대한 묘사 가운데 '사유의 영역이 아니다'라는 표현은 그것이 우리의 보통 생각과 사고로는 알 수 없는 영역임을 말해 준다.[68] 이러한 경지를 그것을 경험하지 못한 이들에게 언어로 표현하고 설명하여 이해시키는 것은 붓다에게도 매우 어려운 일이었음에 틀림없다. 왜냐하면 우리의 사고는 경험에 의해 구성되며 그에 따른 깊이를 가지고 있기 때문이다. 그러나 붓다는 개인의 성향과 능력에 맞춘 대기설법의 방식으로 많은 이들에게 가르침을 전하였고, 그 결과 많은 이들이 깨달음을 얻었다.

이렇게 하여 언어는 설법이라는 방법을 통해 붓다가 제자들을 깨달음으로 이끌 수 있는 유일하고 중요한 수단이 되었다. 그와 동시에 언어로 이루어진 가르침을 듣는 일은 제자들이 깨달음을 얻기 위해 무엇보다 먼저 해야 하는 일이 되었다. 가르침을 듣는 행위가 불교에서 얼마나 필수적이고 중요한 일이었는지는, '제자'로 번역된 단어 '사와까(sāvaka)'가 '듣다'라는 뜻의 어근 '슈루(śru)'에서 파생되었다는 사실

---

67 MN. 167-168.

68 주석서는 이것이 지혜의 영역이기 때문에 사유로는 알 수 없다고 설명한다. Ps. II. 174: "'사유의 영역이 아니고'란 사유에 의해서 찾고 들어갈 수 있는 것이 아니고, 오직 지혜에 의해서만 찾을 수 있다〔라는 의미이다〕(atakkāvacaro ti takkena avacaritabbo ogāhitabbo na hoti, ñāṇen'eva avacaritabbo)."; Sv. I. 99: "최상의 지혜의 영역이므로 사유에 의해서 찾을 수 없기 때문에 '사유의 영역이 아니고'〔라고 말했다〕(uttamañāṇavisayattā na takkena avacaritabbā ti atakkāvacarā)."

만 보더라도 잘 알 수 있다. 또한 니까야에서 자주 만나는 다음의 대조적인 두 표현 역시 초기불교에서 '가르침 듣기'가 어떤 위상에 있는지를 보여준다.

> a **배우지 못한 범부는**(assutavā puthujjano) 성자(ariya)들을 만나지 않고, 성자의 법에 대한 지혜를 가지고 있지 않으며, 성자의 법에 인도되지 못하는 사람이다. 바른 사람(sappurisa)들을 만나지 않고, 바른 사람의 법에 대한 지혜를 가지고 있지 않으며, 바른 사람의 법에 인도되지 못하는 사람이다.
>
> b **배운 성스러운(성자인) 제자는**(sutavā ariyasāvako) 성자들을 만나고, 성자의 법에 대한 지혜를 가지고 있으며, 성자의 법에 잘 인도되는 사람이다. 바른 사람들을 만나고, 바른 사람의 법에 대한 지혜를 가지고 있으며, 바른 사람의 법에 잘 인도되는 사람이다.[69]

a와 b는 깨달음의 단계에 아직 들지 못한 평범한 사람인 범부凡夫와 깨달음의 길에 들어선 성자를 나타낸다.[70] 이들은 각각 '배우지 못한'과 '배운'이라는 수식어와 함께 등장하는 경우가 많다. 그런데 이 수식어

---

69 MN. I. 7-8; SN. III. 44 etc.

70 초기불교의 전형적인 성자는 네 종류의 성자, 즉 예류자(預流者, sotāpanna), 일래자(一來者, sakadāgāmin), 불환자(不還者, anāgāmin), 아라한(阿羅漢, arahant)이라고 할 수 있다. 이를 수도의 과정을 고려하여 실천하는 도道의 단계에 있는 성자와 그 실천의 결과인 과果의 단계에 있는 성자로 세분하면, 이른바 사쌍팔배四雙八輩, 사향사과四向四果의 성자가 된다.

의 원어인 '앗수따와(assutavā)'와 '수따와(sutavā)'의 본래 의미는 '듣지 않은 〔사람〕'과 '들은 〔사람〕'이다.[71] 이와 같이 '듣다'라는 말을 '배우다'라는 의미로 이해해도 전혀 문제가 되지 않는 것은, 제자들이 가르침을 배울 수 있는 방법이 붓다를 비롯한 성자들의 설법을 '듣는 것'이었기 때문이다. 이처럼 불교 수행에서 가르침을 듣는 일은 범부인 채로 머물 것이냐, 성자의 반열에 들 것이냐를 결정하는 첫 번째 요인이 된다.

이외에도 깨달음의 길에서 가르침을 듣는 일이 차지하는 위치는 여러 교설에서 확인할 수다. 예를 들어 바른 견해(sammādiṭṭhi, 正見)를 일으키기 위해서는 두 가지 조건이 필요한데, 그것은 다른 사람의 목소리(parato ghoso)와 바른 주의 기울임(yoniso manasikāro)이다.[72] 여기서 '다른 사람의 목소리'라 함은 가르침을 설하는 성자 혹은 바른 사람의 음성을 뜻하며, 그 음성을 통해 가르침을 듣는 일을 내포한다. 즉 가르침을 듣고 그것에 주의 기울임으로써 바른 견해를 얻을 수

71 수따와는 '수따(suta)'와 '와(vā)'가 결합되어 있는 표현이다. 수따는 사와까(제자)와 동일하게 '슈루'를 어근으로 하며 과거분사 형태로 '들린(heard)'이란 의미를 가지고 있고, 와는 소유를 나타내는 접미사 '완뜨(vant)'의 남성 단수 주격형태로 '을(를) 가진 〔사람〕'으로 해석된다. 따라서 수따와는 '들린 것을 가진 〔사람〕', 즉 '들은 〔사람〕'이라는 의미가 된다. 여기서 들은 소리는 붓다 혹은 성자들의 설법이므로 '수따와'는 성자들의 가르침을 들은 〔사람〕을 뜻한다. 또한 '앗수따와'는 부정의 접두사 '아(a)'가 붙은 형태이기 때문에 그 반대 의미인 가르침을 듣지 않은 〔사람〕을 뜻하게 된다.

72 MN. I. 294: "벗이여, 바른 견해를 일으키기 위해 두 가지 조건이 있다. 〔즉〕 다른 사람의 목소리와 바른 주의 기울임이다(dve kho āvuso paccayā sammādiṭṭhiyā uppādāya, parato ca ghoso yoniso ca manasikāro)."

있다는 것이다.

또 예류과를 얻기 위한 조건에도 가르침을 듣는 일은 포함된다. 예류과를 얻기 위해서는 바른 사람과의 사귐(sappurisasaṃsevo)·정법을 들음(saddhammassavanaṃ)·바른 주의 기울임·법을 따르는 법의 실천(dhammānudhammappaṭipatti)이라는 네 가지 조건이 필요하다고 설해진다.[73] 이 가운데 정법을 들음과 바른 주의 기울임의 두 가지 항목은 위의 바른 견해를 일으키기 위한 조건과도 동일하다. 바른 사람을 가까이 함으로써 그들에게 바른 법을 배우고 그것을 잘 실천하는 것, 이것이 성자가 되기 위한 방법인 것이다.

② 언어에 대한 붓다의 태도

붓다가 제자들에게 전한 가르침의 내용은 깨달음에 이르는 구체적 수행방법이나 불교의 교리만이 아니었다. 니까야의 많은 경전이 계율과 관계된 설법을 담고 있고, 그 가운데에는 본인의 수행과 승단의 유지를 위해서 언어를 어떻게 사용해야 하는지에 대해 상당히 구체적으로 설한 것도 있다. 바른 언어 사용에 대한 자세한 내용은 다음 절에서 살펴보도록 하고, 여기서는 두 가지 용례를 통해 붓다가 언어에 대하여 어떠한 태도와 입장에 있었는지 간단히 언급하고자 한다.

『맛지마니까야』의 「아라나위방가숫따(Araṇavibhaṅgasutta)」는 제목이 보여 주듯이 '싸움(raṇa)이 없음(無諍)에 대한 분석'을 내용으로 한다. 붓다는 여기에서 서로 다투지 않기 위한 방법을 여섯 가지로

---

73 SN. V. 411.

설하는데, 그 가운데 네 가지가 언어 사용과 관련된 것이다. 즉 a) 넘치는 〔말〕도 비난〔의 말〕도 하지 말고 오직 법을 설해야 한다, b) 비밀스러운 이야기를 해서도 안 되고 면전에서 상처가 되는 말을 해서도 안 된다, c) 침착하게 말해야 하며 다급하게 말해서는 안 된다, d) 지역의 언어를 고집해서도 안 되고 통용되는 언어에서 벗어나서도 안 된다(janapadaniruttiṃ nābhiniveseyya, samaññaṃ nātidhāveyya)는 것이다.[74] 이 가운데에서 d)는 나머지 가르침의 내용과 조금 다른 성격을 가지고 있다. 앞의 세 가지가 언어를 어떻게 사용해야 하는지에 대한 권고라고 한다면, 마지막 것은 언어에 대해 어떠한 태도를 취해야 하는지를 보여 주고 있기 때문이다.[75] 이 부분에 대해 붓다는 다음과 같이 설명한다.

비구들이여, 어떻게 지역의 언어를 고집하고 통용되는 언어를 벗어나는가? 비구들이여, 여기 몇몇 지역에서 같은 것을 두고 접시라 부르고, 그릇이라고 부르고, 사발이라 부르고, 받침이라 부르고, 냄비라 부르고, 단지라 부르고, 잔이라고 하고, 대야라고 부른다. 이렇게 각 지역에서 부르는 대로 그와 같이 강하게 집착하여 고집하며 '이것만이 진리이고 다른 것은 헛된 것이다'라고 말한

---

74 MN. III. 230. 나머지 두 가지 방법은 다음과 같다. ①감각적 욕망에 대한 쾌락(kāmasukha)에 전념하는 것과 자신을 괴롭히는 일에 몰두하는 것(attakilamathānuyoga)의 양극단으로 가서는 안 된다. ②즐거움을 판별할 줄 알고서 내적인 즐거움을 추구해야 한다.

75 Tilakaratne Asanga, 앞의 책, 2007, pp.192~193 참고.

다. 비구들이여, 이와 같이 지역의 언어를 고집하고 통용되는 언어를 벗어난다.

비구들이여, 그러면 어떻게 지역의 언어를 고집하지 않고 통용되는 언어를 벗어나지 않는가? 비구들이여, 여기 몇몇 지역에서 같은 것을 두고 접시라 부르고 … 대야라고 부른다. 이렇게 각 지역에서 부르는 대로 '아마도 이 존자들은 이것을 이렇게 표현하는구나'라고 그와 같이 집착하지 않고 말한다. 비구들이여, 이와 같이 지역의 언어를 고집하지 않고 통용되는 언어를 벗어나지 않는다.[76]

붓다는 언어가 어떤 실체와 분리될 수 없는 절대적인 것이라거나, 어떤 특정한 언어만이 신성함을 부여받아 우월하고 나머지는 그렇지 않다고 생각하지 않았다. 일상적으로 통용되는 언어는 사회적 동의와 관습에 의해 만들어진 것이라고 보았기 때문이다. 따라서 하나의 사물을 지칭하는 말이 어떠한 문자와 소리로 이루어져 있든, 그것이 사회적 동의하에서 공유될 수 있는 것이라면 그 사이에 우열도, 옳고 그름도 없다고 보았다. 그래서 붓다는 제자들에게 자신의 지역어에만 집착하지 말고 다른 지역의 언어도 인정하는 태도를 가질 것을 권고한 것이다. 이와 같은 언어에 대한 붓다의 입장은 율장에서 전하는 다음의 일화를 통해서도 잘 알 수 있다.

한때 야멜루(Yameḷu)와 떼꿀라(Tekula)라는 이름의 아름다운 음

---

76 MN. III. 234-235.

성과 말투를 가진 바라문 출신의 두 형제가 있었다. 그들은 세존에게 다가갔다. 다가가서 세존에게 경의를 표하고 한곳에 앉았다. 한곳에 앉은 그 비구들은 세존에게 이렇게 말했다.

"세존이시여, 지금 비구들은 다양한 이름과 다양한 족성과 다양한 혈통과 다양한 가문에서 출가해 있습니다. 그들은 자신의 언어(어법)로 붓다의 말씀을 더럽히고 있습니다(te sakāya niruttiyā buddhavacanaṃ dūsenti). 세존이시여, 이제 우리는 붓다의 말씀을 〔베다의〕 운율로(chandaso) 전하겠습니다."

붓다 세존은 〔그들을〕 꾸짖었다.

"어리석은 자여, 그대들은 어째서 이와 같이 '세존이시여, 이제 우리는 붓다의 말씀을 〔베다의〕 운율로 전하겠습니다'라고 말하는가? 어리석은 자여, 이것은 즐거워하지 않는 이들에게는 만족스러운 것이 아니고 즐거워하는 이들이 늘어나는 것도 아니다."

〔세존은 그들을〕 꾸짖고서 법다운 이야기를 하고 나서 비구들에게 말씀하셨다.

"비구들이여, 붓다의 말씀을 〔베다의〕 운율로 전해서는 안 된다(na bhikkhave buddhavacanaṃ chandaso āropetabbaṃ). 〔그렇게〕 전하는 자는 누구라도 잘못된 행동(dukkaṭa, 惡作)의 범계(āpatti)가 〔있을 것이다〕. 비구들이여, 나는 자신의 언어로 붓다의 말씀을 배울 것을 허락한다(anujānāmi bhikkhave sakāya niruttiyā buddhavacanaṃ pariyāpuṇitun ti)."[77]

---

77 Vin. II. 139.

바라문 출신의 두 비구는 다양한 출신의 출가자들이 각자의 언어로 붓다의 말씀을 전하는 것이 그것을 더럽히는 일이라고 생각하고 있었다. 그래서 베다의 운율과 같은 자신들이 생각하기에 성스러운 언어로 그것을 전하는 것이 바람직하다고 여겼던 것 같다. 그러나 붓다는 그러한 생각에 대하여 어리석다고 꾸짖으며 '자신의 언어'로 붓다의 말씀을 배우도록 허락한다.[78] 이처럼 언어의 다양성을 인정하면서 각자의 언어로 가르침을 배우는 것을 허락한 것은 붓다에게는 당연한 일이었을 것이다. 특정한 언어로만 가르침을 전할 경우 그것을 모르는 사람들은 배울 수 없을 것이기에, 신분과 성별 등에 차별을 두지 않고 '열린 설법'을 했던 붓다의 취지와는 맞지 않았을 것이다. 보다 많은 사람들의 행복을 위해 설법을 하며 평생을 보낸 붓다에게 언어는, 그 종류가 무엇이든 깨달음으로 이끄는 수단으로 쓰일 때 가장 의미 있는 것이 아니었을까.

2) 실천의 언어: 깨달음에 다가가다

언어와 관련된 붓다의 가르침의 많은 부분을 차지하는 것은 실천적인

---

78 여기서 말하는 '자신의 언어'가 무엇인지에 대해서는 논란이 있다. 주석서는 이것을 붓다가 사용한 마가다어라고 설명하고 있다.〔Sp.VI. 1214: "'자신의 언어로'라고 한 여기에서 자신의 언어라는 것은 바르게 완전히 깨달은 분(正等覺者)이 말씀하신 마가다어 표현을 말한다(sakāya niruttiyā ti ettha sakā nirutti nāma sammāsambuddhena vuttappakāro māgadhiko vohāro)."〕. 그러나 전후 문맥과 언어에 대한 붓다의 태도, 그리고 자신의 언어로 배울 것을 '허락한다'라고 말한 부분 등을 통해 볼 때, 이것은 각 지역 사람들이 사용하는 각자의 언어를 의미하는 것으로 보는 것이 타당할 것으로 생각된다.

측면에서 '언어를 어떻게 사용해야 하는가'에 관한 것이다. 그리고 그 대답은 팔정도의 정어(sammāvācā, 正語)에 있다. 정어의 내용은 간결하고 단순해 보이지만, 니까야에 설해진 언어 사용에 관한 교설들이 모두 포함된다고 해도 과언이 아닐 만큼 포괄적이기 때문이다. 주지하듯이 정어는 거짓말(musāvāda, 妄語), 험담(pisuṇā vācā, 兩舌), 거친 말(pharusā vācā, 惡口), 쓸데없는 말(samphappalāpa, 綺語)의 네 가지 말을 삼가는 것으로 정의된다.[79] 그러면 이 네 가지 말이 무엇인지 니까야의 설명을 통해 살펴보자.

> 장자들이여, 어떤 것이 말에 의한 네 가지 법을 따르지 않은 잘못된 행동(adhammacariyāvisamacariyā)인가? 장자들이여, 여기 어떤 자는 거짓말을 한다. … 그는 알지 못하면서 '나는 압니다'라고 말하고, 알면서 '나는 알지 못합니다'라고 말한다. … 이와 같이 자신을 위해서나 남을 위해서나 적은 물질적 이득을 위해 고의로 거짓말을 한다.

---

79 DN. II. 312: "비구들이여, 무엇이 바른 말인가? 거짓말을 삼가고 험담을 삼가고 거친 말을 삼가고 쓸데없는 말을 삼가는 것이다. 비구들이여, 이것이 바른 말이다." 거짓말을 비롯한 이 네 가지 말은 열 가지 해로운 행위의 길(dasa akusalakammapathā, 十不善業道) 가운데 말로 짓는 행위(vacīkamma, 口業)에 해당한다. 열 가지 해로운 행위의 길에는 이 밖에 몸으로 짓는 나쁜 행위인 살아있는 생명을 해침(pāṇātipāta), 주어지지 않은 것을 가짐(adinnādāna), 감각적 욕망에서의 잘못된 행동(kāmesumicchācāra)의 세 가지와, 마음으로 짓는 나쁜 행위인 탐욕(abhijjhā), 악의(byāpāda), 잘못된 견해(micchādiṭṭhi)의 세 가지가 포함된다.(DN. III. 269)

그는 험담을 한다. 여기에서 듣고 이들〔의 사이〕를 갈라놓기 위해 저기에서 말한다. 저기에서 듣고 저들〔의 사이〕를 갈라놓기 위해 이들에게 말한다. 이처럼 화합한 자들을 갈라놓거나 분열된 자들을 조장한다. 그는 불화를 좋아하고 불화를 기뻐하고 불화를 즐기며 불화를 일으키는 말을 한다.

그는 거친 말을 한다. 그는 거칠고 험하고 남을 언짢게 하고 남을 모욕하고 분노에 휩싸이고 삼매로 이끌지 못하는 그런 말을 한다.

그는 쓸데없는 말을 한다. 부적절한 때에 말하고 사실이 아닌 것을 말하고 무익한 것을 말하고 법에 어긋나는 것을 말하고 율에 저촉되는 것을 말한다. 간직할 가치가 없는 말을 하고 적절하지 않은 때에 이치에 맞지 않고 무절제하며 무익한 〔말을 한다〕.[80]

가장 먼저 언급되는 '거짓말'은 나의 목적이나 이득을 위해서 사실과 다른 것을 말하는 것이다. 율장에서도 가장 큰 범계에 해당하는 것으로 이와 관련된 것을 들고 있을 만큼 조심해야 하는 행위이다.[81] '험담'은

---

80 MN. I. 288.

81 한성자, 「초기불전에 나타난 구업口業의 유형과 대처 방안」, 『불교평론』 75, 2018, p.37: "초기불전에서 구업과 관련된 내용은 율장에서는 가장 무거운 죄인 바라이(波羅夷, pārājika)와 비교적 가벼운 죄에 해당하는 바일제(波逸提, pācittiya), 그릇된 언어에 대한 계목에서 파생된 둡바시따(dubbhāsita) 등에서 발견된다. 바라이에 해당하는 가장 무거운 범계는 자신이 깨달음을 성취하지 못한 것을 알면서도 인간을 초월한 상태에 도달했다고 거짓 주장을 하는 것으로, 이것을 범하면 승가로부터 영원히 추방되어 다시는 비구의 자격을 회복할 수 없다."

남들을 이간시키는 말로 서로의 화합을 깨는 결과를 낳기 때문에 경우에 따라서는 타인에게 매우 심각한 결과를 가져다줄 수 있다. '거친 말'은 욕설, 모욕 등 상대의 기분을 상하게 하는 말이며, '쓸데없는 말'[82]은 적절하지 않은 시기에 사실이 아니거나 필요가 없는 말, 즉 유익하지 않고 법과 율에 맞지 않으며 간직할 만한 가치가 없는 말들을 절제 없이 하는 것을 말한다. 이 가운데 마지막의 '쓸데없는 말'은 앞의 세 가지 말을 제외한, 바람직하지 않은 모든 언어행위를 의미한다고 할 수 있을 것이다.

붓다는 제자들이 모여 있을 때 해야 할 일은 두 가지가 있다고 설했다. 즉 '법에 대한 이야기 또는 성스러운 침묵의 상태(dhammī vā kathā, ariyo vā tuṇhībhāvo)'[83]이다. 법에 대한 이야기가 아닌 다른 것은 말하지 않아도 되는, 혹은 말하지 않아야 하는 이야기이기에 붓다는 차라리 침묵을 지키도록 권고했을 것이다. 이러한 붓다의 권고는 지금도 적용될 수 있다. 우리는 끊임없이 생각하고 그에 따라 끊임없이 언어는 일어난다. 그렇지만 그 모든 것이 유익하고 가치 있는 것은 아니다. 어떤 것이 필요한 말이고 어떤 것이 그렇지 않은 말인지, 언제가 말을 할 적절한 시기인지를 알 수 없다면 침묵은 쓸데없는 말을 삼갈 수 있는 효과적인 방법이 될 것이다.

---

82 원어 '삼팝빨라빠(samphappalāpa)'는 '하찮은, 경박한'이라는 뜻을 가진 삼파(sampha)와 '실없는 소리'라는 의미의 빨라빠(palāpa)의 결합으로 이루어져 있다. 중국에서는 '꾸미는 말'이라는 뜻으로 풀이되는 '기어綺語'로 옮겼지만, 원어의 의미는 '쓸데없고 하찮은 말'이라는 뜻이다.

83 MN. I. 161.

우리가 바른 말을 써야 하는 이유는 타인과의 관계에 따른 윤리·도덕적인 측면에서 바람직하기 때문이기도 하지만 그것이 자신에게 유익하게 작용하기 때문이기도 하다. 바른 말은 유익한 법들이 완성되는 조건이 되는 것이다.

벗이여, 거짓말은 법이 아니고(adhammo, 非法) 거짓말을 삼가는 것은 법입니다. 거짓말을 조건으로 하여 여러 가지 나쁘고 무익한 법들이(pāpakā akusalā dhammā) 생겨납니다. 〔그러므로〕 이것은 이로운 것이 아닙니다(anattho). 거짓말을 삼가는 것을 조건으로 하여 여러 가지 유익한 법들이 수행을 통해 완성에 이릅니다(bhāvanāpāripūriṃ gacchanti). 〔그러므로〕 이것은 이로운 것입니다.[84]

경전은 거짓말을 비롯해 삼가야 할 말들, 즉 험담, 거친 말, 쓸데없는 말에 대해서는 물론, 몸과 마음으로 짓는 나쁜 행위에 대해서도 동일하게 설한다. 우리는 몸과 말과 마음으로 항상 행위를 하며 그에 따른 결과(業)를 가진다. 그리고 그 결과는 언젠가 반드시 자신에게 돌아온다. 이 세 가지 행위를 바르고 청정하게 해야 하는 이유는 바로 여기에 있다. 해롭고 나쁜 결과를 원하는 사람은 누구도 없을 것이기 때문이다. 좋은 행위는 바른 견해를 가져와 이 세상을 떠난 후에 좋은 곳이나 천상에서 다시 태어나게 하고,[85] 이 세 가지를 잘 단속하고 일곱 가지

---

84 AN. V. 258.

85 DN. III. 96: "와셋타여, 끄샤뜨리야도 몸으로 좋은 행위를 하고 말로 좋은 행위를 하고 마음으로 좋은 행위를 하여 바른 견해를 가진 자가 된다. 그는

깨달음의 편에 있는 법들(七覺支)을 닦으면 지금 여기에서 열반을 얻을 수 있다.[86] 그렇지만 반대로 나쁜 행위를 한다면 잘못된 견해를 가지게 되어 나쁜 곳이나 지옥에 태어나게 될 것이며,[87] 이런 자들에게 깨달음은 아주 먼 얘기가 될 것이다.

바른 말을 실천하는 것은 어려워 보이지만, 의외로 단순한 하나의 원리를 따르면 잘 지켜낼 수 있다. 바로 '나에게 싫은 것은 남에게도 하지 않는다'는 것이다.

> 장자들이여, 여기 성스러운 제자는 이렇게 숙고한다. '나에게 거짓말로 이익을 망치는 사람은 나에게 사랑스럽거나 소중하지 않다. 그런데 만일 내가 남에게 거짓말로 이익을 망치면 그것은 남에게도 사랑스럽거나 소중하지 않다. 나에게 사랑스럽지 않고 소중하지 않은 법은 남에게도 역시 사랑스럽지 않고 소중하지 않다. 그러니 어떻게 나에게 사랑스럽지 않고 소중하지 않은 법을 다른 사람에게 적용할 수 있겠는가?'라고. 그는 이렇게 숙고한

바른 견해에 의해 업을 짓기 때문에(sammādiṭṭhikammasamādānahetu) 몸이 부서져 죽은 뒤 좋은 곳·천상에 태어난다."

86 DN. III. 97: "와셋타여, 끄샤뜨리야도 몸으로 단속을 하고 말로 단속을 하고 마음으로 단속을 하여 일곱 가지 깨달음의 편에 있는 법들을(sattannaṃ bodhipakkhiyānaṃ dhammānaṃ) 닦아서 지금 여기에서 완전한 열반을 얻는다."

87 DN. III. 96: "와셋타여, 끄샤뜨리야도 몸으로 나쁜 행위를 하고 말로 나쁜 행위를 하고 마음으로 나쁜 행위를 하여 잘못된 견해를 가진 자가 된다. 그는 잘못된 견해에 의해 업을 짓기 때문에 몸이 부서져 죽은 뒤 비참한 곳, 나쁜 곳, 파멸처, 지옥에 태어난다."

뒤에 스스로 거짓말을 삼가고 남으로 하여금 거짓말을 삼가도록 하고 거짓말을 삼가는 것을 칭찬한다. 이와 같이 말의 행동은 (vacīsamācāro) 세 가지로 청정해진다.[88]

우리가 나쁜 행위를 하게 되는 것은 '자아'가 중심이 되어 있는 이기심에서 기인한다. 그러나 불교의 관점에서 보면 나란 것도 너란 것도 실체로서 존재하지 않는다. 모두 조건에 의해서 만들어져 있을 뿐임에도, 그것을 바로 알지 못하기에 우리는 자신에게 집착하고 나만을 소중히 여기게 된다. 그렇지만 내가 소중한 만큼 남도 그러하다는 생각을 할 수 있다면, 의식적으로라도 그와 같은 생각을 일으킬 수 있다면, 그 생각 뒤를 따르는 말은 당연히 달라질 것이다. 말과 행동은 모두 마음에서 일어난다. 바르게 말하고 바르게 행동하기 위해서는 먼저 생각을 변화시키는 것이 필요하다. 조금씩이나마 이 생각을 바꾸어 나가는 것, 그것이 다름 아닌 수행이며 이런 노력들을 통해 깨달음에 한 발짝 더 다가설 수 있게 되는 것이다.

붓다는 욕쟁이 바라드와자(Bhāradvāja) 바라문에게 욕설과 비난을 들었을 때 그와 맞서서 함께 욕을 하거나 모욕을 주지 않고 고요하게 마음챙김으로써 둘 다를 구제하였다.[89] 손님이 그를 위해 가득 차려진 음식을 먹지 않을 때 그 음식은 그대로 주인의 것이 되듯이, 누군가가 모욕이나 욕설을 한다고 하더라도 그것을 받아들이지 않는다면 그것이 모두 욕설을 한 그 사람에게 돌아간다는 붓다의 말씀은, 늘 사람들과

---

88 SN. V. 354-355.

89 SN. I. 161-163.

부딪히고 서로 많은 말을 나누며 살아가야 하는 우리에게 타인의 말로 상처받지 않기 위해 가져야 할 마음가짐을 알려준다. 스스로 바른 말을 실천하는 것이 가장 중요하겠지만, 다른 사람이 나에게 듣기 싫은 말을 했을 때 그 말이 나의 마음을 어지럽히지 않게 하는 것 역시 바른 언어생활을 위해서 필요한 것이다.

5. 언어의 한계와 극복

불교의 종교적 혹은 철학적 관점에서 언어가 가지는 가장 큰 한계는 무엇일까? 그것은 바로 언어만을 통해서는 진실을 온전히 알 수 없다는 점일 것이다. 베다의 언어처럼 절대성을 갖지 않는 불교에서의 언어는 실상의 있는 그대로의 모습 '자체'가 아니라, 단지 그것을 나타내는 '표현'일 뿐이기 때문이다. 이런 점에서 대승불교의 중관사상에서는 궁극적 진리인 공空의 경지는 언어로 표현될 수 없다고 하며 언어적 허구(prapañca)가 사라진 열반의 상태(戱論寂滅)를 지향하였고, 선불교에서도 불립문자不立文字를 표방하며 언어나 문자의 형식에 얽매이거나 집착하는 것을 경계하였다.

초기불교는 언어가 지닌 이러한 한계를 인정하였지만 깨달음의 경지를 언어로 표현할 수 없다는 입장에 있는 것은 아니었다. 니까야에는 열반에 대한 적극적인 언어적 표현이 발견되고,[90] 특히 『우다나

90 김한상, 앞의 논문, 2016, p.285: "열반은 〔번뇌의 불이〕 꺼진 상태, 존재의 소멸(bhava-nirodha), 갈애의 소진(taṇhakkhaya), 무위(無爲, asaṅkhata), 탐욕의 빛바램(virāga), 소멸(nirodha) 등과 같은 부정적인 용어들로 표현된다.

(Udāna)』에 나오는 열반 묘사는 매우 구체적이다. 그러면 여기에서 열반이 어떻게 묘사되고 있는지를 보고, 그것이 어떤 경지인지 생각해 보자.

> 비구들이여, 땅도 물도 불도 바람도 아닌 곳, 공무변처도 아니고 식무변처도 아니고 무소유처도 아니고 비상비비상처도 아닌 곳, 이 세상도 아니고 저 세상도 아닌 곳, 해와 달도 없는 곳이 있다. 그곳에서는 옴도 없고 감도 없고 머묾도 없고 죽음도 없으며 태어남도 없다고 나는 말한다. 확립도 없고 계속됨(윤회)도 없으며 대상도 없다. 이것이야말로 괴로움의 끝이다.[91]
> 비구들이여, 태어나지 않음, 생겨나지 않음, 만들어지지 않음, 형성되지 않음이 있다. 만일 태어나지 않음, 생겨나지 않음, 만들어지지 않음, 형성되지 않음이 없다면 태어남, 생겨남, 만들어짐, 형성됨에서 벗어남은 알려지지 않을 것이다. 하지만 비구들이여, 태어나지 않음, 생겨나지 않음, 만들어지지 않음, 형성되지 않음

동시에 열반은 영역(avacara)이나 세계(dhātu)와 같은 용어들로 언급되며, 최상의 행복(parama-sukha), 불사(不死, amata), 해방(mutti), 섬(dīpa), 피안(彼岸, pāra), 도피안(到彼岸, parāyaṇa), 동굴(leṇa), 구호소(tāṇa), 귀의(saraṇa) 등과 같은 문학적 비유를 통해서 초월적·궁극적 실재로서도 묘사되고 있다."

91 Ud. 80: atthi bhikkhave tadāyatanaṃ yattha n'eva pathavī na āpo na tejo na vāyo na ākāsānañcāyatanaṃ na viññāṇañcāyatanaṃ na ākiñcaññāyatanaṃ na nevasaññānāsaññāyatanaṃ, n'āyaṃ loko na paraloko na ubho candimasūriyā. tatrāpāhaṃ bhikkhave n'eva āgatiṃ vadāmi na gatiṃ na ṭhitiṃ na cutiṃ na upapattiṃ. appatiṭṭhaṃ appavattaṃ anārammaṇamevetaṃ. es'ev'anto dukkhassā ti.

이 있기 때문에 태어남, 생겨남, 만들어짐, 형성됨에서 벗어남이 알려지는 것이다.[92]

이처럼 상세하게 열반이 그려지고 있지만, 이것을 보고 열반이 어떠한지 정확히 알겠다고 말할 수 있는 사람이 과연 있을까? 아마도 없을 것이다. 우리가 할 수 있는 것이라곤 각자 자신의 사유 범위 내에서 만들 수 있는 개념적인 이미지로 그것을 이해하는 것뿐일 것이다. (물론 열반을 얻은 사람은 제외되겠지만.)

언어표현에는 본연적인 한계가 있다. 그래서 어떤 것을 표현하는 사람의 능력에 따라, 또는 그것을 적절히 나타낼 수 있는 어휘의 유무에 따라, 그 '어떤 것'은 제대로 이해되기도 하고 이해되지 않기도 한다. 그런데 언어의 한계라든가 표현력, 또는 어휘와 상관없이 어떤 표현을 듣거나 보고도 그것을 알 수 없는 경우가 있다. 바로 그것에 대한 직접적인 경험이 없는 경우이다. 열반을 얻지 못한 이는 그것에 대한 상세한 설명을 들어도 그 경지가 어떠한지 알 수 없고, 뭍에 올라가 본 적이 없는 물고기는 아무리 뭍에 대한 묘사를 들어도 그곳이 어떠한지 상상할 수 없는 것이다.

불교가 단지 교리에 대한 지적인 이해나 지식만을 요구하는 것이

---

92 Ud. 80-81: atthi bhikkhave ajātaṃ abhūtaṃ akataṃ asaṅkhataṃ. no cetaṃ bhikkhave abhavissa ajātaṃ abhūtaṃ akataṃ asaṅkhataṃ, na yidha jātassa bhūtassa katassa saṅkhatassa nissaraṇaṃ paññāyetha. yasmā ca kho bhikkhave atthi ajātaṃ abhūtaṃ akataṃ asaṅkhataṃ, tasmā jātassa bhūtassa katassa saṅkhatassa nissaraṇaṃ paññāyatī ti.

아니라 실천 수행을 통한 체득을 강조하는 것은, 그것이 언어만으로는 알 수 없는 진리를 깨닫는 유일한 길이기 때문이다. 이런 점에서 '실천'은 언어를 극복할 수 있는 최선의 방법이 된다. 실천을 통한 체험만이 언어가 가리키는 내용을 '그대로' 알 수 있게 해주는 것이다. 동시에 언어는 그 실천의 방법을 알려주는 가장 유용한 수단이다. 붓다가 망설임 끝에 설법을 결심한 것이 바로 번뇌로 가득한 중생들을 깨달음의 길로 이끌기 위함이 아니었던가.

붓다의 가르침은 언어(문자)의 형태로 지금 우리에게 남아 있다. 이 가르침의 언어에 대해 우리가 취해야 할 태도는, 언어의 본질을 바르게 이해하여 그것에 얽매이거나 집착하지 않는 일이다. 이미 여러 차례 언급했듯이 불교에서의 언어는 진리 그 자체가 아니라 그것을 나타내는 표현일 뿐이다. 언어는 절대적인 것도 아니고 실체로서 존재하는 것도 아니다. 따라서 언어의 특성을 제대로 알지 못하고 그것에만 매달리게 된다면, 그 언어가 가리키는 바가 진정 무엇이지 볼 수 없게 되고 만다.

언어는 강을 건너기 위한 뗏목과 같다. 강을 건너기 위한 수단으로 사용된 뗏목을 강을 건넌 이후에도 짊어지고 간다면, 그것은 어리석은 짓이며 뗏목을 올바르게 사용하는 것이 아니라는 것은 누구나 알고 있다. 그래서 붓다는 저 유명한 뗏목의 비유를 통해 법(가르침)에 대한 집착을 버릴 것을 설파했다.

> 비구들이여, 바로 이와 같이 뗏목의 비유로 내가 설한 법은 건너기 위한 것이지 잡기 위한 것이 아니다. 비구들이여, 뗏목의 비유〔로

설한 법]을 아는 자들은 법들도 버려야 하거늘 하물며 법이 아닌 것들이야.[93]

이 비유는 붓다가 장애가 된다고 설한 가르침을 따라도 그다지 장애가 되지 않는다고 생각한 아릿타(Ariṭṭha)라는 비구에게 설해진 것이다. 붓다는 먼저 험난한 강을 건너 안전한 곳으로 데려다 주었다는 생각에 뗏목에 대해 일어날 수 있는 집착이 잘못된 것임을 보여줌으로써, 수행자들에게 의지처가 되는 가르침에 대한 의존으로 일어날 수 있는 집착이 옳지 않음을 설하였다. 붓다의 가르침은 분명 진리로 인도해 주고 깨달음으로 이끌어 주지만, 그것의 언어는 궁극으로 가기 위한 수단일 뿐이기 때문이다. 이처럼 가르침에 대한 집착도 버려야 하니, 가르침이 아닌 것을 따르려는 잘못된 생각과 그것에 대한 집착은 마땅히 버려야 함을 붓다는 설한 것이다.

무아의 체득이 곧 해탈·열반이지만 그것의 실현을 위해서 지금의 경험적 자아를 잘 활용해야 하듯이, 언어는 진리 자체가 아니지만 그 길을 알려주는 유용한 수단이기에 신중히 잘 사용해야 한다. 우리가 언어 사용에 신중해야 하는 이유는 그것이 양면성을 지니고 있기 때문이다. 바르게 사용된 언어는 우리에게 이익이 되고 도움을 주고 가치 있는 것이 되어 깨달음으로 이끌어 주는 긍정적인 역할을 하겠지

---

93 MN. I. 135: evam eva kho bhikkhave kullūpamo mayā dhammo desito nittharaṇatthāya no gahaṇatthāya. kullūpamaṃ vo bhikkhave [BCS adds dhammaṃ desitaṃ] ājānantehi dhammā pi vo pahātabbā pageva adhammā.

만, 잘못 사용된 언어는 무익하고 피해를 주고 가치 없는 것이 되어 나쁜 방향으로 이끄는 부정적인 역할만을 하게 될 뿐이다. 다행히 우리에게는 어떻게 언어를 이해하고 사용해야 하는지에 대한 붓다의 가르침이 있다. 하지만 가르침의 역할은 그저 그 길을 보여 주는 것 뿐, 그것을 따라 실천하여 긍정적으로 기능하는 언어와 함께 살아갈 것인가, 그렇지 않을 것인가를 선택하는 것은 우리 자신의 몫이다.

참고문헌

약호 및 원전

AN = Aṅguttaranikāya, 5vols., PTS.

As = Atthasālinī, PTS.

BCS = Burmese Chaṭṭhasaṅgāyana edition.

DN = Dīghanikāya, 3vols., PTS.

MN = Majjhimanikāya, 3vols., PTS.

Mp = Manorathapūraṇī(Aṅguttaranikāya-aṭṭhakathā), 5vols., PTS.

PED = The Pāil Text Society's Pāli-English Dictionary.

Pp-a = Puggalapaññatti-aṭṭhakathā, PTS.

Ps = Papañcasūdanī(Majjhimanikāya-aṭṭhakathā), 5vols., PTS.

PTS = Pāli Text Society.

SN = Saṃyuttanikāya, 5vols., PTS.

Sp = Samantapāsādika, 7vols., PTS.

Spk = Sāratthappakāsinī(Saṃyuttanikāya-aṭṭhakathā), 3vols., PTS.

Sv = Sumaṅgalavilāsinī(Dīghanikāya-aṭṭhakathā), 3vols., PTS.

Ud = Udāna, PTS.

Vin = Vinayapiṭaka, 5vols., PTS.

2차 문헌

길희성, 『인도철학사』, 소나무. 2019.

김삼묵, 「우파니샤드와 팔리 경전에 나타난 Nāma-rūpa의 개념」, 『인도철학』 10, 2000.

김한상, 「두 가지 언어로 표현된 초기불교의 열반」, 『불교학연구』 48, 2016.

윤희조, 「초기경전에 나타난 망상(papañca)에 대한 일고찰」, 『불교학연구』 13,

2006.

______, 「상좌부의 빤냣띠와 중관의 시설」, 『인도철학』 34, 2012.

이지수, 「불교의 언어관」, 『과학사상』 35, 범양사, 2000.

정준영, 「상수멸정의 성취에 관한 일고찰」, 『불교학연구』 9, 2004.

한성자, 「초기불전에 나타난 구업口業의 유형과 대처 방안」, 『불교평론』 75, 2018.

Tilakaratne Asanga, 공만식·장유진 역, 『열반 그리고 표현 불가능성』, 씨아이알, 2007.

早島鏡正·高崎直道外, 정호영 역, 『인도사상의 역사』, 민족사, 1993.

Hamilton, Sue(1996), Identity and Experience: The Constitution of the Human Being According to Early Buddhism, London: Luzac Oriental.

Jayatilleke, K. N.(1963), Early Buddhist Theory of Knowledge, Delhi: Motilal Banarsidass Publishers.

Karunadasa, Y.(2010), The Theravāda abhidhamma: Its Inquiry into the Nature of Conditioned Reality, Hong Kong: Centre of Buddhist Studies.

Tilakaratne, Asanga(2002), "Is Nirvāṇa ineffable?", Buddhist Studies: Essays in Honour of Professor Lily de Silva, 65-83.

Vetter, Tilmann(1988), The Ideas and Meditative Practice of Early Buddhism, Leiden: E.J.Brill.

櫻部 建, 「papañca考」, 『パーリ學仏教文化學』 4, 1991.

高崎直道外, 『仏教·インド思想辭典』, 東京: 春秋社, 1987.

中谷英明, 「潛在自我意識(papañca)と認識(saññā)の轉換」, 『印度學佛教學研究』 59-2, 2011.

韓尙希, 「paññattiの意味と種類 - Puggalapaññattiaṭṭhakathāを中心として-」, 『印度學佛教學研究』 65-2, 2017.

水野弘元, 『パーリ仏教を中心とした仏教の心識論』, 東京: ピタカ, 1978.

______, 『水野弘元著作選集第二巻 仏教教理研究』, 東京: 春秋社, 1997.

{대승불교에서의 언어}

은유로 나타나는 세계

김성철(금강대학교 불교문화연구소 교수)

◆ ◆ ◆

본고는 안혜의 은유론에서 정점을 이루는 인도 의미론의 발전과정을 소개하고자 한 것이다. 그 과정에서 언어가 정신에 미치는 영향 혹은 언어와 정신의 상호 영향 관계라는 관점을 항상 염두에 두었다. 불교, 특히 대승불교에서는 언어적 사고가 업과 번뇌의 원인이며, 이를 벗어나기 위해서는 궁극적 실재에 대한 비언어적 인식을 획득해야 한다는 견해가 밑바탕에 놓여 있기 때문이다.

이를 위해 본고는 먼저 인도 정통학파의 언어-대상 대응원리를 개괄하였다. 인도 정통파의 기원이 된 베다 문헌부터 언어와 대상은 분리될 수 없는 본질적인 관계를 맺고 있다는 사고가 있었고, 이는 인도 의미론의 중핵을 이루는 것이다. 제례에서 사용되는 베다 명령문의 의미를 해석하는 것을 목표로 삼은 미망사학파는 언어-대상 대응원리를 더욱 발전시켰다. 그들은 언어가 지시하는 것은 보편이며, 언어와 보편이 본질적인 관계(autpattika)를 맺고 있는 반면, 개체는 이차적으로 지시되는 것이라고 주장하였다.

인도 정통학파의 언어철학은 바르트르하리에서 정점을 이룬다. 바르트르하리는 언어에 의해 지시되는 대상을 보편을 비롯한 네 범주로 나눈다. 그중 언어의 지시대상이 은유적 실재 혹은 정신적 실재라는 그의 설명은 인도 정통학파의 언어-대상 대응원리의 한계를 벗어나는 측면이 있다. 이는 불교나 자이나교의 영향을 받은 것이지만, 역으로 유가행파 특히 안혜의 은유론에 영향을 주기도 하였다.

불교는 초기불교 문헌부터 언어-대상 대응원리를 일정 정도 부정하는 입장을 취했다. 이러한 입장은 용수에 와서는 근본적으로 확장되어, 모든 대상에 적용되었다. 용수의 비판은 매우 과격하고 혁명적이어서, 모든 일상적 언어 용법을 부정하는 데 이를 정도였다. 불교 내외를 막론하고 이후의 의미론은 이러한 용수의 비판에 대응하는 방향으로 발전하였다.

유가행파 문헌에서 최초로 용수의 언어관에 대응한 문헌은 『유가사지론』「보살지」였다. 「보살지」는 언어표현의 대상이 되는 실재는 인정하지 않았지만, 언어표현의 기반이 되는 불가언설성의 궁극적 실재는 인정함으로써 언어표현의 근거를 확보하고자 하였다. 「보살지」가 이룬 또 다른 기여는 언어와 대상의 대응원리를 부정하는 논리를 확립하고, 대응원리의 부재를 인식하는 과정에 구제론적 성격을 부여한 것이다.

안혜는 세친의 『유식삼십송』 제1송을 주석하면서 언어표현 일반을 일차적 지시대상을 갖지 않은 은유적 표현이라고 간주하는 범-은유론을 표방하였다. 그것은 유식사상에 기반할 때 외계의 대상은 존재하지 않기 때문이다. 대신 안혜는 언어표현의 기반을 식의 전변이라고 간주하였다. 따라서 언어는 일차적 지시대상을 갖지 않지만 식의 전변을 기반으로 해서 성립하는 것이다. 언어 일반이 은유적 표현이라는 주장은 이와 같이 유식사상에 기반해 있다.

다른 한편, 세 가지 식전변의 한 유형으로서, 표층 의식 아래서 작동하는 심층 의식인 알라야식 사상에 기반할 때, 표면적 언어는 알라야식에 종자의 형태로 잠재되어 있다가 현현한다는 사상으로 발전한다. 이 점에서 알라야식은 언어알라야식이라고 불릴만 하다. 이와 같은 언어 종자 곧 알라야식으로부터 현현하는 과정에 대해 은유적 표현이 이루어진다고 함으로써, 은유적 표현은 정신적 전개과정과 결합하게 되고, 유가행파의 은유론은 완성된다.

1. 언어에는 힘이 있다

일본 애니메이션계의 거장 미야자키 하야오 감독의 작품 중 〈센과 치히로의 행방불명〉은 일본 애니메이션 영화 역대 최고 흥행 기록을 갖고 있다. 이 애니메이션은 2001년 개봉하여 2020년까지 무려 20년 동안 일본 애니메이션 흥행 기록 1위를 줄곧 지켜온 인기작이다.

애니메이션은 우연히 다른 세계로 빠져버린 어린 소녀가 온천목욕탕에서 일하면서 부모를 구하는 내용으로 이루어져 있다. 어느날 이사 도중 치히로와 그의 부모는 수상한 느낌의 통로를 지나 버블 시대에 지어진 테마 파크에 도착한다. 그곳에서 주인 없는 음식점에서 게걸스럽게 음식을 먹은 부모는 돼지로 변한다. 치히로는 하쿠의 도움으로 유바바가 운영하는 온천목욕탕에서 일을 하게 되지만, 치히로라는 이름 대신 센으로 불리게 된다. 온천목욕탕에 온 다음 날 새벽, 하쿠는 치히로를 불러내어 그의 옷을 돌려주고, 치히로는 거기서 친구에게 받은 이별 카드에서 자신의 이름을 발견한다.

> 치히로? 내 이름이야.
> 유바바는 상대의 이름을 빼앗아 지배해. … 이름을 빼앗기면 돌아가는 길을 알 수 없게 돼. 난 아무리 해도 기억이 안 나.
> 하쿠의 원래 이름?

애니메이션의 클라이막스에서, 치히로는 하쿠가 제니바에게서 훔쳤던 도장을 돌려주고, 하쿠의 등에 타서 온천목욕탕으로 되돌아온다. 돌아오는 도중 치히로는 어릴 적 강에 빠졌던 사건을 떠올린다. 지금 그 강에는 아파트가 들어섰지만, 치히로는 강의 이름을 기억해 낸다. 치히로는 강의 이름을 하쿠에게 알려준다.

너의 진짜 이름은 고하쿠가와.

강의 이름을 들은 하쿠는 돌연 자신의 모든 기억을 회복하고 자신의 진정한 이름 또한 기억한다. 그 이름은 니기하야미 고하쿠누시. 그는 고하쿠가와의 신이었던 것이다.

이름을 통해 대상을 지배한다는 생각은 언어에 대상을 지배하는 힘이 있다는 일본 고대의 '고토다마(言靈)' 사상에 연원한다. 일본어 '고토'는 말(言)을 의미하기도 하지만 사물(事)을 의미하기도 한다. 이 때문에 언어와 사물이 동일하다는 생각이 나오고, 나아가 언어를 통해 사물을 지배할 수 있다는 사고방식도 나왔다. 이러한 생각은 일본의 고대 시가집 『만요슈(万葉集)』까지 거슬러 올라간다.

언어와 대상이 동일하다거나 혹은 적어도 대응한다는 사상은 일본의 고토다마 사상에만 나타나는 것은 아니다. 오히려 이러한 생각은 동서양을 막론하고 고대 인류의 보편적인 사상이었다.

우리는 이와 같은 언어와 대상 간의 강한 관계를 인정하는 사상을 고대 인도의 사상에서도 확인할 수 있다. 이러한 관념은 '대응원리(Correspondence principle)'[1]라고도 불린다. 언어-대상 대응원리는 실

1 대응원리에 대한 기본적인 설명과 관련 문헌 소개는 Bronkhorst, J., *Language and Reality: On an Episode in Indian Thought* (Leiden/Boston: Brill, 2011),

재론적 세계관에 기반하여 언어와 그 언어가 지시하는 대상이 일대일로 대응한다는 사고방식이다. 고대 인도의 언어관은 베다의 제례 문헌을 해석하는 데서 출발해 인도 고대의 언어철학자 바르트르하리에 이르기까지 대응원리를 발전시켜 왔다.

한편, 그 반대편에는 이러한 대응원리를 부정하고, 완전히 새로운 언어 이론을 발전시킨 불교사상이 존재한다. 불교사상은 그 시초부터 언어와 대상이 일대일로 대응한다는 사상을 부정하고, 언어의 대상, 특히 보편으로서 언어의 대상은 존재하지 않는다는 유명론적 언어관을 기본으로 출발하였다.

본고는 고대 인도의 언어관의 발전을 대응원리의 전개라는 관점에서 살펴보고, 그 정점에 있는 바르트르하리의 언어철학을 소개하며, 대응원리의 극복 양상으로서 불교, 특히 유가행파의 언어관에서 나타나는 은유 이론을 소개하고자 한다.

유가행파 문헌을 대표하는 『유식삼십송』 제1송의 주석에서 정점을 이루는 안혜의 은유 이론은 대응원리를 부정하고, 언어 일반이 그 지시대상을 갖지 않은 은유적 표현임을 명확히 한다. 다른 한편, 유가행파의 언어 이론은 마음이 대상으로 현현하는 과정에서 언어가

---

p.1ff 참조. 대응원리는 서구의 현대 언어철학에서 의미 지칭 이론과 궤를 같이한다. 의미 지칭 이론은 서구에서는 언어의 형식과 의미 사이의 관계가 자의적(arbitrary)이라고 한 구조주의 언어학의 창시자 소쉬르 이후에는 사실상 폐기된 이론이지만, 인도 정통 언어철학에서는 주류를 차지하는 관념이다. 의미 지칭 이론에 대한 간단한 소개와 반론은 라이컨 지음, 서상복 옮김, 『현대언어철학』(책세상, 2021), pp.19~25 참조.

결정적인 원인으로 작용하며, 그러한 의미에서 언어가 대상인식을 형성한다는 사상으로 발전한다. 안혜의 은유적 언어 이론은 이 두 측면을 포괄하고 있다. 본고는 이러한 안혜의 은유 이론에 이르는 인도사상과 불교사상의 발전과정 및 안혜의 은유 이론을 소개하고 그 의의를 살펴본다.

2. 언어와 대상은 본질적으로 결합해 있다

1) 고대 인도 문헌에 보이는 언어-대상 대응원리의 원형

고대 인도 문헌에서 언어와 대상의 대응원리의 선구적 사상은 이미 베다와 브라흐마나 문헌에 나타난다.[2] 우선 눈에 띄는 것은 언어가 세계를 만들거나 혹은 언어로 세계를 만들었다는 생각이다. 『샤타파타 브라흐마나』는 사물의 기원이 언어에 있다고 명언한다.

> 이 모든 것은 실로 언어다. 이 모든 것은 실로 언어에 의해 획득된다.[3]

---

2 베다 문헌에서 말의 힘에 관한 연구로는 Louis Renou, "Les pouvoirs de la parole dans le Ṛgveda." *Études védiques et Pāṇinéennes* I. (Paris: E. de Boccard, 1955) pp.1~27가 있다. 또한 말의 여신(Vāc)에 관한 연구로는 Detienne, Marcel & Hamonic, Gilbert (ed.) : *La déesse parole: quatre figures de la langue des dieux. Série d'entretiens entre Georges Charachidzé, Marcel Detienne, Gilbert Hamonic, Charles Malamoud, et Carlo Severi.* (Paris: Flammarion, 1995) 중 Charles Malamoud의 논문 참조.

3 ŚB 10.5.1.3: vāg ghy evaitat sarvam / vācā hy evaitat sarvam āptam.

『타이티리야 브라흐마나』는 창조주 프라자파티가 대지와 하늘 그리고 천국을 그것에 대응하는 말을 통해 만들었다고도 한다.[4] 인도의 양대 서사시 중 하나인 『마하바라타』도 동일한 관념을 드러낸다.

> 태초에 신성하고 시작도 끝도 없이 영원하며 베다를 이루는 말이 스바얌부에 의해 흘러나왔다. 모든 행위는 그로부터 발생했다.[5]

이와 같이 세계는 태초에 베다의 언어로부터 창조된 것이다. 이런 관념과 더불어 언어와 대상이 원래 하나였다는 생각도 발견된다. 『브르하다란야카 우파니샤드』와 『찬도갸 우파니샤드』는 이러한 사고방식을 다음과 같이 표현한다.

> 그때, 세계는 나누어지지 않았다. 그것은 이름과 형태(nāma-rūpa)에 의해 나누어졌다.[6]

> 이 신은 생각했다. "이 살아있는 영혼과 함께 나는 이들 세 신격으로 들어가면서 이름과 형태로 나누어지자."[7]

---

4 Tai-Br 2.2.4: sa bhūr iti vyāharat / sa bhūmim asṛjata / … / sa bhuva iti vyāharat / so 'ntarikṣam asṛjata / … / sa suvar iti vyāharat / sa divam asṛjata /

5 Mhbh 12.224.55 + 671*.1: anādinidhanā nityā vāg utsṛṣṭā svayaṃbhuvā / ādau vedamayī divyā yataḥ sarvāḥ pravṛttayaḥ //

6 Bṛd-Up 1.4.7: tad dhedaṃ tarhy avyākṛtam āsīt / tan nāmarūpābhyām eva vyākriyata …

7 Ch-Up 6.3.2: seyaṃ devataikṣata hantāham imās tisro devatā anena

우파니샤드 문헌에서 '이름-형태(nāma-rūpa)'라는 말은 기본적으로 인간과 사물의 이름과 그것의 생김새를 가리킨다. 그리고 그것은 원래는 분리되지 않은 것이었다. 그것이 분리됨으로써 세계가 창조된다. 나아가 비록 이름과 형태는 분리되었지만, 분리된 후에도 서로 무관계하게 존재하는 것이 아니다. 양자는 분리되었지만, 필연적인 연관을 갖고 있는 것이다. 브라흐마나 문헌은 이름과 사물의 이러한 필연적 연관성을 베다에 등장하는 신들의 이름의 기원을 설명하면서 보여준다.

예를 들어 베다 제례에서 불의 신 아그니는, 흡사 그리스 로마 신화의 헤르메스와 같이, 신과 인간을 잇는 전령 역할을 한다. 제례를 시작하면서 불을 피우고, 그 불에 정제 버터를 던져 넣으면 불길이 치솟아 오른다. 불길이 치솟아 오른 걸 보고 불의 신이자 전령의 신 아그니가 도착한 것을 안다. 이와 같이 아그니는 다른 신들보다 가장 먼저 와서 '앞에(agre)' 있으므로 아그니(Agni)인 것이다. 마찬가지로 바람의 신 루드라는 '울부짖기(Rud)' 때문에 루드라(Rudra)이고, 제사에 공물로 바쳐지는 동물은 아그니가 그들을 '보기(Paś)' 때문에 파슈(paśu)라고 불린다.[8] 인도의 유사 언원학(nirukta)의 기원을 이루기도 하는 이와 같은 명명 방식은 대상의 본질 곧 '앞에 서 있음', '울부짖음', '바라봄'이 그들의 이름 자체와 밀접히 연관되어 있다는 생각을 보여준다.

이들 문헌은 직접적으로는 언어와 대상의 관계를 철학적으로 다루

---

jīvenātmanānupraviśya nāmarūpe vyākaravāṇīti /

8 Bronkhorst, J., 앞의 책, p.4 참조.

는 것은 아니다. 하지만 베다의 제식주의에 나타나는, 바르고 엄격하게 행해진 제례와 그 과정에서 발화된 주문이 효과를 발휘한다는 관념은 언어와 대상이 어떤 형태로든 연관되어 있다는 생각을 바탕으로 하는 것이다.

이에 비해 초기불교 문헌에서 이름-형태는 전혀 다른 방식으로 해석된다. 불교 문헌에서 이름-형태라는 복합어는 인간을 구성하는 정신 요소 네 가지(느낌·통각·성향·지각)와 물질 요소 한 가지(신체)를 합한 5온을 가리키는 것으로 해석되었다. 여기서 '이름'은 언어라는 의미를 잃어버리고 심리 요소로 해석된다. 이것은 우파니샤드에서 보듯이 이름-형태의 본질적 결합과 분리라는 관념이 불교에서는 거부되었다는 것을 시사한다. 나아가 불교가 학파로 발전해 감에 따라 5온을 점차 세분하여 궁극적 구성요소 곧 다르마(法, dharma)로 분해한다. 그 결과 존재하는 것은 궁극적 구성요소로서 다르마만 인정하고 그것이 모여서 만든 일상적 경험의 대상들, 곧 마차, 집, 숲과 가장 중요하게는 자아는 존재하지 않는 것으로 간주되었다. 하지만 일상적으로 사람들은 여전히 마차나 집, 숲, 심지어 자아도 존재하는 것으로 생각한다. 그렇다면 이와 같이 존재하지 않는 것이 존재한다는 믿음은 어디서 유래하는가? 불교에서는 이러한 존재를 '명목상의 존재(假有, prajñapti-sat)'라고 간주하며 이를 궁극적 구성요소인 '실체적 존재(實有, dravya-sat)'와 구별한다. 다시 말하면, 집합체는 존재하지 않고 그것의 구성요소만 존재한다는 생각이다. 이러한 사고방식에 따르면, 명목상의 존재인 집합체가 실제로 존재한다는 믿음의 근거를 언어 이외에서 찾기는 어렵다.

베다 문헌에서부터 발견되는 언어와 대상의 밀접한 관계에 대한 주류적 사유와 그와는 반대 방향에 서 있는 초기불교의 사유는 이후 치열한 논쟁을 벌이며 언어와 대상의 관계에 대한 탐구를 심화시켜 간다.

2) 미망사학파에서 대응원리의 발전

베다 문헌에서 유래하는 언어와 대상 간의 밀접한 관계에 대한 철학적 고찰은 미망사학파에서 이루어진다. 미망사학파는 인도 정통학파 중에서도 베다의 권위를 가장 중시하는 학파이며, 베다의 언어 특히 제례에 사용되는 명령문의 의미를 해석하는 것을 자신의 목표로 삼은 학파이다.

미망사학파의 근본 전적인 『미망사 수트라』의 첫 두 게송은 미망사학파가 다르마에 대한 인식을 목적으로 한다는 것을 천명한 후, 다르마를 "〔베다의〕 명령을 특징으로 하는 이로운 것"[9]이라고 정의한다. 이 학파는 직접지각을 비롯한 추론 등의 다른 인식수단을 인정은 하지만 궁극적으로는 베다의 언어(śabda)만이 다르마를 인식할 수 있는 진정한 인식수단이라고 한다. 제례의 결과는 직접 지각할 수도 없고 추리도 불가능하기 때문이다. 그들은 언어(śabda)를 단순히 소리로 구성되는 말이 아니라, 초월적인 실재로서 영원한 존재로 간주한다. 언어가 영원한 실재이므로 그것으로 이루어진 베다는 신이나 인간에 의해 만들어진 것이 아니라 영원한 것이다. 또한 언어가

---

9 MīSū 1,1.1-2: athāto dharmajijñāsā / codanālakṣaṇo 'rtho dharmaḥ /

영원불변한 실재이듯이 그것이 가리키는 대상 또한 영원하며, 언어와 그 대상의 관계 또한 본질적이고 영원한 것이다.

> 그런데 말이 대상과 가진 본래적(autpattika) 결합이 그것의 인식〔근거〕이고, 가르침이며 오류가 없는 것이다. 바다라야나에게는 그것(베다의 말)이 〔다른 인식수단으로는〕 지각되지 않는 대상에 대한 인식수단이다. 〔다른 것에〕 의존하지 않기 때문이다.[10]

주석자 샤바라는 언어와 대상의 관계가 본래적인 것(autpattika)이란 그 관계가 영원한 것(nitya)이고, 발생한 이후에 관계가 생기는 것이 아니라는 의미라고 설명한다.[11] 다시 말해 언어와 대상은 어느 것이 발생한 후에 다른 것이 생겨서 관계가 형성되는 것이 아닌, 본래부터 영원히 결합해 있는 관계라는 것이다. 이것은 신이 언어와 대상의 관계를 확보해 준다고 하는 니야야의 주장이나, 언어-대상 관계는 사회적 약속이라는 불교의 관점과는 크게 다른 것이다.

---

10 MīSū 1,1.5: autpattikas tu śabdasyārthena saṃbandhas tasya jñānam upadeśo 'vyatirekaś cārthe 'nupalabdhe tat pramāṇaṃ bādarāyaṇasyānapekṣatvāt /; 번역은 이지수, 「다르마와 베다에 대한 초기 미망사학파의 견해」, 『인도철학』 5, 인도철학회, 1995, p.223 참조.

11 ŚāBh 1,1.5 : autpattika iti nityaṃ brūmaḥ. utpattir hi bhāva ucyate lakṣaṇayā. aviyuktaḥ śabdārthayor bhāvaḥ saṃbandhena, notpannayoḥ paścāt saṃbandhaḥ; Tzohar, Roy, *A Yogācāra Buddhist Theory of Metaphor* (London: Oxford University Press, 2018), p.29, n.11 참조. ; 이지수, 앞의 논문, p.233 참조.

예를 들어 “소를 데려오라(gām ānaya)”와 같은 문장이 있다. 이 명령을 듣고 소를 끌고 올 수 있는 것은 이 명령문의 언어인 ‘소’가 대상인 소를 가리키는 힘이 있기 때문이다. 그 힘은 ‘소’라는 말과 소라는 대상이 가진 본질적이고 불변인 관계에 기반해 있다. ‘소’라는 말과 소라는 대상이 본래부터 본질적으로 관계되어 있기 때문에 “소를 데려오라”라는 명령은 효과를 발휘한다는 것이 미망사 학파의 주장이다.

언어와 대상이 본질적인 관계가 있다고 하더라도, 그 본질적인 관계가 대상의 어느 측면과 관계하고 있는가 하는 점은 문제로 남는다. 곧 ‘소’라는 말이 가리키는 것이 소의 형상(ākṛti) 곧 보편인가, 개체(vyakti)인가 하는 것이다. 미망사학파는 ‘소’라는 말이 가리키는 것은 소의 개체가 아니라 소의 보편이라고 주장한다.

이에 대해 ‘소’라는 말이 가리키는 것이 개체라고 주장하는 쪽은 다음과 같이 반론한다. 만약 ‘소’라는 말이 가리키는 것이 소의 보편이라고 가정해 보자. 그렇다면 “소를 데려오라”는 명령은 소의 보편을 데려오라는 말과 동일한 의미이다. 하지만 현실 세계에서 소의 보편을 데려오는 일은 발생하지 않는다. 현실 세계에서는 언제나 구체적이고 개별적인 개체로서 소에 대해서만 데려오는 행위가 발생하기 때문이다. 곧 “데려오다”라는 타동사의 목적어 곧 행위대상은 구체적인 개체여야만 ‘데려온다’는 행위가 가능하므로, ‘소’라는 말은 소의 보편이 아니라 개체를 가리킨다는 것이다. 하지만 이러한 주장에 문제가 없는 것은 아니다. ‘소’라는 말이 오직 개체만을 가리킨다면, 특정한 개체가 ‘염소’가 아니라 ‘소’라는 유(class)에 속한다는 것을 어떻게 알 수 있는가 하는 점을 설명하기 어렵다. 예를 들어 소와 염소가 네 개의 발과 두 개의 뿔 등 많은 공통점을 가지고 있음에도 불구하고 어떻게 한 개체는 '소'라고 하고 다른 개체는 '염소'라고 지칭할 것인가 하는 점이다. 이에 대해 개체지칭론자는 '소'라는 말은 '소'를 특징지우는 표징(lakṣaṇa)을 갖고 있기 때문에 소를 지칭할 수 있다고 주장한다. 예를 들어 소는 염소에게는 없는 목주름을 갖고 있다. 따라서 '소'라는 말은 목주름이라는 보편의 표징을 가진 개체로서의 소를 가리킨다는 것이 개체지칭론자의 결론이다.

반면, 미망사학파는 '소'라는 말은 보편을 가리킨다고 주장한다. 만약 '소'라는 말이 가리키는 것이 개체라고 한다면, 그 경우 '소'라는 말은 시공간적으로 한정된 오직 한 마리의 소만 지시할 수 있다. 언어는 대상과 본질적이고 영원한 관계를 맺는 것이기 때문이다. 따라서 다른 소를 지시하기 위해서는 다른 말이 필요할 것이다. 만약 그렇다면 개체 하나 하나를 지시하기 위한 개별 단어가 필요하게 될 것이고, 이 경우 모든 단어는 반드시 고유명사가 아니면 안될 것이다. 마치 한 사람의 이름이 그 사람을 가리키기 위해 존재하는 고유명사인 것과 동일하기 때문이다.

게다가 베다의 명령문은 일회성에 그치지 않고 반복되는 것이다. 예를 들어서 "매의 제단을 세워라(śyenacitaṃ cinvīta)"라는 명령문은 일회에 그치지 않고 매년 반복해서 수행되어야 할 명령이다. 따라서 이 명령이 특정한 개체만을 가리킨다면, 이러한 반복적 행위는 있을 수 없다.[12] 나아가 '매의 제단'에서 '매'가 의미하는 것은 실제의 매가 아니라 매의 형상(ākṛti)일 수밖에 없다. 제사를 지내는 사람은 구체적인 매가 아니라 매의 형상을 한 제단을 쌓는 것이다. 그러므로 이 문장의 '매'가 가리키는 것은 구체적 개체로서 매가 아니라 매의 형상 곧 보편이라고 하는 것이 미망사학파의 주장이다.[13]

그렇다면, "소를 데려오라"는 명령문을 듣고 소의 보편을 데려오는 것이 아니라 구체적인 개별적 사물로서 소를 데려오는 것은 어떻게 가능한가? 미망사학파는 그 이유를 보편과 특수 또한 필연적이고 영원한 관계를 맺고 있기 때문이라고 한다. 곧 언어가 가리키는 대상은 일차적으로는 보편을 가리키지만, 은유적으로는 그것과 필연적이고 영원한 관계를 맺고 있는 특수 또한 가리킨다. 따라서 구체적 사물로서 소를 데려오는 것이 가능하다. 이것은 보편에 대한 인식이 개체에 대한 인식의 필요충분조건이지만, 그 역은 성립하지 않는다는 사실로부터 유추된다. 예를 들어 소의 보편에 대한 인식을 갖고 있는 사람은, 굳이 소라는 말을 듣지 않아도, 눈앞에 있는 개체를 소라고 인식하는 것이 가능하다. 하지만 소의 보편에 대한 인식이 없는 사람은 "소를 데려오라"라는 말을 듣더라도 눈앞에 있는 개체가 소임을 알지 못해 그 명령을 수행하지 못한다. 따라서 언어에 의해 먼저 지시되는 것은 보편이며, 개체에 대한 인식이 그 뒤를 따른다. 이 점에서 미망사학파는 언어의 일차적 지시대상은 보편이며, 개체는 오직 은유적으로만 지시된다고 주장한다.[14] 개체가 은유적으로만 지시된다고 하는 미망

---

12 MīSū 1.3.33; Bronkhorst, 앞의 책, p.98ff.; Tzohar, 앞의 책, p.31ff.

13 Bronkhorst, 앞의 책, p.99.

14 Tzohar, 앞의 책, p.31, n.19 + p.32f, n.29 참조.; 보편과 개체의 이러한 관계에 대해 샤바라는 한정자-피한정자 관계로 설명하기도 한다. 곧 보편은 언어의

사학파의 주장은, 이 학파가 가진 실재론적 성격에도 불구하고, 불교 특히 유가행파의 은유 이론과 유사성을 가진다.

3) 바르트르하리의 언어철학

바르트르하리(Bhartṛhari, C.E. 450~510)는 5세기에 활약한, 고대 인도를 대표하는 언어철학자로 알려져 있는 인물이다. 진제의 『바수반두법사전』에는 바르트르하리의 스승으로 추정되는 바수라타(*Vasurāta)가 세친에게 논파되었다는 기록이 있다. 또한 불교 논리학자인 디그나가(陣那, Dignāga, C.E. 480~540)는 바르트르하리 저작의 게송을 인용하고 있다. 이를 근거로 프라우발너는 바르트르하리의 연대를 기원후 450~510년으로 추정하였다.[15] 그는 베다의 부속 학문 중 하나인 문법학파 계통에 속하는 인물로서, 문법학 혹은 언어학을 철학의 경지로 승화시켰다는 평가를 받고 있다.

그는 현상 세계가 변화하고 차별적인 것인데 반해, 그것의 근저를 이루는 브라흐만은 영원하고 무차별적인 초월적 존재로 보았다. 그는

지시대상임과 동시에 개체를 한정하는 한정자이다. 어떤 것을 알기 위해서는 먼저 한정자에 대한 인식이 선행되어야 하고, 이를 통해 피한정자가 인식된다. 눈앞에 있는 개체를 소라고 인식하기 위해서는 소는 목주름을 가진 동물이라는 한정자의 특징을 먼저 인식하고 있어야 하기 때문이다. 은유적 지시 이론은 밧타 학파가 채택하였고, 한정자-피한정자 관계 이론은 프라바카라 학파에 의해 채택되었다. Tzohar, 앞의 책, p.33 참조.

15 Frauwallner, Erich(1961). "Landmarks in the History of Indian Logic", *Wiener Zeitschrift für die Kunde Südasiens und Archiv für indische Philosophie*, 5 (1961), pp.135~137.

무차별적인 브라흐만이 차별적인 현상 세계로 현현하는 것이 언어의 작용에 의한 것이라고 간주하였고, 나아가 브라흐만이 곧 언어라고 하는 '언어브라흐만(śabdabrahman)'론을 주장하였다.

그는 파탄잘리의 설을 계승하여 언어의 본질이 현상적인 음성(dhvani/nāda)과 구별되는 스포타(sphoṭa)라고 주장하였다. 일상적인 음성은 생멸 변화하는 것이지만, 스포타는 영원하고 불변하는 것이다. 언어가 브라흐만이므로 언어의 본질인 스포타도 브라흐만과 동일하다. 스포타는 음소/자음, 단어, 문장으로 구분할 수 있고, 그중 문장스포타가 의미를 전달하는 데 본질적인 역할을 하는 것이다. 문장을 구성한다고 간주되는 단어, 음소 등은 문장에서 분리되어 추상화한 결과물일 뿐이다. 문장스포타론의 의의는 기존 인도 전통이 기반했던 단어 단위에서 이루어지는 언어-대상의 대응관계를 이차적인 것이자 분석적으로 도출된 것으로 간주할 수 있게 한 것이다.[16]

(1) 아직 존재하지 않는 책이 어떻게 쓰이는가

언어-대상 대응관계에 대해, 바르트르하리는 언어가 가리키는 대상에 대해 그의 저작 곳곳에서 적어도 네 가지 다른 해결책을 내놓는다.[17] 그의 설명은 특히 발생을 묘사하는 문장과 관련되어 있다. 예를 들어 다음과 같은 문장이 있다.

---

16 Tzohar 2018, 45, n.6.

17 이하의 논의는 다음을 참고하였다. Bronkhorst, Johannes, 2001. "The Peacock's Egg: Bhartṛhari on Language and Reality", *Philosophy East and West*, vol. 51(4), pp.479ff.; Bronkhorst, Johannes, 앞의 책, pp.109ff.

a) 철수가 책을 읽는다.

b) 철수가 책을 쓴다.[18]

이 중 문장 a)에 나타난 세 단어 '철수', '책', '읽는다'는 각각 행위주체와 행위대상, 그리고 행위 그 자체를 가리킨다. 그리고 각 단어에 대응하는 대상은 현재에 존재한다. 따라서 이 문장은 일견 큰 문제가 없어 보인다. 하지만 문장 b)의 경우는 다르다. 여기서 '철수'와 '쓴다'는 각각 행위주체와 행위에 대응하고 있지만, '책'은 그렇지 않다. 쓰이고 있는 책은 현재 완성된 형태로 존재하고 있는 것이 아니기 때문이다. 그렇다면 이 '책'은 무엇을 지시하는가? 이 '책'이라는 단어와 대응하는 것은 무엇인가?

아마도 불교도라면, a)와 b) 두 문장 모두에서, 전체를 의미하는 '책'이라는 단어에 대응하는 대상은 실재하지 않는다고 주장할 것이다. 실재하지도 않는 대상이 어떻게 만들어지거나 발생할 수 있겠는가?[19] 나아가 그들은 '철수'라는 단어에 대응하는 대상도 없으며 따라서 '읽는다' 혹은 '쓴다'라는 말에 대응하는 행위도 존재할 수 없다고 주장할 것이다.

하지만 불교도를 제외한 거의 모든 인도의 학파는 이와 같은 견해에 동의하지 않았다. 정통파들은 어떤 형태로든 언어에 대응하는 대상이

---

18 예문은 Bronkhorst, 앞의 책, p.37 및 박수영, 「바르뜨리하리(Bhartṛhari)의 재조명」, 『남아시아연구』 25-1, 한국외대 인도연구소, 2019, p.9 참조.

19 용수는 『중론』에서 이 문제를 다루고 있다. 이에 대해서는 아래에서 다시 논의한다.

실재한다고 간주했기 때문이다. 그중 가장 간명한 입장이 상캬학파에서 주장하는, 결과가 이미 원인 가운데 존재한다는 인중유과설(因中有果說, satkāryavāda)설이다. 이 설에 따르면, 위 문장 b)의 '책'은 원인들 가운데 이미 존재하는 책을 가리킨다. 인중유과설은 초기 상캬학파의 학설 중에서는 발견되지 않지만, 이 학파를 대표하는 학설이 되었다.[20]

바르트르하리도 문장 b)의 '책'이 가리키는 대상이 어떤 형태로든 존재한다고 생각했지만, 원인 가운데 이미 결과가 있다는 상캬학파의 설과도 다르고, 언어의 대상이 되는 존재 전체를 부정하는 나가르주나와도 다른 해결책을 제시한다.

그 첫 번째는 '책'이라는 단어가 지시하는 것은 모든 구체적인 책에 내재하는 보편을 가리킨다는 것이다. 하지만 그가 제시하는 보편은 다른 학파에서 상정하는 보편과는 다소 차이가 있다. 다른 학파에서 상정하는 보편이 영원하고 변하지 않는 것임에 반해, 바르트르하리가 제시하는 보편은 구체적인 책을 현현시키는 적극적인 역할을 하는 것이다. 구체적인 책은 그러한 보편의 적극적인 역할로 인해 비로소 책으로 현현한다. 따라서 '책'이라는 단어는 일차적으로는 보편을 지시하지만 보편의 적극적인 역할로 말미암아 간접적으로 책을 지시하는 능력을 가진다.

그가 제시하는 두 번째 해법은 '책'의 지시대상이 지금 만들어지고 있는 책의 재료(이 경우는 원고 등의 내용일 수도 있고, 종이 등의 물리적 재료일 수도 있다), 좀 더 정확하게는 지금 만들어지고 있는 책이라는

---

20 Bronkhorst, 앞의 논문, p.477f.

것이다. 이 재료는 책이 만들어지고 있는 동안 존재하는 것이며, 따라서 '책'이라는 단어는 그 재료를 지시한다.

위 두 가지가 바르트르하리 이전에도 있었던 사고방식이라면, 세 번째는 전혀 다르다. 바르트르하리는 이 단어가 가리키는 것은 은유적 존재(aupacārikī sattā)라고 보았다. 그는 이 은유적 존재가 과거·현재·미래에 걸쳐서 모든 사물의 개체를 보여준다고 생각하였다.[21] 따라서 문장 b)에서 '책'은 미래의 책을 은유적으로 표현한 것이라는 설명이다.

마지막 네 번째 해결책은 문장 b)의 '책'이 가리키는 것은 관념적 존재라는 것이다. 다시 말해 문장 b)의 '책'은 외계의 사물이 아니라 철수의 마음 안에 있는 책을 가리킨다는 설명이다. 아직 발생하기 이전이라 하더라도, 그 존재하지 않는 사물이 마음의 상태와 결합해 있기 때문이다.[22] 바르트르하리는 이 네 가지 견해 중 어느 것이 자기 자신의 견해인지 명확히 밝히지는 않는다. 그것은 어떤 특정한 관점에서는 한 견해가 옳지만 다른 관점에서는 다른 견해가 옳을 수 있기 때문이다.[23]

---

21 VP 3.3.39: vyapadeśe padārthānām anyā sattaupacārikī / sarvāvasthāsu sarveṣām ātmarūpasya darṣika //; Bronkhorst, 앞의 논문, p.450 + n.4; Tzohar, 앞의 책, p.66 참조.

22 VP 3.7.105: utpatteḥ prāg asadbhāvo buddhyavasthānibandhanaḥ /

23 Houben은 이를 관점주의(Perspectivism)이라 칭한다. 바르트르하리의 관점주의에 대해서는 Huoben Jan, "Bhartṛhari's perspectivism (2): Bhartṛhari on the primary unit of language." *History and Rationality: The Skövde Papers in the Historiography of Linguistics*, (Acta Universitatis Skodvensis, Series

이 중 세 번째 은유적 존재 이론과 네 번째 관념적 존재 이론은 사실상 동일한 설명방식으로 이해할 수 있다.[24] 이러한 설명 방식은 특히 실재하지 않는 대상을 지칭하는 단어를 포함한 부정문의 의미를 설명하는 데 매우 유용하다. 예를 들어 '토끼뿔'이나 '허공에 핀 꽃' 등은 실재로 존재하는 대상이 아니다. 하지만 "토끼뿔은 존재하지 않는다", "허공에 핀 꽃은 존재하지 않는다"는 문장은 문법적으로나 의미론적으로나 완벽한 문장이다.[25] 이때 '토끼뿔'이나 '허공의 꽃'이라는 대상이 없는 단어가 포함된 문장이 의미를 가지는 이유는, 그 단어의 대상이 실재로 존재하는 외계의 대상이 아닌 관념적 대상을 가리키기 때문이다. 언어는 발화되면, 그 언어가 가리키는 대상의 실재 여부와 무관하게 의미를 전달할 수 있다. 그것은 발화된 언어가 실재에 대한 관념을 마음에 부과하는 능력이 있기 때문이다. 그러므로 언어는 외계대상의 실재 여부와 무관하게 의미를 전달할 수 있다. 게다가 청자의 마음은 그러한 관념적 실재를 외부에 존재하는 대상으

Linguistica, vol. 1), Ed. Klaus D. Dutz, Kjell-Āke Forsgren. (Münster: Nodus. 1995), pp.29~62 참조.

24 Chaturvedi, "Does Language Map the Reality: Bhartṛhari's View", *Bhartṛhari: Language, Thought and Reality* (Proceedings of the International Seminar, Delhi, December 12-14, 2003), (Delhi: Motilal Banarsidass, 2009), pp.208ff.; Bronkhorst, 앞의 책, pp.111ff.

25 "토끼뿔은 존재하지 않는다"와 같은 부정 실존 문장의 지시대상 문제는 현대 언어철학 특히 프레게와 럿셀이 제기한 단칭 명사에 관한 네 가지 논리적 수수께끼의 두 번째와 동일한 문제이다. 이에 대해서는 라이컨 지음, 서상복 옮김, 앞의 책, pp.34ff 참조.

로 간주하려는 경향을 가진다. 그러므로 아직 존재하지 않는 '책'을 포함한 문장 b)가 온전한 의미를 전달할 수 있다는 것이다.[26]

언어가 가리키는 대상이 은유적 존재 혹은 관념적 존재라는 주장은 인도 정통파가 기반해 있는 대응 이론을 완전히 폐기한 것은 아니다. 하지만 그럼에도 불구하고 '토끼뿔'과 같이 실재하지 않는 대상을 포함한 문장의 성립 가능성을 열어준다. 나아가 단어가 가리키는 대상이 외계의 실재가 아니라 정신적 존재 혹은 은유적 존재라는 견해는 불교 특히 유가행파의 언어관 및 은유 이론에 매우 근접한다.[27]

(2) 다의어는 어떻게 다수의 실재를 가리키는가

한편, 은유적 표현의 지시대상 문제는 여러 단어가 하나의 대상을 가리키는 동의어(paryāya-śabda)와 한 단어가 여러 대상을 가리키는 다의어(nānārtha-śabda) 문제와도 관련되어 설명된다. 바르트르하리와 주석자 푼야라자는 특히 다의어 문제를 자세히 다룬다.[28]

언어와 대상의 일대일 대응을 주장하는 인도 정통파의 입장에서는 동의어와 다의어 문제는 설명하기 까다로운 문제이다. 두 경우 모두 정통파에서 주장하는 대응원리를 반한다는 점에서는 동일하지만 은유적 표현과 관련해서는 다의어 사례가 집중적으로 검토된다.

다의어와 관련하여 바르트르하리의 주석자 푼야라자는 먼저

---

26 서구의 언어철학에서 이와 같은 의미 관념 이론의 소개와 비판에 대해서는 라이컨 지음, 서상복 옮김, 앞의 책, pp.151~154 참조.

27 Tzohar, 앞의 책, p.42 + n.2 참조.

28 이하의 논의는 Tzohar, 앞의 책, p.47ff 및 Appedix A 참조.

그것을 '단일 단어설(ekaśabda-darśana)'과 '복수 단어설(anekaśabda-darśana)'로 구분한다. '복수 단어설'이란 여러 대상을 가리키는 여러 단어가 우연히 같은 소리를 갖게 되었다는 설명이다. 따라서 엄밀히 말해 '복수 단어설'은 은유적 표현 문제와는 사실상 관계가 없다. 예를 들어 한국어 단어의 경우, '밤(night)'과 '밤(chestnut)', '눈(eye)'과 '눈(snow)', '배(belly)'와 '배(pears)'는 우연히 소리만 같을 뿐,[29] 원래는 전혀 다른 단어라는 것이다. 따라서 은유적 표현의 문제는 실제 하나의 소리를 가진 하나의 단어가 복수의 대상을 가리킨다는 '단일 단어설'에서 집중적으로 검토된다.

'단일 단어설'도 '소리 은유설(śabda_upacāra)'과 '대상 은유설(artha_upacāra)'로 나누어 설명할 수 있다. 먼저 '소리 은유설'이란 일종의 화용론적 설명이다. 예를 들어 야만인을 가리키는데 사용되는 '소'라는 말은 동일한 지시력을 가지고, 본질적으로는 '소'와 '야만인'을 동일한 방식으로 가리킨다. 다만 실제 용법에서는 화자의 의도나 문맥, 그리고 환경에 따라 청자가 이 두 가지 의미 중 하나를 '골라낸다.' 이 점에서 하나의 의미를 일차적이거나 이차적으로 만드는 것은 일상적 언어에서 확립된 용법에 불과하다. 직접적 의미와 간접적 의미 사이의 차이는 언어 용법의 실용성에 의해 결정되고 관습에 규제받는 것이다. 그러므로 단어의 모든 의미는 그것의 지시력에 의해서만 주어질 뿐, 추가적으로 단어가 어떤 특별한 '은유력'을 가진다는 것을 가정할 필요는 없다.

---

29 설명의 편의상 장단음의 구분은 무시하였다.

'대상 은유설'은 일차적이거나 이차적인 의미 상태는 단어의 객관화된 지시 작용이라고 간주한다. 이때 단어의 지시체는 두 가지이다. 곧 그것이 단어의 본질이라면 내재적(svarūpa_artha, 순서대로 나열된 음소의 집합)이고, 아니라면 외재적(bahya_artha, 소라는 단어의 경우 소의 보편 곧 '우성牛性')이다.

전자의 경우는 예를 들면 '소'라는 소리가 들렸을 경우, 그 들린 소리가 지칭하는 것은 오직 소리 그 자체의 본질 곧 추상화된 소리[30]로서 '소'일 뿐이다. 이 추상적 소리가 그것과 연관된 다른 대상을 가리킬 경우, 그것이 진짜 소이든 야만인이든 상관없이, 양자는 모두 은유적으로 지시되는 것으로 간주된다. 따라서 이 주장은 용법에 대해서는 거의 관심이 없고 매우 엄격하게 언어 내적인 것으로서 의미를 취한다. 이러한 입장은 언어와 그 대상의 관계를 영원한 것으로 간주하는 일부 미망사학파나 문법학파에 가까운 것이다.

단어의 지시체가 외재적이라는 주장은 단어의 일차적 의미가 외계 대상, 특히 개체가 아닌 보편을 지시함으로써 주어진다고 이해하는 것이다. 이 경우 은유적 의미의 작용은 다음과 같이 이루어진다. 곧 한 단어가 가진 은유적 용법이 이차적 대상을 지시할 수 있는 것은 한 물질적 대상의 형상을 다른 대상에 덮어씌움(adhyāropa, 增益)으로써 가능하다는 것이다. 예를 들어 야만인을 '소'라고 지칭할

30 일상적인 '소'라는 소리와 추상적인 '소' 곧 현상적인 말소리(dhvani/nāda)와 그것의 본질인 언어(śabda)를 구분하고, 전자의 대상을 후자로 간주하는 것이다. 이러한 사고방식은 설일체유부가 주장하는 '말소리가 명신에 영향을 미치고, 명신이 의미를 밝힌다'는 생각과 매우 유사하다. 이에 대해서는 후술한다.

때, 두 대상 사이의 공통적인 속성을 지각하고, 일차적 대상의 보편적인 속성 곧 '우성'을 야만인에게 덮어씌우는 방식으로 진행된다. 이 경우 '소'라는 말이 가리키는 것은 다른 두 대상이지만, 실질적인 지시체는 '우성'으로서 동일하다.

이를 지각적 오류로서 밧줄을 뱀으로 착각하여 표현하는 경우와 비교해 보면, 그 유사점이 드러난다. 두 경우 모두 양자의 공통성 때문에 하나의 개체를 다른 개체에 덮어씌운 것이지만, 이 대상들을 가리키는 단어의 의미론적 작용을 변화시키지는 않는다. 다시 말해 덮어씌움이라는 사실은 동일하다. 양자의 동일성은 덮어씌움의 작용이 의미론적 차원의 작용이라기보다는 인지적 차원의 사건임을 보여준다. 다시 말해 어떤 사람이 야만인을 보고 '소'라고 칭하는 것은 그가 야만인에게서 소의 보편적 속성을 지각했기 때문이다. 하지만 양자 사이에 중대한 차이점도 존재한다. 야만인을 보고 소라고 부르는 것은 의도적이지만, 밧줄을 뱀이라고 지각하는 것은 의도적인 것이 아니다. 또한 일정한 시간이 지난 후에도 야만인은 여전히 소라고 불리지만, 밧줄을 뱀이라고 착각한 경우에는 뱀이라는 잘못된 인식은 사라지고 밧줄이라는 바른 인식이 발생한다. 따라서 대상은유설은 지각적 오류와는 다른 언어적 현상으로 간주된다.

바르트르하리의 언어철학은 인도 정통학파의 언어-대상 대응원리를 계승하면서, 거기서 발생하는 문제점을 해결하기 위해 은유 이론을 발전시켰다. 그의 언어철학은 인도 정통학파의 계보를 잇고 있지만, 불교나 자이나의 영향을 많이 받은 것으로 평가되며, 역으로 안혜나 진나에게 영향을 미친 것도 인정된다. 아래에서는 언어-대상 대응원리를 반대하면서 발전해 간 불교의 언어철학과 안혜에게서 정점을 이루는 불교 은유 이론의 발전과정을 살펴본다.

3. 불교사상에서 대응원리의 부정

불교에서 언어-대상 대응원리의 부정은 이미 초기불교에서 시작한다. 앞서 잠깐 언급했듯이 불교는 최초기부터 무아설에 입각하여 집합체의 존재는 부정하고 구성요소의 존재만 인정했기 때문이다. 구성요소에게는 언어-대상의 대응원리가 작동하지만 집합체에는 작동하지 않는다.

초기불교의 무아사상을 근본적으로 확장하여 구성요소의 존재도 무화시킨 것이 반야경류에 나타난 공사상이다. 용수(龍樹, Nāgārjuna, C.E. 150~250)는 이 반야경류의 공사상을 이론화한 대승 최초의 아비달마 논사이다. 공사상은 무아사상을 비실체성 사상으로 일반화하여 구성요소에도 적용시킨 것이다. 공사상에서는 언어-대상 간의 대응원리는 철저하게 부정된다. 용수는 이를 치밀한 언어 분석을 통해 논증한다.

1) 용수의 언어 분석

용수의 언어 분석의 논리를 살펴보기 위해 위에서 든 예문을 다시 한번 상기해 보자.

a) 철수가 책을 읽는다.

b) 철수가 책을 쓴다.

위에서는 b) 문장에서 아직 존재하지 않는 어떤 것을 가리키는 '책'이라는 단어가 지시하는 대상 문제를 주로 다루었지만, 여기서는 a) 문장 형식을 중심으로 고찰한다.

무엇보다 먼저 전통 불교의 입장에서는 '철수'라는 단어가 지시하는 것이 무엇인가가 문제가 될 것이다. 초기불교 이래 불교사상의 기본 입장인 무아설에 비추어 볼 때, '철수'라는 말이 지시하는 대상인 철수의 자아가 존재할 수는 없기 때문이다. 이 점은 책에도 마찬가지로 적용된다. 책은 그것을 구성하는 구성요소들의 집합일 뿐, 전체로서 단일한 책이란 존재하지 않는다는 것 또한 초기불교 이래의 기본 입장이다. 철수와 책이 존재하지 않는다면, 읽는다는 행위도 존재할 수 없다. 전통 불교도에게 '철수가 책을 읽는다' 혹은 '철수가 책을 쓴다'라는 문장의 의미는 철수를 구성하는 구성요소와 책을 구성하는 구성요소들 사이에 작용하는 인과적 연쇄에 지나지 않는다. 엄밀히 말하면 전통 불교도들에게도 문장 a)는 일상적 차원에서만 성립하는 언어 용법일 뿐이다.

용수는 이 문제를 관점을 달리하여 언어 분석 차원에서 더 철저히 고찰한다. 먼저, 문장 b)의 경우에는 '책'이라는 단어가 아직 존재하지 않는 어떤 것을 가리켰다. 그리고 이 문제를 둘러싼 인도 정통학파의 견해를 이미 살펴보았다. 용수는 이 문장 b)에서 보듯, 발생과 관련한 문제를 다음과 같이 제기한다.

만일 아직 발생하지 않은 어떤 사물이 어딘가 존재한다면, 그것은 발생할 수 있을 것이다. 〔그러나〕 그 사물이 없다면, 무엇이 발생할 것인가.[31]

이 구절은 발생하지 않은 사물 곧 문장 b)의 '책'과 같은 사물이 어딘가 이미 존재하고 있다면 발생할 수도 있을 것이지만, 그와 같은 사물은 존재하지 않기 때문에 결코 그런 사물이 발생하는 일은 없다고 한다. 이것은 언어-대상의 대응관계를 염두에 둔 논변이다. 인도 정통파는 어떤 방식으로든 단어와 사물, 언어와 대상 사이의 일대일 대응관계를 인정하였다. 따라서 대상은 어떤 방식이든 존재하는 것이었다. 그러므로 앞서 살펴보았던 여러 가지 지시대상의 양상에 대한 논의가 진행된 것이다. 하지만 그와 같은 대응관계를 인정하지 않는 용수에게는 지시대상이 되는 사물이 반드시 존재해야 할 이유는 없다. 나아가 존재하지 않는 사물이 그와 같은 발생하는 일도 있을 수 없다.

이러한 문제는 문장 a)와 같이 일견 문제가 없어 보이는 문장에서도 나타난다. 이 문제를 고찰하기 위해 다음 게송을 살펴보자. 아마도 『중론』에서 가장 유명한 게송 중 하나일 『중론』 II.1 게송이다.

이미 지나간 길을 지금 갈 수는 없다. 아직 가지 않은 길을 지금 갈 수는 없다. 이미 지나간 길과 아직 가지 않은 길과 별개인

---

31 MMK 7.17: yadi kaścid anutpanno bhāvaḥ saṃvidyate kvacit / utpadyeta sa kiṃ tasmin bhāva utpadyate 'sati //; 이하 『중론』 한국어 번역은 가츠라 쇼류, 고시마 기요타카 저, 배경아 역, 『중론』(불광출판사, 2018) 참조.

지금 지나가고 있는 길을 지금 지나갈 수는 없다.[32]

이 게송은 '가는 자는 가지 않는다'고 하는 의미로 이해되어, 언뜻 보면 모순이나 역설처럼 보이는 난해한 게송으로 유명하다. 여기에는 행위와 행위 대상을 나타내는 단어의 지시대상과 관련한 문제가 숨어 있다. 이 문장에서 가는 자는 행위 주체이고 길은 행위 대상이며, 간다는 것이 행위에 해당한다. 문장 a)의 '철수는 책을 읽는다'와 동일한 구조인 것이다.

문제는 '이미 지나간 길'이라고 하는 행위 대상을 지시하는 단어가 산스크리트 원어에서는 'gatam'이라는 과거수동분사 형태로 표현되고 있다는 점이다. 따라서 이 단어는 과거의 대상을 지시하게 된다. 반면 정동사 '간다(gamyate)'라는 단어의 시제는 현재로 표시되고 있다. 따라서 행위와 행위 대상은 각각 현재와 과거에 존재하는 것이 되어, 접촉이 불가능하다. 접촉이 불가능하다면 행위 자체가 성립할 수 없다. 따라서 '간다'라는 행위는 성립할 수 없다는 것이 이 게송의 취지이다. 이는 '아직 가지 않은 길'의 경우도 마찬가지이다. 이 단어의 산스크리트 원어는 'agatam'으로서 과거의 부정형 곧 미래를 의미한다. 하지만 '간다'라는 동사는 여전히 현재형으로 표현되므로 접촉이 불가능하여 역시 행위가 성립하지 않는다. 마지막으로 '지금 가고 있는 길(gamyamāna)'은 현재분사형으로 표시되고 있다. 이 경우는 행위 대상에 속하는 행위자와 동사에 속하는 행위자라는 두 개의

---

32 MMK 2.1: gataṃ na gamyate tāvad agataṃ naiva gamyate / gatāgatavinirmuktaṃ gamyamānaṃ na gamyate //

행위자가 상정된다. 따라서 이 역시 모순이다.

결국 용수는 인도 정통파에서 주장하듯이 언어와 대상의 대응관계를 인정한다면, 문장 b)뿐 아니라 문장 a)도 성립할 수 없음을 보여주고 있다. 문장 a)를 『중론』 II.1 게송과 같은 형식으로 서술한다면, '책'이란 '이미 읽은 책', '아직 읽지 않은 책', '지금 읽혀지고 있는 책'이라는 세 가지 경우로 표현될 것이다. 그러나 이 세 경우 모두 행위와 동일한 시간에 존재하지 않거나 두 행위자가 상정되므로 모순에 빠지게 된다. 이러한 주장은 논리적으로는 일상적 언어 용법으로 사용하는 사실상 모든 문장이 성립할 수 없다는 결론에 도달한다.

여기서 용수가 비판하는 점은, 실재론적 관점에서 언어와 대상의 대응관계를 인정한다면 모순에 빠질 수밖에 없다는 것이다. 이런 언어-대상 대응원리에 대한 용수의 비판은 매우 효과적이었던 것으로 보인다. 실제로 용수 이후의 인도 정통파와 불교도들의 언어 이론은 용수의 이러한 비판에 대한 대응의 형태로 전개된다.[33]

문제는 용수의 언어 분석을 통한 실재론 비판은 지나치게 근본적이어서, 유가행파의 입장에서 보기에는, 언어의 지시대상을 부정하는 데 그치는 것이 아니라, 모든 언어의 성립 근거를 부정하는 방향으로 나아갔다는 것이다. 이 점은 유가행파의 문헌 특히 『유가사지론』 「보살지」와 안혜의 비판을 불러일으킨다.

33 Bronkhorst, 앞의 책, p.44.

2) 『유가사지론』「보살지」의 언어관

(1) 언어-대상 대응 불가능성을 증명하는 세 논리

유가행파의 방대한 백과사전적 전적인 『유가사지론』에 포함된 「보살지」(Bodhisattva-bhūmi)는 용수가 활약한 시기 직후에 단독으로 성립했다고 간주되는,[34] 유가행파 최고의 문헌이다. 「보살지」 중에서도 가장 철학적인 품이라고 알려져 있는 것이 〈진실의품〉이다. 이 품에서는 품명이 말해 주는 최고의 진실한 대상(眞實義, tattva_artha)을 인식하지 못하는 두 가지 극단적 견해를 소개하고 그것을 비판하고 있다.

두 견해 중 첫 번째는 물질 등의 현상(法, dharma) 곧 물질 등의 사상(事象, vastu)이 언어표현을 본질로 하고 그것을 특징으로 하는 실재로 존재하는 것이라고 집착하는 것이다. 이것은 설일체유부 등 불교 실재론 학파의 견해를 비판하는 것으로 보아도 좋을 것이다.

두 번째 견해는 언설의 원인 역할을 하는 기반(prajñaptivāda-nimitta_adhiṣṭhāna) 곧 언설의 원인 역할을 하는 토대(prajñaptivāda-nimitta-saṃniśraya)를 모두 부정하면서, 언어표현 불가능성을 본질로 하는(nirabhilāpya_ātmaka) 궁극적 의미에서 존재하는 사상(parama_artha-sadbhūtaṃ vastu)을 부정함으로써, 결론적으로는 모든 것이 결코 존재하지 않는다(sarveṇa sarvaṃ nāsti)고 주장하는 견해이다.[35] 이들은

---

34 「보살지」가 C.E. 230~300 사이에 편집되었다고 보는 설에 따른다. 이에 대해서는 Deleanu, Florin, *The Chapter on the Mundane Path (Laukikamārga) in the Śrāvakabhūmi*, vol. I, II, (Tokyo: The International Institute for Buddhist Studies, 2006), pp.195~196 참조.

35 BoBh pp.45, 13~19; 이하 「보살지」의 한국어 번역은 안성두 역, 『보살지』(세창출판사, 2015), p.87 참조.

언어표현은 물론 진실한 존재도 부정하기 때문에 극단적인 허무론자라고 평가된다.[36] 이러한 극단적인 허무론자가 용수의 견해를 가리킨다는 것은 쉽게 짐작할 수 있다. 「보살지」 자신이 이들을 대승과 상응하고 심오하며 공성과 상응하지만, 잠정적 의미로 설해진 이해하기 어려운 경전 곧 반야경을 제대로 이해하지 못한 자로 평하고 있기 때문이다.

「보살지」는 이와 같이 언어표현 그대로 사물이 존재한다는 견해인 증익견(增益見, samāropa)과 언어표현은 물론 언어표현의 근거도 존재하지 않는다는 견해인 손감견(損減見, apavāda)이라는 양 극단을 모두 배척하는 것을 중도라 한다.[37]

양 극단의 양상과 그 양극단을 배제하는 중도의 양상은 모두 언어와 그 대상 간의 관계에 대한 인식과 관련되어 있다. 여기서 상정되는 요소는 언어표현, 그 언어표현의 대상이 되거나 그것을 본질로 한다고 상정되는 법 혹은 사상事象, 그리고 언어표현 불가능성을 본질로 하는 궁극적 실재이다. 이 세 가지 요소의 관계에 대해 「보살지」는 세 가지 논리적 가능성을 제시하고 그 세 가지 모두를 부정한다.[38] 이를 통해 「보살지」는 언어표현과 대상의 본질 사이의 관계는 부정하

---

36 BoBh pp.46,18~19: prajñaptitattvāpavādāc ca pradhāno nāstiko veditavyaḥ.

37 BoBh pp.39,26~27: sā madhyamā pratipad aṃtadvayavivarjitaṃ niruttarety ucyate.

38 「보살지」에 나타나는 세 가지 논리는 유사한 형태로 「섭결택분」, 『섭대승론』 등에 나타난다. 이 세 논리에 대한 최근의 연구는 高橋晃一, 『「菩薩地」「眞實義品」から「攝決擇分中菩薩地」への思想展開』, 東京: 山喜房, 2005, pp.24ff 참조

지만 궁극적 실재로서 언어표현의 근거는 확보하려고 한다.

그중 첫 번째 논리가 인도 정통학파에서도 문제로 삼은 동의어 문제이다.

> 만약 어떤 법들 혹은 어떤 사상事象에 대해 언어표현(abhilāpa)이 있는 것처럼, 그 법들 혹은 그 사상이 그것을 본성으로 하여 존재한다면, 하나의 법, 하나의 사상이 많은 종류의 많은 본질을 〔가진다는 오류가 있을〕 것이다.
> 왜 그런가? 하나의 법과 하나의 사상에 대해, 다양한 언어표현(abhilāpa)에 의해 많은 종류의 〔일차적인〕 언어(prajñapti)와 〔이차적인〕 은유적 표현(upacāra)이 다양하게 만들어지지만, 다양한 종류의 많은 언설(prajñaptivāda)의 확정성이 결코 지각되지 않기 때문이다.[39]

인용문에서 비판의 전제가 되고 있는 것이 언어와 대상의 일대일 대응원리라는 점은 분명하다. 이러한 대응관계는 불변적이고 배타적이며 따라서 하나의 의미 관계를 가진다. 하지만 현실의 일상적 언어 사용에서는 하나의 사물에 대해 많은 언어표현이 사용되는 경우가 있다. 예를 들어 태양에 해당하는 산스크리트는 'aṃśudhara'(빛의 담지자), 'āditya'(Aditi의 아들), 'sūrya', 'caṇḍakara'(화염을 만드는 자), 'dīdhitimat'(빛을 가진 자), 'mihira'(빛을 내뿜는 자), 'ravi' 등이 있다. 이 경우, 만약 언어와 대상이 일대일 대응관계를 가지거나, 사물이

39 BoBh pp.44,9~16.

언어를 본질로 한다면 태양은 단어 수만큼의 본질을 가지게 된다. 따라서 한 사물에 다수의 본질이 존재하게 되어 그 확정성이 지각되지 않으며, 나아가 사물에 대한 확정적 인식도 발생하지 않는다는 모순이 있게 된다.

이어지는 두 번째 논리는 사상事象의 본질이 언설(prajñativāda)에 의해 결정되지 않는다는 것이다. 만약 사상의 본질이 언설에 의해 결정된다면, 언설 이전에는 어떤 사상이 어떤 본질을 결여한 채 있을 것이다. 그와 같이 본질이 결여한 채 존재하는 것에 대해서 〔일차적〕 언설(prajñaptivāda)이 있을 수는 없다. 언어표현이란 어떤 본질을 지칭하는 것이기 때문이다. 따라서 사상의 본질이 언어표현에 의해 결정될 수도 없다.[40]

마지막 세 번째 논리는 사상事象의 본질이 〔일차적〕 언어표현과 〔이차적인〕 은유적 표현 이전에 이미, 그러한 언어표현이 지칭하는 본질을 갖고 있을 수도 없다는 것이다. 만약 어떤 대상이 언어표현 이전에 그 언어표현이 지칭하는 본질을 갖고 있다면, 언어를 습득하기 이전이나 언어를 습득할 수 없는 경우에도 그 대상의 본질에 대한 인식이 일어날 것이기 때문이다.[41] 예를 들어 언어를 습득하지 못한 유아의 경우는 눈앞에 속이 빈 원통형의 물체가 있다고 하더라도 그것을 컵이라고 인식할 수는 없는 것과 같다.

이상 세 논리는 모두 언어표현의 대상이 언어표현과 필연적 관계가 없다는 것을 잘 보여준다. 하지만 여기에서 은유적 표현(upacāra)이

---

40 BoBh pp.44,20~45,4.

41 BoBh pp.45,4~12.

일차적 언어표현(prajñapti)과 구별되는 역할을 하지는 않는다. 은유적 표현 또한 일차적 언어표현과 마찬가지로 일반적인 지칭 형태로만 사용되고 있다. 이것은 「보살지」 단계에서는 은유적 표현이 가진 인지적 역할이 주목되지 않았고, 오직 언어와 대상의 논리적 관계에만 주목했다는 것을 의미한다. 이 점은 「보살지」에는 아직 유식설 및 그의 논리적 기반인 삼성설이 도입되지 않았고, 유명론(prajñaptimātra-vāda)에 기반해 있다는 것과 관련이 있을 것이다. 은유적 표현이 그 자체로 의미를 가지고 언어표현 일반을 대체할 수 있는 보편적 성격을 갖고 있다는 점과 그것이 가진 인지적 기능에 대한 주목은 유식설의 도입과 그에 기반한 안혜의 언어론을 기다려야 했다.

(2) 언어-대상 대응 불가능성에 대한 확정적 인식의 획득

「보살지」에서 또 한 가지 주목할 만한 점은, 「보살지」가 아직 유식설을 도입하지 않고 있음에도 불구하고, 분별(分別, vikalpa)이 사상事象을 산출한다는 독특한 설을 주창한다는 데 있다. 여기서 분별은 모두 여덟 가지로 분류된다. 여덟 가지란 ①본질에 대한 분별(自性分別, svabhāva-vikalpa), ②양태에 대한 분별(差別分別, viśeṣa-vikalpa), ③단일자로 파악하는 분별(總執分別, piṇḍagrāha-vikalpa), ④나라는 분별(我分別, aham iti vikalpa), ⑤내 것이라는 분별(我所分別, mameti vikalpa), ⑥좋아하는 것에 대한 분별(愛分別, priya-vikalpa), ⑦좋아하지 않는 것에 대한 분별(非愛分別, apriya-vikalpa), ⑧그 둘이 아닌 것에 대한 분별(俱相違分別, priyāpriya_ubhaya-viparīto vikalpa)이다. 이들은 그 성격상 자성·차별·총집분별, 아·아소분별, 애·비애·구상

위분별 등 세 그룹으로 나뉜다.[42]

이 중 첫 세 분별은 다음과 같이 정의된다. 본질에 대한 분별은 색 등의 명칭을 가지는 사상事象에 대하여 '〔이것은〕 색이다'라고 하는 등의 분별을 하는 것이고, 양태에 대한 분별은 그것의 여러 양상을 분별하는 것이다. 단일자로 파악하는 분별은 집합체로서의 자아와 물질 등에 대해 자아나 중생, 혹은 집이나 군대 등으로 단일한 집합체로 파악하는 분별이다.[43] 이 첫 번째 그룹이 분별과 희론의 대상인 사상을 낳는다. 또 역으로 그러한 사상을 기반으로 분별과 희론이 발생한다.[44] 이것은 분별 및 희론과 사상이 언어표현을 매개로 상호 작용하고 있는 양상을 설명해 준다.

이러한 분별 및 희론과 사상 간의 상호 산출을 중지하는 작용을 하는 것이 바로 4심사(尋思, paryeṣaṇā)와 4여실지(如實知, yathābhūta-parijñāna)이다. 4심사란 명칭에 대한 심사, 사상에 대한 심사, 본질을 표현하는 언어에 대한 심사, 양태를 표현하는 언어에 대한 심사를 말하며, 4여실지는 그 결과 획득하는 네 가지 바른 인식을 가리킨다. 그중 명칭에 대한 심사와 사상에 대한 심사란, 명칭을 명칭인 것으로만 보고 사상을 사상인 것으로만 보아 양자를 어떤 필연적 관계도 없는 우연한 것(āgantuka)이라고 파악하는 것이다.[45] 나머지 두 심사는

---

42 이 세 그룹의 분별은 아래에서 다루는 『섭대승론』 I.58에 나타나는 세 가지 훈습, 곧 명언훈습, 아견훈습, 유지훈습으로 대응한다. 다시 말해 첫 세 분별은 명언훈습과 관련되는 분별이다.

43 BoBh pp.51,21~52,9.

44 BoBh p.50,22ff.

명칭에 대한 심사의 두 양상을 관찰하여 그것이 오직 언어일 뿐이라고 보는 것이다. 이렇게 본다면, 전체적으로 4심사는 언어와 대상 사이에는 대응 관계가 없다는 사실을 관찰하는 것이라는 점을 쉽게 알 수 있다. 4여실지는 이와 같이 언어-대상 간에 대응관계가 없다는 것을 확정하는 결정적 인식이다. 그중 첫 번째 여실지는 다음과 같다.

> 명칭에 대한 심사에 의해 도달된 여실지란 무엇인가? 실로 그 보살이 명칭에 대해 〔사상과 무관한〕 오직 명칭일 뿐이라고 심사할 때, 그 명칭을 다음과 같이 여실하게 인식한다. '곧 이 명칭은 이상과 같은 의미를 사상에 대해 확립한다. 내지는 상想(saṃjñā)의 의미, 견見(dṛṣṭi)의 의미, 은유(upacāra)의 의미를 〔사상에 대해 언어로 확립한다.〕 만약 색 등으로 이름 붙여질 사상에 대해 색이라는 명칭을 확립하지 않는다면 누구도 그 사상을 색이라고 알지 못할 것이다. 알지 못한다면 증익이라는 측면에서 집착하지 않을 것이다. 집착하지 않는다면 언어로 표현하지 않을 것이다.' 이와 같이 여실하게 인식한 것이 명심사에 의해 도달된 여실지이다.[46]

명칭에 대한 심사의 결과 획득한 여실지는 명칭이 사상과 무관한 것을 확정적으로 인식한다. 다시 말해 그것은 언어와 대상에 대응관계가 없음을 확정하는 인식인 것이다. 나아가 그러한 대응관계가 없음을 확정적으로 인식한다면, 비존재를 존재하는 것으로 집착하는 인지적

45 BoBh pp.53,9~16.

46 BoBh pp.53,21~54,2.

과정이 중지하고 언어표현도 발생하지 않는다. 이로써 분별과 희론은 소멸한다. 「보살지」는 이것을 보살이 획득하는 대승의 반열반이라고 표현한다.[47]

「보살지」는 언어와 대상 간에 대응관계가 없다는 사실에 대한 인식과정을 단순한 이론적 인식에 그치는 것이 아니라, 열반으로 이끄는 구제론적 역할까지 부여하고 있다. 언어-대상 관계에 대한 바른 인식이 구제론적 역할을 한다는 것은 초기불교 이래 궁극적 진리에 대한 인식, 예컨대 4제에 대한 인식 등이 깨달음을 야기한다는 수행론의 연장선상에 있는 것이다. 나아가 분별과 희론이 공성의 인식에 의해 소멸한다는 『중론』의 사상을 계승하는 것이기도 하다.[48] 하지만 「보살지」가 상정하는 공성은 『중론』의 공성과는 궤를 달리한다. 그것은 언어표현의 기반을 부정하지 않는 공성이다. 「보살지」는 한편으로는 『중론』의 공사상이 가진 허무론적 사상을 비판하지만 다른 한편으로는 그 공사상을 자신의 입장에서 발전시켜 자신의 구제론을 구축하고 있는 것이다.

---

47 BoBh pp.53,21~54,2: evaṃ tasya savastukasya vikalpasya nirodho yaḥ sa sarvaprapaṃcanirodho veditavyaḥ. evaṃ ca prapaṃcanirodho bodhisattvasya mahāyānaparinirvāṇam iti veditavyaṃ.

48 MMK 18.5: karmakleśakṣayān mokṣaḥ karmakleśā vikalpataḥ / te prapañcāt prapañcas tu śūnyatāyāṃ nirudhyate //

3) 설일체유부의 언어 이론

(1) 『구사론』에서 명신, 문신, 구신의 의미

용수는 날카로운 언어 분석을 통해 언어가 지시하는 대상이 실제로는 존재하지 않는다는 것을 증명하고자 하였다. 이것은 불교 내외의 여러 실재론자들에 대한 비판이자 언어-대상 대응원리에 입각한 학파들에 대한 비판이기도 하였다.

용수는 자신이 행한 비판의 대상을 명시적으로 지적하지는 않았다. 또한 실재론의 구체적인 양상에 대한 비판보다는 그것을 일반화한 형태로 비판하고 있는 점도 구체적인 비판 대상이 어느 학파였는지 특정하기 어렵게 한다. 하지만 용수의 비판이 불교 내부에서는 주로 정량부와 설일체유부에 향해 있었다는 것은 대체로 인정되고 있다. 두 학파는 불교 학파로서는 인도 대륙 내부와 외부에서 각각 가장 큰 영향력을 가진 학파이기도 하였다.

그중에서도 설일체유부는 불교 내부의 대표적인 실재론 학파로서 용수가 행한 비판의 표적이 되었다고 알려져 있다. 설일체유부라는 학파명에서도 알 수 있듯, 그들은 모든 것이 과거·현재·미래 3세에 걸쳐 실체적으로 존재하는 것이라고 간주하였다. 그러나 그들이 존재하는 것으로 인정한 모든 것이란 사물의 궁극적인 구성요소로서 75법이지, 일상 언어의 대상이 아니다. 그들은 물리적으로 더이상 파괴되지 않거나, 분석력을 통해 다른 것으로 환원되지 않는 궁극적인 구성요소만을 실체적 존재(實有)로 인정하고, 책, 숲, 군대 등 구성요소로 만들어진 일상적인 존재는 명목상의 존재(假有)로만 간주하였다.[49]

설일체유부가 궁극적 존재로 간주한 75법이란, 물질(色), 마음(心),

마음에 속하는 심리 현상(心相應行法/心所), 물질에도 속하지 않고 마음에도 속하지 않는 현상(心不相應行法), 무위無爲라는 다섯 범주를 다시 하위 범주로 세분한 것이다. 그중 심불상응행법이라고 하는 물질도 아니고 마음도 아닌 실재를 인정한 것이 설일체유부 실재론의 특징이기도 하다.

심불상응행법에는 모두 14가지가 있다. 여기에 포함된 법들 중 명신(名身, nāma-kāya), 구신(句身, pada-kāya), 문신(文身, vyañjana-kāya)이 바로 언어를 구성하고 있는 구성요소들이다.[50] 『구사론』은 명신을 '색', '성', '향' 등의 명사로, 구신은 '제행은 무상하다' 등의 문장으로, 문신을 '까', '카', '가' 등의 음절로 정의한다.[51] 설일체유부가 이근의 대상으로 소리라고 하는 색법에 속하는 실체적 존재를 상정하고 있음에도 불구하고, 언어를 구성하는 요소로 명신 등을 심불상응행법에 따로 분류한 것은, 그들이 단순한 소리와 의미를 가지는 언어를

---

49 AKBh p.334,1~10.

50 AKBh pp.80,12~81,28.; 이하 『구사론』의 한국어 번역은 이종철 역, 『구사론 계품·근품·파아품』(한국학중앙연구원, 2015), p.98 참조.; 명신, 구신, 문신 개념에 대한 최근의 연구로는 Seongho Choi, *The Buddhist Terms of Name set (nāmakāya), Phrase set (padakāya) and Phoneme set (vyañjanakāya)*, Inaugural-Dissertation zur Erlangung des Doktorgrades der Philosophie an der Ludwig-Maximilians-Universität München, 2021.; Seongho Choi, "The Relationship between nāman, pada, and vyañjana in Sarvāstivāda and Yogācāra Literature", *Puṣpikā, Volume 6: Proceedings of the 12th International Indology Graduate Research Symposium* (Vienna, 2021), ed. Angermeier, Ferstl, Haas, Li, (Heidelberg: HASP, 2023), pp.53~66 참조.

51 AKBh p.80,20~22.

구분했다는 것을 말해준다.

예를 들어 '책'이라는 소리가 있다고 하자. 학교에서 선생님이 학생들에게 "책을 펴라"고 할 때, 책이라는 소리가 선생님마다 물리적으로 완전히 동일하게 발음되는 경우는 없을 것이다. 나이에 따라 그리고 성별에 따라 발음하는 '책'은 유사할 수는 있지만 완전히 동일한 소리라고는 할 수 없다. 심지어 같은 선생님이라고 할지라도 매번 발음하는 '책'이 항상 물리적으로 동일하지는 않을 것이다. 하지만 학생들은 그 소리를 모두 같은 의미로 이해한다. 학생들에게는 물리적인 소리로서 '책'이 아니라 그 소리들이 추상화한 형태가 그것이 가리키는 대상인 '책'이라는 개념 혹은 의미와 함께 결합하여 있는 것이다. 그와 같이 추상화한 형태의 소리는 일종의 청각 이미지라 할 수 있으며 물리적인 소리와는 구분되는 것이다.

명신은 이와 같이 의미를 전달해 주는 추상화한 소리 혹은 청각 이미지를 실체화한 개념이다. 다시 말해 어떤 질서를 가진 소리가 발성되면, 그 소리를 인식한 청자는 그 소리를 추상화하고, 그 추상화한 소리 이미지가 의미를 전달한다. 발화자의 경우는 이 순서가 반대가 될 것이다. 곧 발화자가 어떤 의미를 전달하고자 의욕을 일으킬 때, 그 의욕은 의미를 전달하는 담지자인 추상화된 소리에 영향을 미치고, 그 추상화한 소리가 발성기관을 거쳐 물리적인 소리 형태로 발성되어 전달된다. 설일체유부는 이 추상화한 소리를 실체시하여 명신이라고 분류한 것이다.

이러한 생각은 명신뿐 아니라 문장을 의미하는 구신과 음절 혹은 음소를 의미하는 문신에도 적용할 수 있다. 문신에서 문(文, vyañjana)

은 원래 자음을 뜻하는 말이지만, 불교 언어학에서는 음절을 의미하거나 때로는 음소를 의미하기도 한다. 음소란 음성을 자음과 모음으로 구분한 것이다. 곧 'ㅏ', 'ㅣ', 'ㅜ' 혹은 'ㄱ', 'ㄴ', 'ㄷ' 등으로 인위적으로 분류된 소리이다. 모음은 단독으로 음절을 이룰 수 있지만 자음은 모음과 결합해야만 음절을 이룬다. 그리고 이와 같은 문신 또한 소리가 아니라 그것과 구별되는 어떤 추상적인 청각 이미지를 본질로 하는 것이다.

예를 들어 한국어는 평음, 경음, 격음을 구분한다. '달', '탈', '딸'은 영어로는 'moon', 'mask', 'daughter'라는 각각 다른 의미를 전달할 수 있다. 하지만 영어를 모어로 사용하는 사람은 경음과 격음을 구분하지 않는다. 그들은 특별한 훈련을 받지 않는 한 "탈"과 "딸"을 구분하여 들을 수 없다. 이러한 사례는 단어를 구성하는 음절이나 음소 또한 단순한 소리가 아니라 그것의 추상화 형태인 청각 이미지임을 잘 보여준다.

설일체유부는 색법에 속하는 소리가 심불상응법에 속하는 문신 등을 통해 의미를 전달해 주는 과정을 다음과 같이 명료히 제시한다.

말이 명〔신 등〕에 작용하여, 명〔신 등〕이 의미를 밝힌다.[52]

---

52 AKBh p.81,24: vāṅ nāmni pravartate nāmārthaṃ dyotayati.; 이 구절은 『대비바사론』(대정27, 73a20; 911a25: 語能起名 名能顯義; 74a27: 語依名轉 名依義轉; 659b10: 謂語起名 名能顯義 등)의 곳곳에도 동일하게 발견되어 설일체유부의 공식 견해임을 확인할 수 있다. 이종철, 「와수반두의 언어관」, 『철학논구』 23, 1996, p.30, n.9 참조.

이 인용문 이후에는 '작용한다'라는 말의 의미에 대해 긴 논쟁이 이어진다. 하지만 어떤 방식으로든 설일체유부가 말소리 ⇨ 명신 등 ⇨ 의미 전달이라는 과정을 거친다고 주장하는 것은 분명하다. 설일체유부가 명신 등을 실체화한 배경과 선행 사상의 영향 관계는 분명하지 않다. 하지만 앞서 살펴보았듯이 소리(śabda)를 영원한 실체로 간주하고, 언어와 대상의 대응관계를 인정하는 인도 정통사상의 영향을 완전히 배제할 수는 없을 것이다. 다만 설일체유부가 언어와 대상의 대응관계를 75법이라고 하는 구성요소에만 한정하고 있는 것은 붓다 이래로 무아를 핵심 교리로 하고 있는 것에 기인할 것이다.

(2) 『구사론』에서 은유적 표현의 역할

『구사론』에서는 은유적 표현 또한 매우 중요한 역할을 하고 있다. 그것은 주로 경전에 나타난 여러 교리 개념을 명확히 정의하는 장면에서 등장한다.

초하르에 따르면, 'upacāra'라는 단어는 팔리 경전에도 나타나지만, 은유적 표현이라는 의미로 사용되지는 않는다. 앞에서 살펴본 「보살지」에서도 'upacāra'라는 단어는 언어표현을 의미하는 다른 개념과 특별히 구분되는 의미를 가지지는 않았다. 하지만 앞으로 살펴보겠지만, 이 단어는 북전 아비달마 문헌 특히 『구사론』 및 그 이후 유가행파 문헌에서는 일반적인 언어표현의 의미와는 구분되는 은유적 표현의 의미로 사용된다.[53]

---

53 이 점은 북전 아비달마 전통에 미친 인도 정통파의 영향으로 볼 수도 있다. Tzohar, 앞의 책, p.127 참조.

『구사론』에서 대표적으로 'upacāra'가 은유적 표현이라는 의미로 사용되는 곳은 18계를 다양한 관점에서 고찰하는 가운데 이숙생(vipākaja)을 설명하는 곳에서 나타난다.

> 혹은 결과를 〔산출하는〕 때에 도달한 업이 이숙이라 불린다. … 어떤 결과〔를 산출하는〕 원인에 대해 〔바로 그〕 결과를 은유적으로 표현한 것이다. 마치 〔경전에서〕 "이 6촉처는 전생의 업이다"라고 하여, 결과에 대해 원인을 은유적으로 표현하는 것과 같다.[54]

여기서는 원인에 대해 결과의 이름을 은유적으로 표현하는 것(因上假立果名, hetau phala_upacāra)과 결과에 대해 원인의 이름을 은유적으로 표현하는 것(果上假立因名, phale hetu_upacāra) 두 사례를 들고 있다. 곧 어떤 원인 행위가 있고 그것이 초래하는 결과가 있을 경우, 전자를 업(業, karma)이라 하고 후자를 이숙(異熟, vipāka)라고 하는 것이 일차적 용법이다. 다시 말해 업이라는 말은 원인인 행위이고 이숙이라는 말은 그 행위의 결과를 가리킨다. 하지만 경전에서 이 양자는 상호 간에 혼용되기도 한다. 곧 업(=원인)에 대해 이숙(=결과)이라 부르기도 하고, 이숙(=결과)에 대해 업(=원인)이라고 부르기도 한다는 것이다.

인용문에서는 이숙생(異熟生, vipākaja)이란 말을 해설하면서, 여기서 이숙이라는 말은 실제로는 원인인 업을 지칭한 것으로 설명한다.

---

54 AKBh 25,11-13.

다시 말해 여기서 말하는 '이숙'생이란 말의 실질적인 의미는 '업'생이라는 것이다. 이것을 원인에 대해 결과를 은유적으로 표현한 것이라고 한다. 이어서 반대의 경우, 곧 결과(=이숙)에 대해 원인(=업)의 이름을 붙이는 경우도 경전의 예를 들어 설명한다. 곧 "이 6촉처는 전생의 업이다"는 문장의 경우, 실제로는 "현생의 6촉처는 전생의 업의 이숙이다"라고 해야 글자 그대로의 표현이 될 것이다. 하지만 여기서 업의 이숙(=결과) 대신 업(=원인)이라는 말이 사용되고 있다. 이 경우가 바로 결과에 대해 원인을 은유적으로 표현한 것이라고 『구사론』은 설명하는 것이다.

이러한 용법은 신근의 대상인 감촉을 설명하는 곳에서도 나타난다. 『구사론』에서 감촉은 모두 열한 가지로 분류되는데, 여기에는 배고픔과 목마름이 포함되어 있다. 문제는 배고픔과 목마름은 모두 먹고자 하는 욕망으로서[55] 심리현상에 속하는 것인데, 어떻게 신근의 대상인 물질 현상에 포함되는가 하는 점에 있다. 이에 대해 『구사론』은 다음과 같이 간단히 설명한다.

원인에 결과를 은유적으로 표현하기 때문이다.[56]

여기서도 배고픔과 목마름은 사실은 결과를 가리키는 말로서 그 배고픔과 목마름을 일으키는 원인으로서 감촉에 대해 은유적으로

---

55 배고픔과 목마름의 산스크리트 원어는 각각 jighatsā와 pipāsā로서 욕망을 나타내는 동사 의욕형이 사용되고 있다.

56 AKBh 7,11: kāraṇe kāryopacārāt.

표현한 것이라는 의미다. 이어서 인용하는 경전은 원인에 결과를 표현한 또 다른 예를 보여준다.

> 마치 "붓다의 탄생은 즐거운 일이고 가르침을 설하는 것은 즐거운 일이며, 승가가 화합하는 것은 즐거운 일이고, 화합승이 정진하는 것은 즐거운 일이다" 하고 〔설한 것과〕 같다.

여기서 즐거운 일이란 곧 열반의 즐거움을 뜻한다. 붓다의 탄생은 열반의 즐거움을 가져오는 원인이므로 그 결과를 나타내는 즐거움으로서 붓다의 탄생 또한 즐거움이라고 은유적으로 표현했다는 것이다.

이와 같이 『구사론』에는, 존재하지 않는 것을 지칭하는 용어로서, 그것의 결과의 이름을 사용한다든가 혹은 그 반대의 경우로 지칭하는 사례가 빈번히 나타난다.[57] 이 사례들은 은유적 표현 개념이 언어학적인 측면이라기보다는, 주로 교리 용어를 해석하는 일종의 해석학적

---

57 hetau phalopacāra, kāraṇe kāryopacāra외에 nimitte naimittikopacāra(AKBh 198,21)라는 표현도 나타난다.; 한편, 이종철(앞의 논문, p.44, n.22)은 『구사론』에서 upacāra가 사용되는 용례를 네 가지로 정리한다. (1) A가 'B'로서 가설된다〔A(Nom.) B(Gen.) upacaryate〕 (2) A에 관해 'B'가 가설된다〔=A(Loc.) B(Nom.) upacaryate〕 (3) A가 'B'라고 가설된다〔A(Nom.) B(Nom.) iti upacaryate〕 (4)A에 관해 'B'라고 가설된다〔A(Loc.) B(Nom.) iti upacāraḥ / A(Loc.) B-upacāra〕; 이 네 가지는 표면적인 문장 형식으로는 다양한 격관계를 가진 표현법으로 나타나지만, 심층적으로는 모두 동일하다. 곧 은유적 지시대상의 기체인 A에 대해 거기에 존재하지 않는 B가 은유적으로 표현되는 구조이다.

차원에서 활용된 것을 보여준다. 그럼에도 불구하고 은유적 표현이 존재하지 않는 어떤 대상을 가리키는 특유의 용법으로 사용되는 것은 명확히 나타난다.

한편 세친, 특히 안혜는 은유적 표현 방식에, 언어의 본질과 대상과의 대응성에 관한 어떤 본질적인 것을 규명하는 인지적 기능을 부여하기도 한다.[58] 그것은 18계를 내외로 구분하는 기준과, 특히 자아(ātman)가 없음에도 불구하고 '내적인 것(ādhyātmika)'이라는 표현이 가능한 이유를 설명하는 가운데 나타난다. 그것은 마음 곧 6식은 자아의식의 근거가 되기 때문에(ahaṅkāra-sanniśrayatvāt) 자아라고 은유적으로 표현되고, 6근은 그 6식의 의지처로서 그것과 가까이 있기 때문에 양자가 내적인 것(ādhyātmika)이라고 간주된다는 설명이다.[59] 다시 말하면 6식 곧 마음의 특징은 자아의 특징과 유사하기 때문에, 자아의식의 형성이라는 인지적 과정의 기반 역할을 하는 것이다. 그러므로 그것은 자아가 아님에도 불구하고 자아라고 은유적으로 표현된다.

나아가 세친은, 근견가와 식견가의 논쟁을 마무리하면서, 지각은 어떤 주체도 없이 현상일 뿐인 것들이고, 인과관계의 연쇄에 지나지 않지만(dharma-mātram hetu-phala-mātraṃ ca), 일상적인 언어 소통을 위해(vyavahāra_artham) "눈이 본다"라든지 "인식이 식별한다"라는 은유적 표현이 사용된다(upacārāḥ kriyante)고 지적한 후, 이러한 은유적 표현의 일상적 용법에 집착해서는 안된다(na_atra_abhiniveṣṭavyam)고

---

58 Tzohar, 앞의 책, pp.131ff 참조.

59 AKBh 27,6-11.

경고하고 있다.[60]

여기서는 은유적 표현에는 그 표현의 근거가 되는 어떤 것, 곧 이 경우에는 마음이 존재한다는 사실과 더불어, 그 마음에 대해 그것과 유사한 특징을 지니는 것으로 인정되지만 존재하지는 않는 자아라는 단어가 은유적으로 표현된다는 것을 명확히 하고 있다. 그리고 그러한 은유적 표현은 어디까지나 일상적 소통을 위한 것일 뿐임을 명확히 한다. 여기서 주목해야 할 점은 그러한 은유적 표현에 근거하여 존재하지 않는 것들을 존재하는 것으로 착각하고 집착하는 것에 대한 우려 또한 표명되고 있다는 점이다. 그것은 언어가 일상적인 형태로 사용되고 고착화하는 과정에서, 그것이 지시하는 대상이 없음에도 불구하고 그 지시대상이 존재하는 것처럼 관습화되어 버린다는 점 때문이다. 이것은 언어가 지시하는 대상의 기반은 인과관계의 연쇄로 존재할 뿐이지만, 언어 표현으로 인해 자아 혹은 감관 혹은 식이라는 주체와 그 대상으로 이분화되어 집착의 대상이 된다는 것을 의미한다. 이 점에서 은유적 표현은 지시대상의 기반이 되는 인과적 연쇄 관계일 뿐인 것을 은폐하고, 비존재하는 실체를 상정하게 하는 부정적인 역할을 하게 된다. 세친이 일상적 언어에 집착하지 말라고 경고하는 것은 은유적 표현이 가진 이러한 부정적 측면인 것이다.[61]

이와 같이 세친은 『구사론』에서 경전 해석의 측면을 주로 하여 은유 개념을 사용하였지만, 안혜에 이르러서는 언어 일반의 보편적

---

60 AKBh 31,11-15.

61 이 점에서 세친은 앞서 살펴본 「보살지」의 사상과 동일한 태도를 취하고 있다.

성격을 가진 것으로 간주된다. 세친에게는 실재론을 표방하는 설일체유부와 경량부의 입장에서 은유 개념을 다룰 수밖에 없는 한계가 있었지만, 안혜는 유식사상에 기반하여 은유 개념을 언어 일반으로 전면적으로 확장할 수 있는 근거를 갖게 되었기 때문이다. 이하에서는 세친의 『유식삼십송』의 주석 과정에서 전면화한 안혜의 은유 이론을 소개한다.

4. 안혜의 은유 이론

1) 모든 언어는 은유다

안혜(安慧, Sthiramati, CE. 470~550)는 실재의 표현불가능성과 더불어, 본질주의적 의미 이론에 대한 비판, 그리고 언어가 현상의 구성에서 인과적이고도 정신적 기반을 형성하는데 기여하는 역할에 대한 설명을 결합하고 있다.[62] 이를 통해 모든 언어가 은유라고 하는 명백한 주장을 안혜의 저작에서 발견할 수 있다.

안혜는 언어표현 일반을 은유적 표현으로 보고 있다는 이른바 '범-은유론'을 취하고 있다.[63] 안혜는 니야야나 문법학파의 논서들에

---

62 Tzohar, 앞의 책, p.155

63 '범-은유론'은 초하르의 명명이지만, 필자는 여기서 현대 인지언어학자 레이코프와 존슨의 '개념적 은유 이론'을 강하게 의식하고 있다. 개념적 은유 이론이란 은유를 단지 문학적 수사법의 하나로 취급하는 것을 넘어서, 인간의 개념적 사유가 작동하는 기본적인 방식으로 이해하는 것이다. 개념적 은유 이론에 대해서는 레이코프 G.·존슨 M. 지음 , 노양진·나익주 옮김, 『삶으로서의 은유』(박이정, 2006) 참조.

나타난 논의를 전제로 하여 반대자를 비판하면서, 명시적으로 언급하지 않지만, 앞서 살펴본 바르트르하리의 논의에 크게 빚지고 있다. 안혜의 논의는 『삼십송』 제1송의 주석에서 집중적으로 이루어지며, 이를 논서 전체의 논의에 들어가는 실마리로 삼고 있다.[64]

자아와 법에 대한 다양한 은유적 표현이 식전변에 대해 발생한다.[65]

전변이란 무엇인가? 다른 것이 되는 것이다. … 그 〔식의 전변〕에서 자아 등에 대한 개념적 구성의 잠재 성향이 성숙하고 물질 등의 개념적 구성의 잠재 성향이 성숙한 알라야식으로부터 자아 등과 물질 등의 현현 〔곧〕 분별이 발생한다. 그러한 분별 때문에 외계의 대상인 것처럼 그 자아 등과 물질 등이 현현하는 것으로 말미암아, 외계의 자아와 법 등이 없음에도 불구하고 무한한 과거로부터 자아에 대한 은유적 표현과 물질 등에 대한 은유적 표현이 발생한다. 마치 비문증 환자에게 그물 등의 은유적 표현이 있는 것과 같다. A가 B에 없을 때, A가 B에 대해 은유적으로 표현된다.[66] '소'가 야만인에게 〔은유적으로 표현하는 것과〕 같다. … 전변(pariṇāma)이라는 말로는, 식이 연기의 법칙에 의거하여 발생했다는 사실〔緣已生性, pratītyasamutpannatva〕을 알려준다.[67]

---

64 Tzohar, 앞의 책, p.155.

65 Triṃś p.40,1~3: ātmadharmopacāro hi vividho yaḥ pravartate / vijñāna-pariṇāme 'sau ……; 『성유식론』(대정31, 1a20-21): 由假說我法 有種種相轉 彼依識所變.

66 Triṃś p.42,4: yac ca yatra nāsti tat tatropacāryate /

안혜의 은유 개념에서 가장 특징적인 점은 은유를 식의 전변과 관련하여 설명하고 있다는 사실이다. 여기서 전변이란 전통적인 연기를 의미한다. 자아(我, ātman)나 영혼(命, jīva) 등 인도 정통학파들이 실체적으로 존재한다고 간주하는 자아 개념이나, 온·계·처 등 자아가 아닌 것으로서 특히 외계에 존재하는 것으로 간주되는 여러 현상들은 모두 그 자체로 존재하는 것이 아니라, 그와 같이 존재하는 것처럼 보일 뿐인 것, 다시 말해 식이 현현한 것(nirbhāsa)일 뿐이라고 간주된다. 이 현현은 개념적 구성 곧 분별(分別, vikalpa) 때문에 발생한다. 이러한 개념적 구성의 잠재 성향(熏習, vāsanā)이 훈습되고 성숙하며 현현하는 과정 전체가 식의 연기 과정 곧 전변이라고 간주된다. 존재하는 것처럼 현현하는 정신적 현상을 지칭하는 언어를 안혜는 자아에 대한 명칭(ātma-prajñapti)과 법에 대한 명칭(dharma-prajñapti)일 뿐이라고 한다. 이 두 가지 측면, 곧 식의 현현 곧 유식설과 그에 기반한 언어관이 안혜가 주장하는 은유 이론을 구성한다.

이어서 안혜는 대상으로 현현한 정신 현상을 지칭하는 언어가 은유적 성격을 갖고 있다는 점을 선취공과 관련한 익숙한 정형구의[68] 변형을 통해 설명한다. 곧 어떤 것(A, 지시대상)이 어떤 장소(B, 지시대상의 기체)에 없을 때 그 존재하지 않는 어떤 것(A)이 어떤 장소(B)에 대해 은유적으로 표현된다는 것이다. 다시 말하면 지시대상의 기체

67 Triṃś, pp.40~42.

68 BoBh 47,17: yad yatra na bhavati tat tena śūnyam; 한편, Tzohar, 앞의 책, p.160, n.9는 안혜의 정형구가 Nyāya-sūtra 2.2.61의 정형구(atadbhāve 'pi tadupacāra)에 근거한다고 지적한다.

(B)에 지시대상(A)이 없음에도 불구하고, 그 지시대상을 표현하는 언어가 은유라는 것이다. 안혜는 이러한 은유적 표현의 예로서 야만인을 '소'라고 칭하는 것을 든다. '소'라는 말의 일차적 지시대상은 소로서, 야만인이라고 하는 지시대상의 기반에게 존재하는 것은 아니다. 따라서 소라는 말은 은유적으로만 야만인을 지시하는 표현이 된다.

이 점은 지시대상의 기반이 되는 식의 전변에 대해 그것을 자아라든가 법이라고 하는 개념을 적용시키는 데도 마찬가지로 적용된다. 식의 전변이라고 하는 장소에 자아라든가 법이라고 하는 실체는 없지만, 그것이 자아라든가 법이라는 표현을 통해 은유적으로 지시되기 때문이다.

하지만 일상적 언어 용법에서 '소'가 야만인을 가리키면서도 또한 실재 소를 가리킬 수도 있는 것과 결정적으로 다른 점은, 안혜가 주장하는 식의 전변에 대한 은유적 표현은 결코 외계에 객관적으로 존재하는 일차적 지시대상을 갖지 않는다는 점이다. 나아가 자아 등과 법 등은 세계 안에 존재하는 모든 주체적 존재와 객관적 존재를 의미하므로 그것을 표현하는 모든 언어도 은유적 표현이라는 결론에 이른다. 이에 대해 반론자는 다음과 같이 반론한다.

> 다른 사람이 말한다. 일차적 대상으로서 자아와 법이 없다면, 은유적 표현이 있다는 것은 합리적이지 않다. 은유적 표현은 세 가지 요소가 있을 때 가능하고, 한 가지라도 결여하면 불가능하다. 곧 언어의 일차적 대상, 그것과 닮은 다른 대상, 그리고 양자의 유사성이다. 예를 들어 일차적 대상으로서 불이 있고, 그것과

> 유사한 청년이 있으며, 양자에 공통적인 붉은색이나 격렬함이 있을 때, 청년에 대해 불이라고 하는 은유적 표현이 만들어진다.[69]

반론자의 견해는 은유 이론의 일반적 구성요소를 지적하면서 제기된다. 이 견해는 일상적 언어 용법에서 은유의 기본 개념을 개괄적이면서도 훌륭하게 보여준다. 곧 은유는 일차적 대상과 이차적 대상 그리고 양자의 유사성이라는 세 구성요소가 구비될 경우에만 성립한다는 것이다. 여기에서 가장 중요한 것은 일차적 대상이다. 일차적 대상이 없이는 이차적 의미에 대한 논의 자체가 불가능하기 때문이다. '불'이라는 표현이 일차적으로 가리키는 대상이 없다면 청년을 불이라고 표현하는 것 자체가 의미가 없다는 것은 말할 나위도 없다. 따라서 외계의 대상이든 자아든 일차적 대상이 없다면 은유적 표현 자체가 성립하지 않는다.

이에 대해 안혜는 먼저 은유적 표현에 사용되는 단어가 지시대상의 보편이나 개체를 지시할 수 없다는 사실을 들어 반론자의 반박을 비판한다.[70]

먼저 보편을 지시할 수 없다. 만약 '불'이라는 말이 보편을 지시한다면, 불과 청년에게는 붉은색이나 격렬함이라고 하는 보편의 공통성이 있어야 할 것이다. 하지만 청년의 보편이 붉은색이나 격렬함일 수는 없다. 따라서 공통되는 속성이 없는 청년에 대해 불이라는 은유적 표현을 쓴다는 것은 논리적으로 타당하지 않다. 그것은 과대적용

---

69 Triṃś, p.46,3~7.

70 Triṃś, p.46,7~8.

(atiprasaṅga)의 오류를 범하는 것이기 때문이다.[71]

하지만 반론자는 다시 불과 청년 사이의 보편의 공통성이 아닌 필연적 수반관계에 근거해서 은유적 표현이 이루어진다고 반론한다. 곧 붉은색이나 격렬함이 불과 청년의 보편은 아니지만, 불과 청년 양자의 보편에 필연적으로 수반하는(avinābhāva) 속성이다. 따라서 보편의 공통성이 존재하지 않는다고 하더라도 그것에 필연적으로 수반하는 격렬함과 붉은색이라는 속성으로 말미암아, 청년에 대해 불이라는 은유적 표현이 가능하다는 것이다.

안혜는 다시 두 가지 이유를 들어 재반박한다. 먼저, 청년에게는 불의 보편은 없지만, 붉은색과 격렬함은 나타난다. 따라서 불의 보편과 격렬함 등의 속성에는 필연적 수반관계가 존재하지 않는다. 따라서 필연적 수반관계에 근거한 은유적 표현은 성립할 수 없다. 다음으로 만약 필연적 수반관계가 있다고 하더라도 은유적 표현은 성립할 수 없다. 만약 불의 보편과 격렬함 등이 필연적 수반관계가 있다면, 격렬함을 가진 청년에게 불의 보편이 있어야 할 것이다. 그렇다면 청년에게 불이라고 하는 표현은 은유적 표현이 아니라 직접적 표현이 되어버리고 만다. 따라서 보편과 속성 간에 필연적 수반관계를 인정하든 하지 않든, 그러한 필연적 수반관계가 은유적 표현의 논리적 근거가 될 수는 없다.[72] 그러므로 '불'이라는 말은 불의 보편을 지시할 수 없다.

또한 '불'이라는 말이 개체를 지시할 수도 없다. 공통성이 배제된

---

71 Triṃś, p.46,9 - 11.

72 Triṃś, p.46,3~15; Tzohar, 앞의 책, pp.161~163 참조.

개체에 대해 유사성에 근거한 은유적 표현이 성립할 수는 없는 것이다. 다시 말해 불의 개체가 가진 붉은색과 격렬함은 오직 불만이 가진 특수한 속성으로서 청년에게 불의 특수한 속성과 동일한 붉은색과 격렬함이 있을 수는 없다. 따라서 단어가 개체를 지시한다면, 유사성에 근거하는 은유적 표현이 성립할 수 없다. 따라서 개체를 지시할 수도 없다. 안혜는 다음과 같이 결론짓는다.

> 언어의 일차적 지시대상(mukhyo padārtha)은, 그것의 고유한 본질이 모든 인식과 언어표현의 범위를 벗어나기 때문에, 결코 존재하지 않는다. 인식과 언어표현은, 그것의 고유한 본질에 접촉하지 않으므로, 〔지각되는〕 속성(guṇa)에 의해서만 직접적 지시대상(pradhāna)에 작용하기 때문이다. 그렇지 않으면(언어가 직접적 지시대상을 곧바로 지시한다면), 속성이 무용하다는 오류에 빠질 것이다.
>
> 〔그런데〕 인식과 언어표현을 제외한, 언어의 대상의 본질을 변별할 수 있는 다른 수단은 없다. 따라서 직접적 지시대상의 본질을 대상영역으로 하는 인식과 언어표현이 없으므로 일차적 언어대상이 없다고 이해해야 한다. 이와 같이, 〔일차적 지시대상이〕 언어(śabda)와 무관한 한, 〔일차적 지시대상에 대한〕 인식과 언어표현은 존재하지 않고, 마찬가지로 언어표현과 언어표현의 대상이 존재하지 않으므로 언어의 일차적 지시대상은 존재하지 않는다. 또한 이 모든 것은 이차적 지시대상(gauṇa)이지, 언어의 일차적 지시대상이 아니다. 이차적 지시대상(gauṇa)이란 어떤 장소(=지

> 시대상의 기반)에 존재하지 않는 형태로 발생하는 것이다. 그리고 모든 언어(śabda)는 오직 존재하지 않는 〔본질의〕 속성 형태로만 일차적 지시대상에 작용하므로 일차적 〔지시대상〕은 결코 존재하지 않는다. 그러므로 "일차적 지시대상인 자아와 법이 없을 때 은유적 표현이 합리적이지 않다"는 것은 타당하지 않다.[73]

이와 같이 단어가 보편을 지시하든, 개체를 지시하든 은유적 표현이 성립할 수 없다는 것이 안혜의 입장이다. 그렇다면, 도대체 은유적 표현은 어떻게 성립하는가?

은유적 표현에 대한 안혜의 최종적 입장은 앞서 보았듯이, 그가 이 게송의 첫 구절을 주석하면서 설명한 식전변설에 기반해 있다. 이 설에 따르면 대상은 존재하지 않으며, 우리가 대상이라고 인식하는 것은 식이 대상으로 현현한 것일 뿐이다. 식이 현현한 것에 대해 인간은 그것을 외계에 존재하는 것이라고 상상하고, 언어의 일차적 지시대상이라고 착각한다. 식전변설의 관점에서 존재하지 않는 대상이 은유론의 관점에서는 언어의 일차적 지시대상에 해당하는 것이다. 한편, 이 경우 실재로 존재하는 것은 식의 현현뿐이다. 현현된 대상은 존재하지 않지만, 현현의 역동적 과정 그 자체는 실재로 존재한다. 그것은 연기의 과정이기 때문이다. 『유식삼십송』의 본송에서는 이와 같은 식의 연기과정을 새로운 용어인 전변이라고 규정한다. 이 전변이라는 용어를 안혜가 전통적인 용어인 연기로 설명한 것은 앞서 살펴본

---

73 Triṃś, p.48,1~11.

그대로이다.

이러한 설명에 따르면 '자아'라는 단어의 일차적 지시대상은 존재하지 않으므로, '자아'라는 단어는 은유적 표현의 성격을 갖는다. 이는 '물질'이라는 단어의 경우도 마찬가지이다. '자아' 등과 '물질' 등은 존재하는 모든 일차적 지시대상을 포괄하므로 이를 지시하는 모든 언어는 은유적 표현일 뿐이다.

예를 들어 '사과'라는 단어를 들어 보자. '사과'라는 단어는 실재하는 사과의 보편을 지시하는 것도 아니고 개별적인 사과를 지시하는 것도 아니다. '사과'라는 단어의 일차적 지시대상은 존재하지 않기 때문이다. 대신 눈앞에 있는 것처럼 보이는 사물이 가진 붉은색, 둥근 모양, 시거나 단맛, 매끈한 촉감 등이 우리의 의식에 나타난다. 이러한 개별적 인지 내용이 우리가 기존에 갖고 있던 사과라는 개념과 통합될 때, 우리는 우리의 의식 안에서 사과라는 대상을 구성한다. 이렇게 구성된 사과에 대해 우리는 '사과'라고 명명한다. 따라서 '사과'라는 단어는 어떤 방식으로도 이와 같이 실재하는 대상을 지시할 수 없다.

나아가 '사과'라는 단어가 실질적으로 관계하는 것은 표면의식에 사과로 나타나는 모든 정신적 과정이다. 그 정신적 과정은 인과의 연쇄로 이루어져 있으며, 그것이 바로 단어가 은유적으로 지시하는 것의 기반이 된다.[74]

정신적 과정은 인과적 효력을 갖고 있는 연기적 과정이며, 이러한 인과적 효력을 가진 정신적 과정을 지시대상의 기반으로 삼기 때문에,

---

74 Tzohar, 앞의 책, p.169.

언어는 존재하지 않는 지시대상을 은유적으로 표현할 수 있는 것이다.

2) 의미는 마음의 심층에 축적된다

다른 한편, 대상으로 현현하는 정신적 과정 또한 언어활동과 관련을 맺고 있다. 안혜는 대상으로 현현하는 정신적 과정이 개념적 구성의 잠재 성향(vikalpa-vāsanā)을 원인으로 한다고 하였다. 개념적 구성의 잠재 성향은 안혜 이전 문헌에 나타나는 명언훈습(名言熏習, abhilāpa-vāsanā)에 해당하는 개념이다. 안혜는 '명언'이라고 하는 언어적 개념을 '분별'이라고 하는 인지적 개념으로 치환하여 설명한다. 이는 언어적 과정을 인지적 과정과 동일시하려는 시도이다. 명언훈습이란 표면적인 언어활동에 의해 심층의 마음에 축적된 어떤 잠재적인 언어의 여력을 의미한다. 우리의 일상적 정신활동 자체가 심층적으로 형성된 언어활동의 잠재력을 원인으로 전개된다는 견해는 알라야식 도입 이후 훈습설의 형태로 확립되었다. 그러한 훈습이 언어에 의해 이루어진다는 것이 명언훈습설이다.

명언훈습이라는 개념은 『유가사지론』 「섭결택분」에서 처음 등장하며,[75] 무착의 『섭대승론』에서 다른 개념들과 함께 의미 있는 형태로 나타난다.

우선 『섭대승론』 I.58은 알라야식을 세 가지로 구분한다. 이는 동일한 알라야식이 관점에 따라 세 가지 양상으로 이해될 수 있다는 것이다. 이때 알라야식을 구분하는 관점은 훈습의 양상에 의한 것이

---

75 『유가사지론』(대정30, 708c16).

다. 곧 세 가지 훈습이 알라야식의 양상을 세 가지로 구분하게 한다. 세 가지 훈습이란 명언훈습 외에, 자아가 존재한다는 견해에 의한 훈습(我見熏習, ātmadṛṣṭi-vāsanā), 윤회적 생존의 구성요소에 의한 훈습(有支熏習, bhavāṅga-vāsanā)이다.[76] 아견훈습은 명언훈습의 특수한 양상으로서 제7말나식의 활동을 가리킨다. 유지훈습은 12연기의 방식에 의한 윤회적 생존과정을 가리킨다. 명언훈습과 아견훈습이 찰나적으로 성립하는 자아와 세계의 성립구조를 밝히는 것이라면, 유지훈습은 이러한 찰나적 구조가 과거·현재·미래라는 3세의 흐름에 따라 이어지는 측면을 가리킨다.

『섭대승론』 II.2는 이 세 가지 훈습에 의해 열한 가지 표상(識, vijñapti)이 발생하는 것을 좀 더 자세히 설명하고 있다. 열한 가지 표상이란 ①-③신체, 신체의 소유자, 경험자로 현현하는 표상, ④그것들에 의해 경험되는 대상으로 현현하는 표상, ⑤그것들을 경험하는 주체로 현현하는 표상, ⑥시간의 표상, ⑦수의 표상, ⑧공간의 표상, ⑨언어활동의 표상, ⑩자신과 타인을 구별하는 표상, 마지막으로 선취와 악취에 윤회하는 표상이다. 이 중 ①~③은 말나식을 포함한 전통적인 6근, ④는 6경, ⑤는 6식으로서 18계에 해당하는 것이다. 다시 말해 ①~⑤는 18계의 표상으로 현현하는 것을 의미한다. ⑥~⑨는 시간과 공간, 숫자와 언어 등으로 현현하는 표상으로서, ①~⑤의 18계가 현현하는 다양한 조건과 양상을 가리킨다. 이 아홉 가지는 명언훈습에서 발생하는 표상이다. ⑩자신과 타인을

---

76 이것은 앞서 보았던 「보살지」의 8종 분별을 세 그룹으로 분류한 것에 대응한다.

구별하는 표상으로 현현하는 것은 아견훈습을 원인으로 한다. 마지막으로 선취와 악취로 윤회하는 표상은 유지훈습을 원인으로 현현하는 것이다.[77] 이 중 뒤의 두 가지, 곧 아견훈습을 원인으로 하여 자신과 타인을 구별하는 표상과 유지훈습을 원인으로 하여 선취 및 악취로 윤회하는 표상도 전자, 곧 명언훈습의 종자에 의한 것으로 간주된다. 다시 말해 자아와 세계를 구성하는 모든 것과 시공간상에 걸친 그것의 전개과정이 모두 알라야식에 축적된 명언훈습에서 발생한다는 것이다.[78]

『섭대승론』 본문에서는 명확하게 설명되지 않는 명언훈습에 대해 무성(無性, Asvabhāva, 6세기 말~7세기 초)은 다음과 같이 해설한다.

> '언어(*abhilāpa)에 의한 훈습의 구별'이라고 한 것은 〔다음과 같다. 그중 언어란〕 자아와 법과 작용〔을 표현하는〕 언어가 일상적 언어 용법으로 〔확립된 것〕이다. 〔예를 들어〕 천신과 사람〔이라는 자아를 표현하는 언어〕와 안〔근〕과 색〔경이라는 법을 표현하는 언어〕와 간다〔라고 하는 작용을 표현하는 언어〕 등의 〔언어표현에 의한〕 다양한 훈습이 있다. 그 〔훈습의〕 특별한 능력으로부터 자아와 법과 작용〔을 표현하는〕 언어가 발생한다.[79]

---

77 『섭대승론본』(대정31, p.137a29-b2; p.138a1-7); 長尾雅人, 『攝大乘論-和譯と註解』 上, 東京: 講談社, 1982, pp.251~252; pp.275~281.

78 小谷信千代, 『唯識說の深層心理とことば』, 京都: 法藏館, 2023, pp.107~108.

79 『섭대승론석』(대정31, p.397a26~29); 티베트어역의 한국어 번역은 김성철 외, 『무성석 섭대승론 소지의분 역주』(씨아이알, 2010), pp.408~409 참조(번역은 일부 수정).

무성은 일상적 차원의 언어와 잠재적 차원의 언어를 구별하고 양자가 상호 간에 원인이 되어 발생하는 과정을 설명하고 있다. 곧 일상적 차원에서 확립된 자아나 법 그리고 작용에 대한 용어가 심층적 차원으로 저장되고 훈습되면, 그 훈습된 잠재적인 언어로부터 표층적인 언어활동이 발생한다는 것이다. 무성은 자아와 법에 대한 용어에 더해 작용에 관한 용어를 추가하고 있다. 이는 앞서 문법학파의 언어론에서 행위 주체와 행위 대상 그리고 행위 그 자체를 가리키는 용어로서 일상 언어 용법의 대상을 설명하는 것과 궤를 같이한다.

이와 같이 명언훈습은 표층적 언어활동을 통해 알라야식에 축적되는 잠재적 언어를 의미한다. 다른 두 훈습 또한 명언훈습의 다른 양상에 불과하거나 그로 인해 축적되는 것이므로, 명언훈습은 알라야식에 축적되는 종자의 본질을 구성한다. 다시 말해 알라야식은 언어의 훈습이 심층적으로 축적된 식인 것이다.[80]

이 지점에서 명언훈습 개념은 바르트르하리가 주장하는 '언어 잠재력(śabdabhāvanā)' 개념에 매우 근접한다. 언어 잠재력이란 모든 인간에게 내재해 있는 잠재적인 언어 성향으로서, 무분별지와 같은 비언어적인 인지과정에서도 활동하는 언어적 성향이다. 그것은 인간에게

---

80 이즈쓰 도시히코는 유식사상에서 말하는 명언훈습을 심층적 '의미화'라고 이해한다. 표면적 언어활동이 마음의 심층에 언어 형상을 남긴다는 것이다. 나아가 그는 비언어계의 종자도 모두 잠재적으로는 '의미' 형상이라는 점에서 명언종자와 동일시한다. 이즈쓰의 심층 언어학은 유식사상 특히 알라야식과 명언훈습의 현대적 이해의 한 모습이라 할 수 있다. 이즈쓰 도시히코, 이종철 옮김, 『의미의 깊이』(민음사, 2004), pp.250~253 참조.

천성적으로 내재해 있는 능력이다. 예를 들어 아이들이 언어를 습득할 수 있는 것은 이러한 언어 잠재력이 있기 때문이다.[81]

명언훈습은 이와 같이 바르트르하리의 언어 잠재력에 대응하는 개념이라 간주할 수 있다. 나아가 명언훈습이 바르트르하리의 언어 잠재력에 대응하는 개념이라면, 명언훈습으로 이루어진 알라야식은 그 자체로 언어브라흐만에 대응하는 '언어알라야식'이라고도 부를 수 있을 만한 것이다.[82] 유가행파는 도입 초기의 알라야식에 대해서는 업과 번뇌의 종자를 갈무리하거나 그것으로 이루어져 있거나 그것의 총체로 간주하였다. 하지만 알라야식의 발전 단계의 어느 지점에서, 좀 더 정확하게는 삼성설 혹은 유식설과 결합시키는 단계에 이르러서는 업과 번뇌의 종자보다 근본적인 것으로 명언훈습 종자를 상정하게 된다.[83] 명언훈습에 대한 설명이 삼성설과 관련해서 주요하게 등장하는 것은 이 점을 방증한다.[84] 따라서 이 단계에 오면, 알라야식은 언어의 종자를 갈무리하거나 그것으로 이루어져 있거나 그것의 총체

---

81 Chaturvedi, 앞의 논문, p.207. 언어잠재력 개념이나 명언훈습 개념은 언어 학습 능력이 인간에게 본래 내재해 있다는 촘스키 보편문법설이나 그것을 계승한 핑커의 '언어본능설'과도 매우 유사한 관념이라 할 수 있다. 언어본능설에 대해서는 스티븐 핑커, 김한영 역, 『언어본능』(동녘사이언스, 2008) 참조.

82 '언어알라야식'이라는 용어와 개념은 이즈쓰 도시히코, 이종철 옮김, 앞의 책, pp.72~75 참조.

83 업과 번뇌가 분별과 희론, 다시 말해 개념적 확장과 구성활동에서 발생한다는 것은, 다시 한번, 명확히 『중론』으로 거슬러 올라간다. MMK 18.5: karmakleśakṣayān mokṣaḥ karmakleśā vikalpataḥ / te prapañcāt prapañcas tu śūnyatāyāṃ nirudhyate //

84 이 점에서 I.58은 오히려 II.2를 전제로 한다고 할 수 있다.

로 간주된다. 언어알라야식이란 이와 같이 명언훈습종자의 총체인 알라야식으로부터 현상 세계가 현현한다는 것을 가리키는 개념이다.

3) 마음의 속삭임 혹은 정신 언어

명언훈습은 특히 제6의식의 활동을 통해 표면화한다. 그것은 의식만이 자신의 명언훈습을 종자로 삼고 또한 다른 모든 식의 명언훈습을 종자로 삼아 분별의 방식으로 발생하기 때문이다.[85] 이때 이 명언훈습의 종자는 발화하기에 앞서 먼저 의식의 내부에서 언어화하는 과정을 거친다. 이 내면의 언어를 유가행파에서는 마음의 속삭임(意言, mano-jalpa)이라 부른다.[86]

의언이라는 용어를 처음 사용한 유가행파 문헌에서는 이 용어를 4정려 중 초정려를 특징짓는 정신 현상인 심사(尋, vitarka)와 숙고(伺, vicāra)에 연결시킨다.[87] 이후 많은 유가행파 문헌에서는 의언을 심사(尋)와 숙고(伺)로 설명하며,[88] 이 점은 안혜도 예외는 아니다. 나아가

85 『섭대승론』(대정31, 139b13~15): 此意識 用自名言熏習爲種子 及用一切識名言熏習爲種子 是故意識無邊行相分別而轉.

86 이하 의언에 대한 논의는 김성철, 「유가행파 수행에서 意言의 역할과 의의」, 『보조사상』 21, 보조사상연구원, 2004, pp.135~166 참조.

87 ŚrBh p.448,5~9; 『유가사지론』(대정30, 467a23~26): 若在定地 於緣最初 率爾而起 怱務行境 麤意言性 是名爲尋 卽於彼緣 隨彼而起 隨彼而行 徐歷行境 細意言性 是名爲伺; 안성두 역, 『성문지』(세창출판사, 2021), p.429.

88 『대승아비달마집론』(대정31, 665b22~25); 『대승아비달마잡집론』(대정31, 699c24~29); 『대승오온론』(대정31, 849b27~29); 『대승광오온론』(대정31, 854a18~24) 등.

그는 의언을 다음과 같이 설명한다.

> 마음이 말하는 것이 의언意言이다. 〔실제로 발화되는 말은 아니지만, 발화되는〕 말과 유사하므로 언言이라 한다. 말은 대상을 말하는 것이다. 〔그러므로 의언이란 마음이 대상을 말하는 것을 의미한다.〕[89]

안혜는 의언을, 발화되는 일상적인 언어와 유사하게, 마음 안에서 마음이 대상에 대해 말하는 것이라고 설명한다. 이것은 인간의 일상적인 경험에 비추어도 충분히 수긍할 수 있는 것이다. 우리는 소리 내어 발화하지 않더라도, 늘 마음속에서 말들이 끊임없이 발생하고 있는 것을 경험하고 있다.

하지만 의언 개념에는 간과하지 말아야 할 더 깊은 의미가 숨어 있다. 그것은 의언 개념이 한국어나 영어 등 개별 언어로 구별되기 이전의 근원적인 언어 체계가 인간의 마음에게 내재해 있다는 것을 시사하기 때문이다.[90] 이것은 잠재해 있는 심층 의미로서 명언훈습이 보편적인 언어 체계로 발생한 후 개별적인 언어로 발화하는 과정을

---

89 Triṃś p.98,17~18.

90 이 점에서 의언 개념을 서구 언어학과 언어철학에서 제기하는 사고언어가설(the Language of Thought Hypotheses, LOTH)에서 말하는 정신어(metalese) 개념과 비교해 보는 것은 매우 흥미로울 것이다. 사고언어가설 및 정신어에 대한 포괄적인 설명은 Rescorla, Michael, "The Language of Thought Hypothesis", *Stanford Encyclopedia of Philosophy* (https://plato.stanford.edu/entries/language-thought/, 2019) (2023년 8월 30일 검색) 참조.

상정하게 한다. 이 과정을 『섭대승론』 II.16은 다음 여섯 단계로 설명한다.

> ①명칭을 대상으로 하여, ②의타기성 가운데서 그 〔대상의〕 특징을 취하고, ③견해로 말미암아 집착하며, ④심사(vitarka)〔와 숙고(vicāra)〕로 말미암아 〔내면의〕 언어(vāc)를 일으키고, ⑤견문〔각지〕 등 네 가지 언어활동에 의해 일상적 언어활동(vyavahāra)을 일으켜서, ⑥존재하지 않는 대상을 존재하는 것으로 간주한다.[91]

인용문은 특히 ④와 ⑤에서 내면의 정신적 언어에서 외적인 일상언어로 전개되는 과정을 명확히 한다. 이와 같이 언어는 심층에 저장된 의미의 집합체로서 명언훈습에서 시작하여, 내면적 언어를 거쳐, 일상적 언어활동으로서 발화된다. 그 결과 우리는 존재하지 않는 대상을 존재하는 것으로 오인한다.

4) 은유적 표현은 중층적 성격을 갖는다

다시, 안혜의 은유 개념으로 돌아가 보자. 이제까지 살펴본 것처럼 모든 언어는 일차적인 지시대상을 갖고 있지 않다는 의미에서 은유적 표현일 뿐이다.

그런다면, 다시 말해 모든 언어가 은유적 표현일 뿐이라면, 일상언어에서 사용하는 은유는 어떻게 가능한가? 안혜는 이에 대해 명확한

---

91 『섭대승론』(대정31, 139b18): 謂緣名爲境 於依他起自性中 取彼相貌 由見執著 由尋起語 由見聞等四種言說 而起言說 於無義中 增益爲有.

설명을 제시하지는 않는다. 초하르는 이러한 비실재론적 구도에서도 일상적인 은유 용법은 성립한다고 한다. 다만 그것은 실재론자들이 주장하듯이, 실재하는 대상과 부재하는 대상 사이의 관계가 아니라, 상상된 실재 사이의 지시관계라는 것이다. 따라서 일상적인 은유 용법은 모든 언어가 가진 근본적인 은유적 성격의 표면에서 작용하는 이차적인 용법이 된다.[92] 이런 의미에서 안혜의 은유 이론은 단층적이 아닌 중층적 형태를 띤다.

5) 은유 이론은 구제론적 성격을 가진다

언어표현의 기반이 없다면, 언어표현 자체가 성립할 수 없다. 이러한 비판은 중관의 허무론에 대한 비판이 아니라, 그들의 사상에 기반하면 언어가 의미를 가질 수 없다는 사실에 대한 비판이다.[93]

언어가 의미를 가질 수 없다면, 세간의 말뿐 아니라 붓다의 말도 무의미하게 된다. 언어 일반이 대상을 표현할 수 없거나 심지어 왜곡한다면, 불교의 교리 언어 또한 그럴 것이다. 이에 따라 청문을 시작으로 하는 불교 수행도 성립할 수 없다. 안혜가 중관사상의 언어관을 비판하는 지점은 바로 여기다.

> 그리고 기반이 없는 은유적 표현이 있을 수는 없기 때문에, 반드시 자아와 법이라는 은유적 표현이 발생하는 〔기반으로서〕 식의 전변이 실재적으로 있어야 한다고 이해해야 한다. 이 때문에 다음

92 Tzohar, 앞의 책, p.167.

93 Tzohar, 앞의 책, p.176.

> 과 같은 〔중관학파의〕 견해, 곧 "식도 인식대상과 마찬가지로 잠정적 의미에서 존재할 뿐 궁극적 의미에서 존재하는 것은 아니다"는 견해는 논리적으로 성립할 수 없다. 잠정적 의미에서 존재하는 것도 존재하지 않는다는 오류에 빠지므로, 잠정적 존재가 기반이 없다는 것은 논리적으로 타당하지 않다.[94]

중관학파의 견해에 대한 안혜의 비판은 일견 잠정적 실재와 궁극적 실재라는 존재론의 의미로 서술되고 있는 것처럼 보인다. 하지만 이 단락의 주제가 기반이 없는 은유적 표현의 문제임을 고려한다면, 안혜의 비판 또한 은유적 표현의 지시대상 문제를 다루고 있는 것은 분명하다. 비니타데바(Vinītadeva, 7세기 말)의 복주는 이를 명확히 언어와 그 지시대상의 문제로 설명한다.

> 이와 같이 기반이 없는 잠정적 실재란 합리적이지 않다. 반드시 어떤 것에 의거하여 어떤 언어표현이 있어야 하기 때문이다. 그렇지 않으면, 확정성이 없기 때문에 모든 것에 대해 모든 언어표현이 있다는 오류에 빠진다.[95]

비니타데바는 언어표현에 대응하는 대상이 없음에도 불구하고 그 언어표현의 기반은 있어야 하는 이유로, 확정성을 들고 있다. 확정성이란 어떤 사상에 대해 그와 관계되는 특정한 언어표현은 있어

---

94 Triṃś, p.42,9~13.

95 티베트어 원문 및 번역은 Tzohar, 앞의 책, p.175, n.34 참조.

야 한다는 것이다. 실재론자들이 상정하는 언어와 대상의 일대일 대응관계는 인정하지 않지만, 대상으로 현현하는 정신적 과정에 기반하여, 언어와 대상 간의 일정한 확정성은 존재해야 한다. 그렇지 않다면 관습적인 언어활동이 불가능하게 된다. 비니타데바가 적절하게 지적하듯이 어떤 사상事象에 대해 모든 표현이 가능해질 것이기 때문이다. 하나의 사상에 대해 모든 표현이 가능하다면, 일상적 언어 행위는 성립할 수 없다. 나아가 불교의 교리 언어도 존재할 수 없다.

이와 같이 안혜는 불교 일반 특히 중관학파에 깊이 스며들어 있는 언어표현의 한계에 대한 인식과 관련해, 식전변설과 그에 기반한 은유 이론을 통해 재반박한다. 하지만 그것이 인도의 실재론자나 불교 내부의 실재론자들이 기반해 있는 언어와 대상의 일대일 대응원리로 후퇴하는 것은 아니다. 중관학파에 대한 비판의 목적은 언어의 긍정적 기능의 회복에 있으며, 그것을 통해 해탈의 길로 이끄는 가능성을 모색하는 데 있다.

5. 마음은 언어로 구성되어 있으며, 은유적 방식으로 세계를 창조한다

2016년, 드니 빌뇌브 감독은 SF 소설가 테드 창의 원작에 기반한 영화 〈컨택트〉를 개봉한다. 거대한 회색 렌즈 모양의 구체 12개가 지구에 도착하고, 구체에 탄 외계인은 지구인과 소통을 원한다. 그들의 언어를 이해하기 위해 소환된 언어학자 루이즈는 물리학자 이안과 함께 외계인을 만나게 된다.

외계인을 만난 루이즈는 그들의 문자는 원형이고, 그들의 언어에는 시제가 없다는 사실을 알게 된다. 시제가 없는 그들의 언어를 배우자, 루이즈에게는 인식의 변화가 일어난다. 선형적인 시간의 한계를 넘어 미래를 '기억'하게 된 것이다. 루이즈는 이로 인해 자신이 딸을 낳고 그 딸이 어린 나이에 죽음에 이를 것을 알게 되지만, 그 고통스러운 현실을 묵묵히 받아들인다.

이 영화는 언어가 정신의 사고를 결정한다는 사피어-워프의 '언어 결정론'[96]을 모티브로 하면서 전개된다. 외계인의 언어를 이해한, 불교적으로 말하면 깨달음을 얻은, 루이즈는 사고과정이 완전히 변한다. 그의 언어가 그의 정신을 결정해버린 것이다. 영화의 모티브가 된 사피어-워프 식의 '언어 결정론'은 이미 폐기된 지 오래지만, 언어가 사고에 미치는 영향에 대해서는 여전히 논의가 진행 중이다. 불교의 언어 이론 특히 유가행파의 은유 이론은 언어가 사고에 미치는 영향을 고찰의 중심으로 삼는다는 점에서 사피어-워프의 문제의식과 통한다.

---

96 사피어-워프 가설은 에스키모인들이 눈을 나타내는 말들이 영어보다 훨씬 많다는 데 착안해 "우리는 우리 모어가 그어놓은 선에 따라 자연세계를 분단한다"는 유명한 발언을 내놓은 벤저민 리 워프(1897~1941)와 그의 스승 에드워드 사피어(1884~1939)의 이름을 따서 만든 것이다. 현대 언어학에서는 언어가 사고를 결정한다는 강한 사피어-워프 가설은 부정되지만, 언어가 사고에 영향을 끼칠 수 있다는 약한 사피어-워프 가설에 대해서는 여전히 논의가 진행되고 있다. 레라 보로디츠키의 다음 두 강연은 사피어-워프 가설의 기본적 사고방식에 대한 간략하지만 매우 훌륭한 정보를 제공한다. https://www.youtube.com/watch?v=RKK7wGAYP6k (2023. 8.7 검색); https://www.youtube.com/watch?v=I64RtGofPW8 (2023.8.7 검색).

본고는 안혜의 은유론에서 정점을 이루는 인도 의미론의 발전과정을 소개하고자 한 것이다. 그 과정에서 언어가 정신에 미치는 영향 혹은 언어와 정신의 상호 영향 관계라는 관점을 항상 염두에 두었다. 불교 특히 대승불교에서는 언어적 사고가 업과 번뇌의 원인이며, 이를 벗어나기 위해서는 궁극적 실재에 대한 비언어적 인식을 획득해야 한다는 견해가 밑바탕에 놓여 있기 때문이다.

이를 위해 본고는 먼저 인도 정통학파의 언어-대상 대응원리를 개괄하였다. 인도 정통파의 기원이 된 베다 문헌부터 언어와 대상은 분리될 수 없는 본질적인 관계를 맺고 있다는 사고가 있었고, 이는 인도 의미론의 중핵을 이루는 것이다. 제례에서 사용되는 베다 명령문의 의미를 해석하는 것을 목표로 삼은 미망사학파는 언어-대상 대응원리를 더욱 발전시켰다. 그들은 언어가 지시하는 것은 보편이며, 언어와 보편이 본질적인 관계(autpattika)를 맺고 있는 반면, 개체는 이차적으로 지시되는 것이라고 주장하였다.

인도 정통학파의 언어철학은 바르트르하리에서 정점을 이룬다. 바르트르하리는 언어에 의해 지시되는 대상을 보편을 비롯한 네 범주로 나눈다. 바르트르하리는 언어가 이 네 가지 지시대상 중 어느 것을 가리키는가 하는 문제에 결정적인 답변을 내놓지 않는 관점주의(Perspectivism)를 취한다. 하지만 언어의 지시대상이 은유적 실재 혹은 정신적 실재라는 그의 설명은 인도 정통학파의 언어-대상 대응원리의 한계를 벗어나는 측면이 있다. 이는 불교나 자이나교의 영향을 받은 것이지만, 역으로 유가행파 특히 안혜의 은유 이론에 영향을 주기도 하였다.

불교는 초기불교 문헌부터 언어-대상 대응원리를 일정 정도 부정하는 입장을 취했다. 이러한 입장은 용수에 와서는 근본적으로 확장되어, 모든 대상에 적용되었다. 치밀한 언어 분석을 통한 언어-대상 대응원리의 부정은 매우 과격하고 혁명적이어서, 모든 일상적 언어 용법을 부정하는 데 이를 정도였다. 불교 내외를 막론하고 이후의 의미론은 이러한 용수의 비판에 대응하는 방향으로 발전하였으며, 불교 내부에서도 유가행파의 비판을 불렀다.

유가행파 문헌에서 최초로 용수의 언어관에 대응한 문헌은 『유가사지론』「보살지」였다. 「보살지」가 비판한 핵심 지점은 용수가 언어표현의 원인이 되는 토대 혹은 기반조차 부정함으로써 언어활동의 근거 그 자체를 없애버렸다는 점에 있었다. 「보살지」는 언어표현의 대상이 되는 실재는 인정하지 않았지만, 언어표현의 기반이 되는 불가언설성의 궁극적 실재는 인정함으로써 언어표현의 근거를 확보하고자 하였다. 「보살지」가 이룬 또 다른 기여는 언어와 대상의 대응원리를 부정하는 논리를 확립하고, 대응원리의 부재를 인식하는 과정에 구제론적 성격을 부여한 것이다. 이로써 언어와 대상의 불일치에 대한 인식은 단순한 의미론의 영역을 넘어, 열반에 도달하는 수행론의 측면에서 다루어지게 되었다.

용수의 비판 대상 중 하나인 설일체유부는 언어-대상 대응원리에 부분적으로 입각해 있다. 하지만 세친은, 이전에는 불교 문헌에서는 은유적 표현이라는 의미에서는 사용되지 않았던 'upacāra' 개념을 채용하고, 교리 해석과 결정적 의미의 도출을 위한 해석학적 도구로 활용하였다.

안혜는 세친의 『유식삼십송』 제1송을 주석하면서 언어표현 일반을 일차적 지시대상을 갖지 않은 은유적 표현이라고 간주하는 범-은유론을 표방하였다. 그것은 유식사상에 기반할 때 외계의 대상은 존재하지 않기 때문이다. 대신 안혜는 언어표현의 기반을 식의 전변이라고 간주하였다. 따라서 언어는 일차적 지시대상을 갖지 않지만 식의 전변을 기반으로 해서 성립하는 것이다. 언어 일반이 은유적 표현이라는 주장은 이와 같이 유식사상에 기반해 있다.

다른 한편, 세 가지 식전변의 한 유형으로서, 표층 의식 아래서 작동하는 심층 의식인 알라야식 사상에 기반할 때, 표면적 언어는 알라야식에 종자의 형태로 잠재되어 있다가 현현한다는 사상으로 발전한다. 언어는 단순히 표층 의식의 활동이 아니라 마음의 심연에 저장되어 있다가 세계의 형태로 현현하는 것이다. 이때 심층에 저장되는 것은 비언어적 요소까지도 언어화한 것이다. 이 점에서 알라야식은 언어알라야식이라고 불릴 만하다. 언어 종자 곧 알라야식으로부터 현현하는 과정에 대해 은유적 표현이 이루어진다고 함으로써, 은유적 표현은 정신적 전개과정과 결합하게 되고, 유가행파의 은유론은 완성된다.

불교의 언어론 혹은 유가행파의 은유론에서 언어는 세계의 전개 원리이자 창조력임과 동시에 세계를 은폐하는 것이기도 하다. 이 때문에 언어는 이중적 성격을 가진 것으로 간주된다. 불교 특히 유가행파의 은유 이론은 세계를 창조하는 힘으로서 언어를 주목함과 동시에 세계를 벗어나는 수단으로서 그러한 창조과정에 대한 인식을 요구한다. 언어는 속박과 해방이라는 양날의 칼을 지닌 검이다.

참고문헌

원전류

『구사론』 大正藏29, No.1558.

『대비바사론』 大正藏27, No.1545

『대승아비달마집론』 大正藏31, No.1605

『대승아비달마잡집론』 大正藏31, No.1606

『대승오온론』 大正藏31, No.1612

『대승광오온론』 大正藏31, No.1613

『섭대승론본』 大正藏31, No.1594.

『섭대승론석』 大正藏31, No.1598.

『성유식론』 大正藏31, No.1585.

『유가사지론』 大正藏30, No.1579.

AKBh Vasubandhu, *Abhidharmakośabhāṣya*, ed., by P. Pradhan, Tibetan Sanskrit Work Series 8, Patna, 1967(repr. 1975).

BoBh *Bodhisattvabhūmi*, ed., by U. Wogihara, (Tokyo, 1930-1936[repr. Tokyo, 1971]).

Bṛd-Up *Bṛhadāraṇyaka Upaniṣad*.

Ch-Up *Chāndogya Upaniṣad*.

Mhbh *Mahābhārata*, crit. ed. V. S. Sukthankar et al., Poona 1933 f. (BORI).

MīSū Pohlus, A. (input, ed.). "Jaimini: Mimamsasutra with Sabara's Bhasya Adhyayas 1 - 3." Retrieved June 20, 2016, from GRETIL-Göttingen Register of Electronic Texts in Indian Languages, Niedersächsische Staats- und Universitätsbibliothek Göttingen, University of Göttingen. http://gretil.sub.uni-goettingen.de/gretil/1_sanskr/6_sastra/3_phil/mimamsa/msbh1-7u.htm.

MMK Nāgārjuna, *Mūlamadhyamakakārikā*, ed. J. W. de Jong, The Adyar Library and Research Centre, Madras 1977.

ŚB *Śatapatha Brāhmaṇa*, ed. A. Weber, Berlin-London 1855.

ŚāBh Pohlus, A. (input, ed.). "Jaimini: Mimamsasutra with Sabara's Bhasya Adhyayas 1-3." Retrieved June 20, 2016, from GRETIL-Göttingen Register of Electronic Texts in Indian Languages, Niedersächsische Staats- und Universitätsbibliothek Göttingen, University of Göttingen. http://gretil.sub.uni-goettingen.de/gretil/1_sanskr/6_sastra/3_phil/mimamsa/msbh1-7u.htm.

ŚrBh *Śrāvakabhūmi of Ācārya Asaṅga*, ed., by Karunesha Shukla, J. P. Jayaswal Research Institute, Patna, 1973.

Tai-Br *Taittirīya Brāhmaṇa*.

Triṃś Hartmut Buescher, *Sthirmati's Triṃśikāvijñaptibhāṣya; Critical Editions of the Sansrkit Text and its Tibetan Trnaslation*. (Wien: Verlag der Österreichischen Akademie der Wissenschaften, 2007).

VP Bhartṛhari, *Vākyapadīya*, ed. W. Rau, (Wiesbaden 1977).

논문과 단행본

가츠라 쇼류·고시마 기요타카 저, 배경아 역, 『중론』, 불광출판사, 2018.

김성철, 「유가행파 수행에서 意言의 역할과 의의」, 『보조사상』 21, 보조사상연구원, 2004.

김성철, 박창환, 최은영, 차상엽 역, 『무성석 섭대승론 소지의분 역주』, 씨아이알, 2010.

라이컨, 윌리엄 G. 지음, 서상복 옮김, 『현대언어철학』, 책세상, 2021.

레이코프 G.·존슨 M. 지음, 노양진·나익주 옮김, 『삶으로서의 은유』, 박이정, 2006.

박수영, 「바르뜨리하리(Bhartṛhari)의 재조명」, 『남아시아연구』 25-1, 한국외대 인도연구소, 2019.

박인성 역, 『유식삼십송석』, 민족사, 2000.

스티븐 핑커, 김한영 역, 『언어본능』, 동녘사이언스, 2008.

안성두 역, 『보살지』, 세창출판사, 2015.

________, 『성문지』, 세창출판사, 2021.

윤희조, 『불교의 언어관』, 씨아이알, 2012.

이종철 역, 『구사론 계품·근품·파아품』, 한국학중앙연구원, 2015.

이종철, 「와수반두의 언어관」, 『철학논구』 23, 1996.

이즈쓰 도시히코, 이종철 옮김, 『의미의 깊이』, 민음사, 2004.

이지수, 「다르마와 베다에 대한 초기 미망사학파의 견해」, 『인도철학』 5, 인도철학회, 1995.

______, 「불교의 언어관」, 『인도 불교철학의 원전적 연구』, 여래출판사, 2014.

함형석, 「바르뜨르하리의 말 개념에 담긴 세 가지 함의」, 『인도철학』 48, 인도철학회, 201.

홍성기, 「은유의 불교적, 전일론적 해석」, 『불교학연구』 59, 불교학연구회, 2019.

Aklujkar, Ashok, "The Word is the World: Nondualism in Indian Philosophy of Language", *Philosophy East and West*, vol. 51(4), 2001.

Boroditsky, Lera, *How language shapes the way we think*, TED Conference, Youtube, https://www.youtube.com/watch?v=RKK7wGAYP6k, 2018(2023. 8. 7. 검색).

______________, *How Language Shapes Thought*, Long Now Foundation, Youtube, https://www.youtube.com/watch?v=I64RtGofPW8 (2023.8.7 검색).

Bronkhorst, Johannes, "Sanskrit and reality: the Buddhist contribution." *Ideology and Status of Sanskrit: Contributions to the history of the Sanskrit language*. Ed. Jan E.M. Houben. (Leiden etc.: E.J. Brill. 1996).

_________________, "The Peacock's Egg: Bhartṛhari on Language and Reality", *Philosophy East and West*, vol. 51(4), 2001.

_________________, *Language and Reality: On an Episode in Indian Thought* (Leiden/Boston: Brill, 2011).

Chaturvedi, “Does Language Map the Reality: Bhartṛhari's View”, *Bhartṛhari: Language, Thought and Reality* (Proceedings of the International Seminar, Delhi, December 12-14, 2003), (Delhi: Motilal Banarsidass, 2009).

Choi, Seongho, T*he Buddhist Terms of Name set (nāmakāya), Phrase set (padakāya) and Phoneme set (vyañjanakāya)*, Inaugural-Dissertation zur Erlangung des Doktorgrades der Philosophie an der Ludwig-Maximilians-Universität München, 2021.

____________, “The Relationship between nāman, pada, and vyañjana in Sarvāstivāda and Yogācāra Literature”, Puṣpikā, Volume 6: Proceedings of the 12th International Indology Graduate Research Symposium (Vienna, 2021), ed. Angermeier, Ferstl, Haas, Li, (Heidelberg: HASP, 2023).

Deleanu, Florin, *The Chapter on the Mundane Path (Laukikamārga) in the Śrāvakabhūmi*, vol. I, II, (Tokyo: The International Institute for Buddhist Studies, 2006).

Detienne, Marcel & Hamonic, Gilbert (ed.) : *La déesse parole: quatre figures de la langue des dieux*. Série d'entretiens entre Georges Charachidzé, Marcel Detienne, Gilbert Hamonic, Charles Malamoud, et Carlo Severi. (Paris: Flammarion, 1995).

Frauwallner, Erich(1961). “Landmarks in the History of Indian Logic”, *Wiener Zeitschrift für die Kunde Südasiens und Archiv für indische Philosophie*, 5 (1961).

Gold, J. C., “Yogācāra Strategies against Realism: Appearances (Ākṛti) and Metaphors (Upacāra).” *Religion Compass*, 1, 2007.

Huoben Jan, “Bhartṛhari's perspectivism (2): Bhartṛhari on the primary unit of language.” *History and Rationality: The Skövde Papers in the Historiography of Linguistics*, (Acta Universitatis Skodvensis, Series Linguistica, vol. 1), Ed. Klaus D. Dutz, Kjell-Āke Forsgren. (Münster: Nodus. . 1995).

Houben Jan, *The Saṃbandha-samuddeśa (Chapter on Relation) and Bhartṛhari's Philosophy of Language. A Study of Bhartṛhari Saṃbandha-samuddeśa in the context of the Vākyapadīya, with a translation of Helārāja's commentary Prakīrṇa-prakāśa*. (Gonda Indological Studies, vol. II.) (Groningen: Egbert Forsten. 1995).

Louis Renou, "Les pouvoirs de la parole dans le Ṛgveda." *Études védiques et Pāṇinéennes* I. (Paris: E. de Boccard, 1955).

Matilal, B. K., *The Word and the World: India's Contribution to the Study of Language* (Delhi, India/New York: Oxford University Press, 1990).

McMahan, D. L., *Empty Vision: Metaphor and Visionary Imagery in Mahāyāna Buddhism* (London: Routledge Curzonk, 2020).

Rescorla, Michael, "The Language of Thought Hypothesis", *Stanford Encyclopedia of Philosophy*, https://plato.stanford.edu/entries/language-thought/, 2019 (2023년 8월 30일 검색) 참조.

Siderits, Mark., "The Sense-Reference Distinction in Indian Philosophy of Language." Synthese, 69:1, 1986.

Tzohar, Roy, *A Yogācāra Buddhist Theory of Metaphor* (London: Oxford University Press, 2018).

小谷信千代,『唯識説の深層心理とことば』, 京都: 法藏館, 2023.

長尾雅人,『攝大乘論-和譯と註解』上, 東京: 講談社, 1982.

高橋晃一,『『菩薩地』「眞實義品」から「攝決擇分中菩薩地」への思想展開』, 東京: 山喜房, 2005.

{선불교에서의 언어}

불립문자와 불리문자의 이중주

김방룡(충남대학교 철학과 교수)

◆ ◆ ◆

선의 시원이 부처님의 '염화'와 마하가섭의 '미소' 속에서 출발했다고 말하는 것은 선의 성격과 특징을 잘 드러내고 있다. '염화'와 '미소'의 두 행위 속에서 이심전심以心傳心의 방법으로 선은 전해졌다. 이처럼 선불교에 있어서 궁극적 깨달음에 이르기 위해서는 '언어'를 버려야만 하고, 언어를 통해서는 깨달음의 경지에 들어가거나 그 세계를 표현할 수 없다고 말한다. 이는 '언어도단 심행처멸'이란 말로써 대변된다.

선의 언어관은 실재론實在論이 아닌 유명론唯名論 내지 가명론假名論의 입장에 서 있다. 그런데 의미론이나 지식론의 입장에서 '선어禪語'에 접근하는 것은 분명한 한계를 지닌다. 선은 그 목표가 깨달음에 있고, 언어란 깨달음에 이르기 위한 하나의 방편 내지 도구이기 때문이다. 그런데 선불교의 역사에 있어서 특이한 점은 '불립문자不立文字'를 표방한 선이 어느 순간 수많은 어록과 등록이 만들어지고, '불립문자'에서 '불리문자不離文字'로 전환되었다는 것이다.

교종의 특징을 '이언전언以言傳言'이라 한다면 선불교의 특징은 '이심전심'이다. 선불교는 '교외별전·불립문자'를 표방하며 이전의 교종과 차별화하였다. 그리고 마조 이후 조사선이 유행하면서 수많은 조사(스승)들은 선문답을 통해 제자들을 제접提接하였는데, 여기에서 등장하는 '언어'는 의미와 의사소통의 기능을 뛰어넘어 '즉심즉불卽心卽佛'의 본래면목本來面目을 직지直指하는 여러 방편 가운데 하나로 등장한다.

그런데 당말 오대 및 북송대에 이르면 수많은 선사들의 '어록'이 등장하고, 선종의 각 종파마다 앞다투어 '등록燈錄'을 만들어 낸다. 특히 『벽암록』이 출현하면서 언어를 통하여 에둘러 선의 세계를 표현하는 요로설선繞路說禪이 유행하게 된다. 이는 '문자선文字禪'이라는 말로써 대변된다.

대혜의 간화선看話禪은 문자선에 경도되어 깨달음의 본령을 망각한 송대 지식인들(유학자들)을 대상으로 하여 분별심을 조장하는 사량분별을 차단하여 깨달음에 이르게 하는 선 수행법이다. 이는 조사들의 선문답인 '공안/화두'를 끌어와 '의심'하게 함으로써 논리적인 사유를 통해 해결할 수 없는 지점에까지 이르게 하고, '의단'을 형성·지속하게 하여 궁극적으로 '칠통漆桶/무명無明'을 타파하게 하는 것이다. 여기에서 '불리문자'에서 '불립문자'로 재전환이 이루어진다.

이처럼 선불교의 역사에 있어서 언어에 대한 관점은 언어를 부정한 불립문자를 표방하며 시작되었지만, 다시 요로설선을 통한 불리문자로 언어를 긍정하게 되었고, 대혜의 간화선에 이르러 불립문자로 재전환되었다. 선불교의 역사에 있어서 언어관은 '불립문자와 불리문자의 이중주'로 표현할 수 있다.

1. 서언

'선禪'이란 말에 대해 사람들마다 다양한 생각을 떠올리기 마련이다. 필자는 보리수 아래에서 좌선을 하고 있는 붓다의 모습과 달마가 소림사에서 9년 동안 벽을 보고 행했던 좌선이 떠오른다. '불립문자不立文字·언어도단言語道斷'이란 말 역시 붓다와 달마의 이러한 체험 속에서 이해한다.

우징시옹(吳經熊)은 『선의 황금시대』의 서문에서 선의 시원이 '염화미소'에서 시작되었다고 소개한 후, 다음에 같이 자신의 소회를 밝히고 있다.

> 이렇게 해서 선은 한 송이 꽃과 미소에서 태어났다. 당신은 이 일화가 사실이라고 하기엔 너무도 아름답다고 할는지 모른다. 하지만 거짓이라고 할지라도 너무나 아름답다. 선의 참맛은 역시 어떤 역사적 사실에 좌우되는 게 아니다. 비록 누군가가 이 일을 지어냈다 해도 그는 선의 정수를 꿰뚫었음이 틀림없다.[1]

역사 속의 수많은 선사禪師들은 '염화'와 '미소'를 통하여 마음에서 마음으로 전해진 '불립문자 교외별전'의 선에 매료되어 거기에 자신의

---

1 吳經熊 지음, 류시화 옮김, 『선의 황금시대』, 경서원, 2001, p.20. 이 책은 1967년 '*The Golden Age of Zen*'이란 제목으로 출간된 책으로 류시화가 1986년 처음 번역하여 경서원에서 출판하였다. 여기의 인용문은 개정판에서 인용한 것이다.

삶을 불살랐다. '선'은 언어를 떠난 체험의 세계이다. 염화미소란 '붓다의 깨달음은 언어를 통해 담아낼 수 없고, 언어를 통해 전수될 수 없다'라는 것을 상징적으로 드러낸 것이다. 엄밀한 의미에서 이러한 선의 세계는 체험의 영역이지 학문적 담론의 대상은 아니다.

'염화미소'의 일화에는 선의 특징과 성격이 잘 드러나 있다. 우선 여기에 등장하는 주인공은 부처님과 마하가섭이다. 부처님은 깨달은 자이다. 마하가섭은 깨닫지 못한 자와 깨달은 자의 두 가지 모습을 동시에 지니고 있다. 부처님의 깨달음이 있었고, 깨달음의 대상인 진리(法)가 존재하며, 그것이 전승되었기 때문에 오늘날 '불교'라는 종교가 존재하는 것이다. 이것이 '불·법·승'을 삼보三寶라 부르는 이유이다. 불교의 시원은 녹야원에서 부처님이 다섯 비구에게 사성제四聖諦를 설한 데에서 시작된다. 그것을 우리는 '초전법륜'이라 부른다. '염화미소'의 일화는 불교의 시원인 '초전법륜'을 대체하여 선종의 시원을 밝히고, 교종과 다른 선종만의 특징과 성격 그리고 정체성을 분명히 하고자 강조한 상징적인 이야기이다.

선불교에 있어서 '언어'의 문제는 가장 큰 관심의 대상인데, 그것은 언어에 대한 한계를 자각하고 언어에 대한 강한 부정에서 선이 출발하고 있기 때문이다. 부처님의 '염화'와 가섭의 '미소' 사이에는 '공백'이 존재한다. 그 공백은 그것을 지켜보는 제 3자에게 '당혹감'을 불러일으킨다. 그 공백의 자리를 채워야 할 의사소통의 매개인 '언어'가 부재하기 때문이다. 그럼에도 '염화'와 '미소'를 통해 부처님이 깨달은 '진리'가 가섭에게 온전히 전해지게 되었다는 것이다. 이를 좀 더 면밀하게 검토해 보자.

첫 번째는 부처님의 '염화'이다. 여기서 '염화'는 부처님이 깨닫지 못한 가섭을 포함한 대중에게 행한 말을 떠난 법설法設이자 관문關門이며 방편方便이다. 부처님은 이전까지 행하였던 '언어'를 통한 대중과의 소통 즉 진리의 전달 방식과는 다른 파격적인 방식을 보여 주고 있다. 여기에서 '염화'는 1차적으로 대중을 향한 일종의 법설이다. 언어를 통해 이루어져야 할 법설이 염화라는 행위를 통해 대체되고 있는 것이다. 그것은 '언어'를 부정한 것이라고 해석할 수도 있고, '언어'와 함께 '염화'의 행위를 병행하고 있는 것이라고도 해석할 수도 있다. 그리고 부처님이 '염화'의 행위를 보인 이유는 자신이 깨달은 진리를 곧장 드러내어 대중 가운데 깨달은 자에게 법을 전하고자 한 것이다. 일종의 관문이다.

두 번째는 가섭의 '미소'이다. 대중 가운데 오직 가섭만이 관문을 통과하였고 '미소'로 화답하였다. 여기에도 '언어'는 등장하지 않았다. '염화' 하고 '미소' 짓는 짧은 사이에 깨닫지 못한 대중과 깨달은 가섭이 구분되었고, 깨닫지 못한 가섭이 깨달은 가섭으로 탈바꿈하였다. 한순간에 깨달음이 일어났으니, 말 그대로 '돈오頓悟'이다.

마지막으로 염화와 미소의 사건을 관통하는 것은 '이심전심以心傳心'이다. 이는 깨달은 자와 깨닫지 못한 자 사이에 이루어지던 '이언전언以言傳言'의 방식을 파괴하거나 뛰어넘은 것이다. 즉 '언어'가 '마음'으로 대체되었다. 그것은 개념과 사유를 동반한 '언어'를 통해서는 깨달음의 세계를 온전히 그리고 즉각적으로 전달할 수 없다는 일종의 선언이다.

염화미소의 일화에서 볼 수 있듯이 선사들은 선의 세계와 언어

사이의 괴리와 모순을 직시했다. 교종의 승려들이 '소의경전'을 통해 수행과 깨달음의 길을 제시했을 때 선종의 선사들은 즉심즉불卽心卽佛 곧 '마음(心)'을 통한 수행과 깨달음의 길로 맞섰다. 언어와 문자를 통해 이루어진 '경전'의 권위를 부정하고, 지극히 주관적이고 비언어적인 '마음'을 통해 새롭게 권위를 세우는 것은 쉬운 일이 아니었다. 이미 중국불교는 중관사상에 철저한 삼론종과 유식사상에 철저한 법상종이 있었고, 또 천태와 화엄 교학이 자리잡고 있었다. 교외별전·불립문자를 표방한 선종의 선사상은 이러한 교학사상의 토대 위에서 구축된 것이니, 달마와 혜가 당시부터 '교외별전'이란 말이 강조된 것 같지는 않다.

언어를 떠난 선의 경지에 대하여 용수는 '제일의제第一義諦·제일의실단第一義悉檀'이라 말한 바 있다. 『대지도론』에서는 '제일의실단'에 대하여 다음과 같이 밝히고 있다.

> 일체 언어로 표현하는 도를 초월하고(言語道斷) 절대적인 경지(心行處滅)로 두루 의지하는 것이 없으며 모든 사물(諸法)을 드러내지도 않으니, 모든 사물의 진실한 본성은 처음도 없고 중간도 없고 끝도 없고 멸하지도 않고 파괴하지도 않는다. 이를 제1의실단이라 한다. 대승(摩訶衍義, mahā-yāna)의, 예컨대 게송에서 설함과 같다.

> 언어가 완전히 끊어진 자리는
> 마음이 행하는 곳도 또한 끊어진 자리요
> 불생불멸이니

열반과 같은 법이노라!

모든 행위(行處)를 말하면
세계법(세상법)이라 하고
행위를 말하지 않으면
제1의(구경의 진리)라 하노라![2]

위의 인용문에서 볼 수 있듯이 선에서 말하는 '언어도단·심행처멸'의 경지를 용수는 이미 『대지도론』에서 '제1의실단'으로 말했다. 이러한 예는 수없이 많아서 일일이 거론할 필요가 없다. 『열반경』의 '일체중생 실유불성', 『대승기신론』의 '일심', 『금강경』의 '응무소주 이생기심' 등등이 그것이다. 이러한 점은 역대 선사들에 의하여 구축된 선사상이 순수하게 자신들의 선 체험에 의해서만 이루어진 것이 아니라, 이전 교학의 바탕 위에서 이루어진 것임을 말해준다. 선 체험이 비록 언어를 떠날 수 있다 하더라도 그 세계를 설명하거나 전달하기 위해서는 '언어'를 사용하지 않을 수 없기 때문이다.

'선(선사상) 혹은 선종을 어떻게 구분할 것인가?' 하는 것은 중요한 문제이다. 이 문제에 대해 국내 선학계 내부에서도 심도 있는 논의를

2 『大智度初序品中緣起義釋論』 第一(大正藏 권12, p.61b), "過一切語言道心行處滅遍無所依不示諸法. 諸法實相無初無中無後不盡不壞. 是名第一義悉檀. 如摩訶衍義偈中說. 語言盡竟 心行亦訖 不生不滅 法如涅槃. 說諸行處名世界法 說不行處名第一義." 한글 번역은 용수 著, 구마라집 漢譯, 석법성 韓譯, 『대지도론 1』; 운주사, 2016, pp.51~52.

통한 합의가 도출될 필요성이 있지만 지금까지 정설이 존재하지 않는 것이 현주소이다. 중국 선학계에서는 2000년을 전후하여 선종의 시기와 성격에 따라 '여래선·조사선·분등선'으로 나누어 보고 있다.[3] 그런데 이러한 구분은 한국의 선 수행자나 선학자들 사이에서 큰 관심을 끌지는 못하고 있다. 그것은 마조의 홍주종과 임제의 임제종의 영향이 큰 한국선의 특징상 이러한 구분이 선 혹은 선사상을 이해하는 데 있어서 큰 효용성이 없기 때문이라 생각한다.

물론 한국 선가禪家에서도 선을 구분하는 기준이 존재하지 않는 것은 아니다. 예를 들어 보조 지눌은 『간화결의론』에서 '체중현體中玄·구중현句中玄·현중현玄中玄'의 삼현문三玄門을 제시하고 있다.

> 선문에도 또한 다양한 근기의 사람들이 있어 입문하는 방법이 조금씩 다르다. 어떤 사람은 유심과 유식의 이치에 의거하여 체중현體中玄에 들어간다. 이 첫 번째의 현문에는 원교의 모든 사물이 막힘없이 통한다(事事無碍)는 가르침이 있다. 그러나 이런 사람은 불법의 알음알이(知見)가 오랫동안 마음에 있어 벗어나지 못한다. 또 어떤 사람들은 본분사本分事에 의지하여 지견을 떨쳐버리고 구중현句中玄에 들어가 그 첫 번째 현문의 불법지견佛法知見을 깨뜨린다. 이 둘째의 현문에는 경절문의 뜰 앞의 잣나무, 마삼근 등의 화두가 있다. 삼현문을 세운 승고 선사承古禪師는 본분사에

3 이에 대해 국내에 洪修平·孫亦平 공저, 노선환·이승모 공역의 『여래선』(운주사, 2002)과 董群 저, 김진무·노선환 공역의 『조사선』(운주사, 2000) 그리고 王志躍 저, 김진무·최재수 공역의 『분등선』(운주사, 2002)이 출판되어 있다.

> 상응하는 화두가 병을 깨뜨리는 말이라고 하여 두 번째 현문에 두었다. 그런데 지견을 떨쳐버리는 말이 여전히 남아서 생사에 자유롭지 못하므로 세 번째의 현중현玄中玄을 세워 잠깐 침묵하거나 몽둥이를 휘두르거나 고함지르는 것 등으로 남겨진 지견을 마저 깨뜨렸다. 그러므로 삼현三玄을 둔 것은 본래 병을 없애기 위한 것이다.[4]

위의 인용문에서 볼 수 있듯이 지눌이 구분하고 있는 삼현문은 언어와 밀접한 관련이 있다. 언어란 필연적으로 알음알이를 일으켜 깨달음을 방해한다는 언어관을 드러내고 있다. 즉 체중현은 언어를 통하여 깨달음의 세계를 설명하는 것으로 이는 첫 번째 단계이다. 다음으로 구중현은 언어에서 '의미'를 없애서 논리적 사유를 막아버리는 방법으로 화두가 이에 해당하며, 두 번째 단계이다. 마지막으로 현중현은 언어를 사용하지 않는 방과 할 등이 이에 해당하며, 마지막 단계이다.

지눌의 삼현문과 더불어 선가에서 보편적으로 선을 구별하는 것은 승려의 이력 과정 중 사집과의 과목으로 속해 있는 종밀의 『도서都序』에 나타난 선의 심천에 따른 외도선·범부선·소승선·대승선·최상

---

4 知訥, 『看話決疑論』(韓佛全 4, p.734b-c), "禪門亦有多種根機 入門稍異. 或有依唯心唯識道理入體中玄 此初玄門 有圓教事事無碍之詮也 然此人 長有佛法知見在心不得脫洒. 或有依本分事祇對 洒落知見 入句中玄 破初玄門 佛法知見 此玄有徑截門 庭前栢樹子 麻三斤等話頭. 然立此三玄門 古禪師之意 以本分事祇對話頭 爲破病之語故 置於第二玄. 然未亡洒落知見言句 猶於生死界 不得自在故立第三玄中玄 良久默然 棒喝作用等 破前洒落知見 所以云 三玄施設 本由遣病."

승선(여래청정선, 일행삼매, 진여삼매)의 다섯 가지 구분법이다. 또 다른 것은 백파 긍선이 『선문수경禪文手鏡』에서 제시한 의리선·여래선·조사선 등의 삼종선에 의한 구분이다.

여기에서는 이러한 선(선종)에 대한 구분에 대해 일일이 거론할 필요는 없을 것 같다. 다만 선종의 역사가 길고 그 범위 또한 넓어서 선종의 언어관을 바로 살피기 위해서는 그 성격에 맞추어 시기를 나누어 살펴보고, 이를 종합하여 결론을 도출하는 것이 필요하다고 보인다. 언어관에 의하여 선종의 시기를 구분한 것으로는 『선종어언禪宗語言』의 저자인 저우유추오(周裕鍇)의 다음의 내용에 주의를 기울일 필요가 있다.

> 선종 발전사를 그 전체 언어관으로 보면, '불립문자不立文字'에서 '불리문자不離文字'로 그리고 다시 '불립문자'로 변해왔다는 것을 분명하게 느낄 수 있다. 구체적으로 말하면 다음과 같다. 선종 조사가 불교의 중국화 과정을 진행하기 시작하였을 때, 선종의 구성원이 하층 평민 특히 농민이었을 때 '불립문자'의 경향은 매우 두드러졌는데, 즉 중만당中晩唐의 조사선과 분등선의 가불매조呵佛罵祖와 방할기봉棒喝機鋒과 같은 것이었다. 선종이 지나치게 불경 원전을 포기했을 때, 전체 사회문화 수준이 상대적으로 제고되어 선종 구성원이 날이 갈수록 더욱 사대부화 되면서 '불리문자'의 외침은 매우 강해졌는데 북종 후기의 문자선의 선교합일, 유석융통 등의 주장 같은 것이었다. 그러나 선종의 전적典籍이 일종의 새로운 경전이 되고 아울러 선종 초기의 자증자오自證自悟하는

정신을 덮어버리기 시작했을 때 또 어떤 선사들은 전통적인 '불립문자'로 돌아가자고 외쳤다. 이것이 송대 간화선의 의정각오疑情覺悟와 묵조선의 타좌정관打坐靜觀이었다.[5]

위의 글에서 볼 수 있듯이 저우유추오(周裕鍇)는 선종의 언어관은 불립문자에서 불리문자로, 다시 불리문자에서 불립문자로 변화되었다고 말하고 있다. 필자 또한 이와 같은 견해에 동의한다. 그럼에도 달마 이래 출현한 수많은 선사들의 선사상을 어떠한 기준을 제시하여 구분하려 하는 학문적 접근은 용이한 일이 아니다. 그것은 선의 본질이 언어나 논리로 접근할 수 없기 때문이다. '개구즉착開口卽錯'이라는 말이 있듯이 선에 관한 학문적 담론은 그것이 아무리 고준하다 할지라도 결국은 착오에 떨어지는 결과를 가져올 수 있다.

그럼에도 불구하고 선불교의 언어관을 살펴보기 위해 필자가 주목하고자 하는 것은 『단경』, 『경덕전등록』, 『벽암록』, 간화선 등이다. 여기에는 언어와 경전에 대한 부정과 긍정 그리고 재긍정의 과정이 나타나 있으며, 언어가 지닌 한계를 막아내기 위한 각각의 전략이 숨어 있기 때문이다.

---

5 周裕鍇, 『禪宗語言』, 上海: 浙江人民出版社, 1999, p.5. 한글 번역은 정상홍, 「북송 시승 혜홍과 그의 문자선」, 『백련불교논집』 12, 장경각, 2002, p.205.

2. 북종과 남종의 언어관

1) 북종의 자교오종藉敎悟宗

선종사에 있어서 가장 중요한 인물은 혜능慧能이고, 선사상의 핵심 경전은 『단경壇經』이다. 여기에는 북종 신수神秀와 남종 혜능의 사상적 차이가 점수漸修와 돈오頓悟로 분명하게 드러나 있다. '불립문자·교외별전·직지인심·견성성불'을 통해 교종과 다른 선종의 차별성을 분명히 한 것은 혜능의 제자들에 의해서이다. 이들은 안사의 난과 회창법난을 거치면서 선불교를 주도하였고, 이후 남종의 5가 7종이 탄생하기에 이른다.

혜능의 『단경』이 만들어지기 이전까지 동산법문과 북종의 선사들이 중시한 경전은 『능가경楞伽經』이다. 정각淨覺의 『능가사자기楞伽師資記』 '구나발타라求那跋陀羅'조에는 『능가경』에 관한 다음과 같은 구절이 보인다.

> 『능가경』에서 "모든 부처님은 마음을 근본으로 한다."라고 말한다. 그것은 내가 법을 줄 때에 아무런 마음도 일어나지 않는 바(心不起處)를 말한다. 이러한 법은 삼승三乘의 가르침을 넘어서고 십지十地의 수행을 넘어서서 구경의 불과佛果의 경지이니 오직 말없이 마음속으로 스스로 알아낼(默心自知) 수밖에 없다. 곧 마음을 비우고 정신을 길러서 의식의 흔들림을 막아 마음을 안정시키고, 한가한 곳에 머물면서 깨끗하게 좌선함으로써 근본을 지켜 진실에 돌아가는 것이다. 나의 법은 숨김으로써 말로 표현하지 않기(秘默)

때문에 평범하고 어리석은 사람에게는 전할 수 없다.[6]

위에서 말하는 핵심적인 내용은 '아무런 마음도 일어나지 않는 바(心不起處)'와 '오직 말없이 마음속으로 스스로 알아냄(默心自知)'이란 것이다. 여기에서도 언어란 들어설 여지가 없다. 오직 좌선을 통해 '마음이 일어나지 않는바'에 집중하는 것을 강조하고 있다.

이 책의 저자인 정각의 서문에는 선의 언어관을 엿볼 수 있는 다음과 같은 대목이 보인다.

존재의 근원적 내용은 궁극적으로 공空이며, 궁극의 도리는 말 없음(至道無言)이니 말을 하면 곧 어긋나게(言則乖至) 된다. 비록 성性으로써 근본을 삼지만 근본이라 할 것은 없다. 공은 스스로 말 없음이니 마음으로 헤아려 갈 곳이 없다. 성인의 마음은 미묘하여 보이지 않아서 이해와 앎이 끊어진 자리(絶解絶知)이다. 대각은 아득히 깊어서 말을 떠나고 설명을 떠난(無言無說)다.[7]

위에서 볼 수 있는 바와 같이 혜능 이전 북종의 선사상 또한 '궁극의

---

6 淨覺 集, 『楞伽師資記』 1권(柳田聖山 著, 양기봉 역, 『초기선종사 Ⅰ』, 김영사, 1990, p.444), "楞伽經云. 諸佛心第一 敎授法時 心不起處是也. 此法超度三乘 越過十地 究竟佛果處 只可默心自知. 無心養神 無念安身 閑居淨坐 守本歸眞. 我法秘默 不爲凡愚淺識所傳."

7 淨覺 集, 『楞伽師資記』 1권(위의 책, p.446), "大分深義 究竟是空 至道無言 言則乖至. 雖以性擬本 無本可稱. 空自無言 非心行處. 聖心微隱 絶解絶知. 大覺冥冥 無言無說."

도리는 말 없음(至道無言)'의 경지이다. 이는 모든 존재가 '공'하다는 비실체론적, 무자성의 사유에 바탕하고 있다. 따라서 선의 세계는 '이해와 앎이 끊어진 자리(絶解絶知)'이자 '말을 떠나고 설명을 떠난(無言無說)' 경지이다.

이러한 점들은 선불교에 일관되어 나타나는 공통적인 관점이라 할 수 있다. 그렇지만 '무언무설'이 혜능 이후 남종선에서 주장하고 있는 언어관과 완전히 일치한다고 말하기는 어려울 것 같다. 북종선과 남종선의 차이를 말할 때 홍인을 기점으로 신수에게는 『능가경』이 전수되었고, 혜능에게는 『금강경』이 전수되었다고 말한다. 이는 언어관에 있어서도 그 사상적 기초가 여래장의 입장에서 중관사상으로 변화되었음을 추론할 수 있다. 실재 『능가경』에서는 언어에 대한 다음과 같은 내용이 보인다.

대혜가 부처님께 말씀드렸다.
"세존이시여, 말(言說)과 망상妄想은 다릅니까, 다르지 않습니까?"
부처님께서 대혜에게 말씀하셨다.
"말과 망상은 다른 것도 아니고, 다르지 않은 것도 아니다. 왜냐하면 말은 망상으로 인해 생기는 모습이기 때문이다. 대혜야, 만약 말과 망상이 다른 것이라면 망상은 이 말의 인因이 아니어야 할 것이다. 만약 다르지 않다면 말이 뜻을 드러내지 못해야 하는데 드러내 보여 주고 있다. 따라서 다른 것도 아니고 다르지 않은 것도 아니다."[8]

위의 내용에서 볼 수 있듯이 말은 업에 의하여 형성된 아뢰야식의 반영이기 때문에 '망상'이라는 유식·여래장의 입장이 전제되어 있다. 말과 망상이 결국 같은 것도 아니고 다른 것도 아니라는 말은 『기신론』에서 말하는 진여문과 생멸문이 동시에 일심一心 가운데 공존한다는 의미로 이해할 수 있다. 결국 말(言說)과 말의 내용(所說) 모두 궁극적 진리(第一義)는 아니라고 보는 것이다.

> 말은 제일의가 아니며 말의 내용도 제일의가 아니다. 왜냐하면 제일의란 성인의 즐거움이니, 말이 들어가는 곳이 제일의이지 말이 제일의는 아니다. 제일의란 성지聖智가 스스로 깨달아 얻는 것이지 언설망상이 깨닫는 경계가 아니다. 그러므로 언설망상은 제일의를 드러내지 못한다. 말이란 생기고 없어지며 동요하고 전전하며 인연으로 생긴다. 전전하여 인연으로 생기는 것은 제일의를 드러내 보이지 못한다.[9]

달마의 저술로 인정되는 『이입사행론二入四行論』은 정각의 『능가

---

8 〔宋〕 求那跋陀羅譯, 『楞伽阿跋多羅寶經』 卷第二(高麗藏 10, p.796c), "大慧白佛言. 世尊 言說妄想爲異爲不異. 佛告大慧 言說妄想非異非不異. 所以者何 謂彼因生相故. 大慧若言說 妄想異者 妄想不應是因. 若不異者 語不顯義 而有顯示. 是故非異非不異."

9 위와 같음. "非言說是第一義 亦非所說是第一義. 所以者何. 謂第一義聖樂言說所入是第一義 非言說是第一義. 第一義者聖 智自覺所得 非言說妄想覺境界. 是故言說 妄想 不顯示第一義. 言說者 生滅動搖展轉因緣起. 若展轉因緣起者 彼不顯示第一義."

사자기』에 실려 있다. 여기에서 '이입理入'에 대하여 '자교오종藉教悟宗'이라 말하고 있다. '자교오종'이란 경전의 가르침을 기본으로 하여 선리를 깨달아 들어간다는 의미이다.

> '이입理入'이란 경전의 가르침에 의지해 그 현묘한 이치를 깨닫는 것(藉教悟宗)이다. 즉 모든 생명, 모든 사물에는 동일한 참 성품이 갖추어져 있지만, 오랫동안 쌓인 망상이 그것을 가려서 잘 드러나지 않는다고 하는 점을 깊이 믿는 것이다. 그리하여 망상을 버리고 참 성품에 돌아가 벽관에 응주하면, 자기라고 하는 것도 타인이라고 하는 것도 없고, 범부도 성인도 한결같이 평등하게 된다. 이러한 체험에 굳게 머물러 이리저리 옮기지 않고 문자나 언구에 의해 미혹되지 않는 그런 상태가 되면, 참된 성품의 이치와 자연히 부합하게 되어 그 사이에 어떠한 분별도 없게 된다.[10]

위에서 볼 수 있듯이 달마는 우선 경전의 가르침에 의지해 선리禪理를 이해한 후 벽관을 통해 문자나 언구에 의해 미혹되지 않는 상태가 되면, 참된 성품의 이치와 자연히 부합하게 된다고 말하고 있다. 여기에서 주의를 끄는 것은 이입을 '자교오종'으로 설명하고 있다는 점이다. 이에 대해 좀 더 살펴볼 필요가 있다.

'자교오종'이란 말에는 '선의 바탕이 되는 선리禪理가 부처님이 설한

---

10 柳田聖山 著, 양기봉 역, 『초기선종사 Ⅰ』, 앞의 책, p.444, "理入者 謂藉教悟宗 深信含生同一眞性 但爲客塵妄想所覆 不能顯了. 若也捨妄歸眞 凝住壁觀. 無自無他 凡聖等一. 堅住不移 更不隨於文教 此卽與理冥符 無有分別 名之理入."

경(佛經) 속에 간직되어 있다'라는 의미가 내포되어 있다. 여기에서 달마가 언어로 전해진 부처님의 경전을 부정하지 않고 있음을 볼 수 있다. 『능가경』은 물론 『기신론』·『법화경』·『법구경』·『유마경』·『화엄경』·『사익경』·『반야경』 등 돈황본 『능가사자기』에는 많은 경전이 등장하고 있기 때문이다. '이입'은 벽관壁觀을 통해 이루어진다. "모든 생명, 모든 사물에는 동일한 참 성품이 갖추어져 있지만, 오랫동안 쌓인 망상이 그것을 가려서 잘 드러나지 않는다."라는 말에서 볼 수 있듯이 망상을 버리고 참 성품에 돌아가 벽관에 머물러야 한다. '벽관'이란 벽을 관하는 것이라기보다 벽이 되어 관하는 것이라 할 수 있다. 따라서 벽관에는 언어나 사량이 들어갈 여지가 없다.

2) 남종 혜능의 『단경』에 나타난 언어관

혜능의 『단경』은 소주 자사 위거의 청에 의하여 혜능이 대범사 강당에서 행한 '마하반야바리밀법'을 문인 법해가 기록한 책이다. 돈황본 『단경』의 원명은 '南宗頓教 最上大乘 摩訶般若波羅蜜經 六祖慧能大師 於韶州大梵寺施法壇經 一卷 兼授無相戒'이다. 이를 해석하면 '남종 돈교 최상의 가르침(大乘)인 마하반야바라밀경과 육조 혜능 대사가 소주 대범사의 계단에서 베푸신 설법집 한 권, 아울러 대중들에게 무상계를 수계함'이다. 물론 이 책에는 교종이나 북종에 대한 남종의 선사상이 잘 드러나 있지만, 기본적으로 혜능이 언어를 통하여 대중들에게 '마하반야바라밀법'을 설하고 있다는 점에서 보면 선종 특유의 언어관이 드러나 있다고 볼 수는 없다. 이 책 역시 자신의 선사상의 정당성을 『반야경』과 『유마경』 등에 의지하여 주장하고 있다는 점에서 형식에 있어서는 '자교오종'의 입장과 별반 다르지 않다.

'선불교의 언어관'이란 주제에 비추어 보면 『단경』에서 혜능이 언어에 대하여 '실재론實在論적 입장을 취하였는가, 혹은 유명론唯名論적 입장을 취하였는가?' 등의 문제에 대하여 심도 있게 논해야겠지만, 선불교의 입장에서 보면 그러한 것이 주요한 관심거리는 아니다. 『단경』은 여러 판본이 있고 그 내용에 있어서도 약간의 차이점을 보이고 있긴 하지만 공통적으로 '경經'이라는 이름이 붙어 있다. '경'이란 성인의 말씀으로 그 내용은 진리·진실이라 공인된 말이다. 불교에 있어서 경과 율은 부처님의 말씀이다. 공자도 자신의 말에 대하여 '술이부작述而不作'이라 하여 성인의 말씀과 구분하였다. 그런데 혜능의 설법을 모아 『단경』이라 이름한 것은 지극히 예외적인 일이다. 즉 '혜능의 말이 곧 부처님 말씀'이라는 의미이다. 이는 '교외별전'의 정신과는 크게 어긋난다. 혜능의 설법을 '경'이라 이름하고 있는 데에서 극명하게 드러나듯이 이는 혜능을 부처님의 지위에 올려놓고 혜능의 설법이 그대로 진리의 말씀이라고 주장하는 것이라 할 수 있다. 즉 언어를 통하여 혜능의 선사상을 밝히고 있는 점에서 『단경』은 선불교 특유의 방식과는 차이가 있다.

물론 『단경』의 내용 가운데에도 특유의 언어관이 나타나 있다. 그 대표적인 몇 가지 예를 들자면, 우선 '언하변오言下便悟'·'언하대오言下大悟'이다. 『단경』에는 "말끝에 문득 깨쳤다(言下便悟)" 혹은 "말끝에 크게 깨쳤다(言下大悟)"라는 표현이 여러 차례 등장한다. 돈황본 『단경』에 나타난 몇 가지 예를 소개하면 다음과 같다.

① 오조 홍인이 한밤중 삼경에 혜능을 조사당 안으로 불러 『금강경』을 설해 주셨다. 혜능이 한번 듣고 말끝에 문득 깨쳐서(言下便悟) 그날 밤으로 법을 전해 받으니 다른 사람들이 아무도 알지 못했다.[11]

② 선지식들이여, 나는 오조 홍인 화상의 회하에서 한번 듣자 그 말끝에 크게 깨쳐서(言下大悟) 진여의 본래 성품을 단박에 보았다(頓見眞如本性). 그러므로 너희들에게 법을 가르쳐서 후대에 유행시켜 도를 배우는 이로 하여금 보리를 단박 깨쳐서(頓悟菩提) 각기 스스로 본마음 바탕을 보고, 자기 성품을 단박 깨치게 하려는 것이다.[12]

③ 지성은 혜능의 설법을 듣고서 말끝에 곧바로 깨달아(言下便悟) 즉시 본심에서 계합하였다(卽契本心). 그리고 일어나 서서 바로 예배를 드리고서, 혜능에게 아뢰었다. "화상이시여, 제자는 옥천사에서 왔습니다. 신수 대사 곁에서는 계합하는 깨달음은 체득하지 못하였습니다. 화상의 설법을 듣고서 곧장 본심에 계합하였습니다."[13]

---

11 法海集記, 『(돈황본) 壇經』(大正藏 48, p.338a), "慧能一聞 言下便悟. 其夜受法人盡不知."

12 위의 책, p.340c, "善知識 我於忍和尙處 一聞言下大悟 頓見眞如本性. 是故汝教法流行後代 令學道者 頓悟菩提 各自觀心 令自本性頓悟."

13 위의 책, p.340c, "志誠聞法 言下便悟 卽契本心. 起立卽禮拜 白言. 和尙 弟子從玉泉寺來. 秀師處 不得契悟 聞和尙說 便契本心."

여기서 '말끝에 깨달았다'는 것은 본래 완벽한 불성, 즉 본심이 내재되어 있고 그것이 어떠한 계기를 통하여 단박에 깨닫는(頓悟) 것을 말하고 있다. 여기에서 '언어'는 깨달음의 한 기연機緣이 되는 것이지, 설법 속에 담긴 의미를 사유 작용을 통해 깨닫게 되었음을 말하는 것은 아니다. 김태완은 조사들의 견성의 사례를 '말을 듣는 순간'·'행위를 하거나 보는 순간'·'자연물의 소리를 듣거나 움직임을 보는 순간'의 세 가지 유형으로 나누고 이것이 직지인심의 다양한 방법들과 연관되어 있다고 말한다.[14] 『단경』에 나타난 '언하변오'의 사례는 언어를 계기로 곧장 깨닫는 조사선의 일반적 특징이 드러나고 있는 예이다.

또 다른 예는 『법화경』을 7년간 독송한 법달이 혜능에게 경의 내용에 대해 질문하자 이에 혜능이 대답한 내용이다. 여기에서 핵심적인 내용은 '깨달으면 『법화경』을 굴리고 깨닫지 못하면 『법화경』에 굴려지게 된다'는 것이다. 법달 또한 이 말끝에 크게 깨달았다.

> 법달아! 마음으로 행하면 『법화경』을 굴릴 수 있으나, 마음으로 행하지 않으면 『법화경』에 굴려지게 되는 거니라. 마음이 바르면 『법화경』을 굴릴 수 있으나, 마음이 삿되면 『법화경』에 굴려지게 되는 것이다. 부처의 지견을 열기만 하면 『법화경』을 굴리게 되나, 중생의 지견을 열면 『법화경』에 굴려지게 된다.[15]

---

14 김태완, 『조사선의 실천과 사상』, 장경각, 2001, p.131.

15 『(돈황본) 壇經』, 앞의 책, p.343a, "大師言. 法達 心行轉法華 不行法華轉 心正轉法華 心邪法華轉. 開佛知智見轉法華 開衆生知見被法華轉."

위의 내용에서 볼 수 있듯이 경전의 언어 속에 절대적인 진리가 존재하는 것이 아니다. 그것은 불지견佛智見으로 보는가 아니면 중생지견衆生知見으로 보는가에 따라 진리와 하나 될 수도 있고, 진리와 어긋날 수도 있다. 경전을 굴리는가 경전에 굴려지게 되는가의 여부가 '언어'에 있는 것이 아니라 '마음'에 있다고 보는 것이다. 보통 우리는 사물을 인식할 때 인식의 주체와 객체가 실재한다고 생각한다. 즉 객관적인 실체가 있고 이것을 감각기관을 통해 받아들여 인식이 형성된다고 생각하는데, 이러한 실재론은 불교에서는 '유견有見'이라 하여 받아들이지 않는다. 대상의 실체화는 무상無相·무아無我의 사상과 배치되는 것이다.

언어란 대상을 지칭하지만 동시에 대상을 실체화하고 고착화하는 한계를 지니게 된다. 따라서 언어를 사용하되 언어가 지니는 실체화에 빠지지 않아야 한다. 언어가 지니는 실체화를 피할 수 있는 방안으로 혜능이 제시하고 있는 것이 '상을 보되 상을 떠나는(於相離相)' 방법인데, 『단경』에서 제시한 36대법이다. 혜능은 "언어와 법상法相에 12가지 대법이 있으며, 바깥 경계에 무정으로 5가지 대법이 있으며, 자성이 머물고 일어나는 작용에 19가지 대법이 있으니, 모두 합하여 36가지 대법을 이루는 것이다. 이 36가지 대법을 이해하고 활용하여 일체의 경전에 통할 수 있는 것이 출입出入과 즉리卽離의 양변이다."[16]라고 말한다. 언어 법상의 열두 가지 상대란 구체적으로 ① 유위 무위와 유색 무색이 대법이며, ② 유상有相과 무상無相이 대법이며, ③ 유루有

16 위의 책, p.343b-c, "言語與法相有十二對 外境無情有五對 自性居起用有十九對 都合成三十六對法也. 此三十六對法 解用通一切經 出入卽離兩邊."

漏와 무루無漏가 대법이고, ④색과 공이 대법이며, ⑤동과 정이 대법이고, ⑥청과 탁이 대법이며, ⑦범凡과 성聖이 대법이고, ⑧승과 속이 대법이며, ⑨노와 소가 대법이고, ⑩대와 소가 대법이며, ⑪장과 단이 대법이고 ⑫고高와 하下가 대법이다.

이러한 대법은 반야의 논리에서 '무상이 곧 실상이다(無相卽實相)'라고 말하는 방식과 같이 자성에 입각하여 '상을 보되 상을 떠나고(於相離相), 공을 보되 공을 떠나는 것(於空離空)'이다. 이에 대해 혜능은 다음과 같이 말한다.

어떻게 자성을 기동시켜 활용할 것인가? 36가지 대법을 사람들과 함께 말하여, 밖으로는 상相을 보되 상을 떠나고, 안으로는 공空을 보되 공을 떠나야 한다. 공에 집착하면 오직 무명을 연장시키고, 상에 집착하는 것은 오직 사견일 뿐이다. 법을 비방하여 막무가내로 말하기를 '문자를 쓰지 않는다'라고 한다. 이미 (문자를 쓰지 않는다고) 말했다면, 그 사람이 말하고 있는 것은 합당하지 않게 된다. 그가 말하는 언어가 바로 문자이기 때문이다.

자성을 표현하기로 공이라고 말하긴 하나, 바르게 말하면 '본래의 성품은 공한 것도 아니다.' 미혹된 사람이 스스로 의혹이 생겨 언어로써 제거하려 하기 때문이다. 어둠은 스스로 어두운 게 아니라 밝음이 있음으로 어두운 것이다. 어둠은 스스로 어두울 수 있는 것이 아니니, 밝음이 변하여 어두움이 나타나고 또 어두움이 밝음으로써 드러난다. (어둠과 밝음이) 나타나고 사라짐은 서로가 서로의 원인이기 때문이다. 36가지 대법의 이치가 바로 이와

같은 것이다.[17]

이상으로 혜능의 『단경』에 나타난 특유의 언어관에 대하여 살펴보았다. 선종의 소의경전으로 여겨지는 『단경』에는 선불교의 핵심 사상이 잘 나타나 있지만, 그 형식을 살펴보면 혜능이 대중에게 행한 설법의 방식을 통해 이루어지고 있는 점에서 교종의 형태를 완전히 벗어나지는 못하였다.

3. 조사선과 언어

1) 선문답에 있어서 언어의 기능

교와 선의 차이는 여러 가지로 설명할 수 있지만 우선 그 주체와 그 방법이 다르다고 하겠다. 교의 주체는 부처님이고 선의 주체는 조사이며, 부처의 가르침이 언어와 논리를 통하여 이루어지고 있다면, 조사의 가르침은 언어와 논리를 떠나 있다. 종밀은 『도서』에서 교와 선의 차이에 대하여 다음과 같이 밝히고 있다.

> 부처님께서 세상에 나와 펼치신 가르침과 조사가 상황에 맞추어 사람들을 제도하는 것은 일 자체가 다르다. 부처님의 가르침은

---

17 위의 책, p.343c, "如何自性起用. 三十六對 共人言語 出外於相離相 入內於空離空. 著空卽惟長無明 著相惟邪見. 謗法 直言不用文字. 旣云 不用文字 人不合言語 言語卽是文字. 自性上說空 正語言 本性不空 迷自惑 語言除故. 暗不自暗 以明故暗 暗不自暗 以明變暗 以暗現明 來去相因. 三十六對 亦復如是."

> 세상 사람들의 영원한 의지처가 되게 하기 위하여 이치를 드러내야 했으며, 조사들의 가르침은 즉시에 (제자들을) 제도 해탈시키는 것에 (목적이) 있기 때문에 뜻이 현묘하게 통해야 한다. 현묘하게 통함은 반드시 말을 잊어야 하기 때문에 말끝에 자취를 남기지 않는다. 흔적이 생각에서 사라지고 이치가 마음의 근원에서 나타나니 곧 신·해·수·증을 성취하려고 하지 않아도 자연스레 성취하며, 경율과 논소를 익히려 하지 않아도 자연스레 자기도 모르게 통하는 것이다.[18]

'부처님은 이치를 드러내기 위하여 언어를 사용하였고, 조사들은 즉시에 해탈시키기 위하여 언어의 자취를 없앴다'라는 종밀의 말은 교종과 선종의 차이를 잘 보여 주고 있다. 종밀은 화엄의 5조이자 하택종의 5조로 선교일치 사상과 더불어 공적지空寂知를 강조한 인물이다.[19] 종밀은 중국선종사뿐만 아니라 중국사상사에 있어서 큰 두각을 나타낸 사상가로서 마조와 석두의 조사선이 등장하기 이전까지 당대唐代 불교계를 대표하였다. 『도서』의 서문에서 배휴裴休는 종밀에 대해 다음과 같이 평가하고 있다.

---

18 宗密述, 『禪源諸詮集都序』(大正藏 48, p.400a), "佛出世立教與師隨處度人 事體各別. 佛教萬代依馮 理須委示. 師訓在卽時度脫 意使玄通 玄通必在忘言. 故言下不留其跡 跡絶於意地. 理現於心源 卽信解修證 不爲而自然成就 經律疏論不習而自然冥通."

19 종밀의 선사상에 대한 연구물로 지은의 『규봉종밀의 선사상 연구』(정우서적, 2011)가 있다.

나의 스승(규봉 종밀)이 부처님의 광명을 받들어서 구석구석 비추어 흐릿한 의심을 다 제거하고 부처님의 마음을 수순하여 널리 대자대비를 펼치어서 영원토록 중생의 이익이 있게 되었다면, 세존은 처음 가르침을 펼치신 분이 되고, 나의 스승은 그 가르침을 회통시킨 분이 된다. 근본과 지말이 서로 부합되고 가까운 곳과 먼 곳의 일을 서로 비추게 되었으니 가히 일대시교一代時教의 평생 할 수 있는 일을 다 해 마치었다 할 수 있다.[20]

841년 종밀이 열반에 들고서, 842년에 배휴는 홍주 관찰사로 부임하여 그곳 용흥사龍興寺에서 황벽 희운을 만나게 된다. 배휴가 부처님의 가르침을 회통시켜 부처님과 본말이 부합되었다고 추앙했던 스승 종밀의 영향 속에서 벗어나, 백장의 제자이자 임제의 스승인 황벽을 만나게 된 것은 선종의 역사에 있어서 하나의 전환점을 이루는 사건이라 말할 수 있다. 이는 하택종에서 마조의 홍주종으로 선의 중심이 옮겨갔음을 말하는 것이다. 배휴는 『전심법요傳心法要』의 서문에서 황벽과 그의 선사상의 특징을 다음과 같이 말하고 있다.

이 이법理法을 깨닫는 데는 시간의 새로움과 오래됨이 없고, 또 얕음과 깊음의 차이도 없다. 이것을 하나의 법으로써 설하는 데도 그것은 이론이나 분석을 개입시키지 않으며, 그 종지의 개조開祖

---

20 裴休述, 「禪源諸詮集都序敍」(大正藏 48, p.398c), "若吾師者 捧佛日而委曲回照 疑曀盡除 順佛心而橫亘大悲 窮劫蒙益 則世尊爲闡教之主 吾師爲會教之人. 本末相扶 遠近相照 可謂畢一代時教之能事矣."

를 내세우지 않으며, 또 일파를 건립하지도 않는다. 곧바로 정확히 그것을 알아차리는 것, 단지 그것만 있을 뿐 조금이라도 사량하면 즉시 어긋난다. 이와 같이 깨달아야 비로소 우리 몸은 그대로 본래 부처가 되는 것이다. 이와 같은 취지이기 때문에 우리 선사의 말씀은 간명하고, 그 이법은 직절直截하며, 그 생활방식은 험준險峻하고, 그 실천은 고고孤高하였다.[21]

황벽의 선사상의 특징은 본래성불의 입장에서 무심無心을 강조하는 데에 있다. 『전등록』 12권 '배휴'조에 의하면 배휴가 황벽에게 "고승의 초상은 볼 수 있지만, 고승은 어디에 있소?"라고 물었을 때, 황벽은 "배휴!"라고 소리를 질렀다. 배휴가 "네."라고 대답했을 때, 황벽은 "그대는 어디에 있는가?"라고 말했고, 그 순간 배휴가 깨달았다. 이 이야기는 많이 알려져 있다. 여기에서 선문답의 한 모습을 볼 수 있다. 이 문답에는 종밀에게서 보이는 개념의 명료함과 논리적 합리성은 보이지 않는다. 그럼에도 황벽이 '배휴!'라고 자신을 부르는 소리를 듣고서 깨달았던 것이다.

도는 마음을 깨닫는 데(道在心悟) 있다. 언어와 사유 등의 생각을 일으키는 순간 도는 곧 무너진다(動念卽乖)라고 황벽은 말한다. 이미 누구나 간직된 마음속에 온전한 도가 구비되어 있다는 것이야말로 마조와 백장과 황벽과 임제로 이어지는 홍주종의 핵심 사상이다.

---

21 裴休述, 「斷際心要河東裴休集幷序」(大正藏 48, p.379c), "證之者無新舊無淺深. 說之者不立義解不立宗主. 不開戶牖直下便是 動念卽乖 然後爲本佛. 故其言簡其理直 其道峻其行孤."

이들은 공통적으로 '본래성불本來成佛·작용시성作用是性·도불용수道不用修'의 입장을 취한다. 『완릉록宛陵錄』에는 배휴와 황벽 사이의 다음과 같은 문답이 소개되어 있다.

> 배휴가 황벽에게 물었다. "화상의 산중에는 사오백의 수행승이 있지만 그 가운데 몇 사람이 화상의 법을 얻었습니까?" 황벽이 대답하였다. "법을 얻은 자는 그 수를 헤아릴 수가 없다. 왜냐하면 도는 마음을 깨닫는 데 있는 것일 뿐 어찌 언설과 관계가 있겠는가? 언설이라는 것은 다만 어린아이를 달래는 것일 뿐이다."[22]

위의 인용문에서 볼 수 있듯이 '도(불)와 언어 사이에는 아무런 관계가 없다'라고 황벽은 말한다. 즉 선문답에서 조사가 내뱉는 언어란 의미가 없는 것이며, 따라서 언설은 단지 어린아이를 달래기 위해 던져준 장난감과 같은 것이다. 조사선에서 강조하는 것은 '언어'에 주목하지 말고, '마음'을 깨닫는 데 주목해야 한다는 것이다.

배휴는 황벽에게 그렇다면 "부처란 무엇인가?"라고 묻는다. 이에 대하여 황벽은 다음과 같이 대답하고 있다.

> 마음이 부처이고 무심無心이 도이다. 단지 마음을 일으켜 생각을 움직이거나 유무나 장단이나 피아나 주객 등의 분별심이 없으면, 마음 그대로 본래 부처이고 부처가 본래 마음이다. 그리고 그

---

22 『黃檗斷際禪師宛陵錄』(大正藏 48, p.384a), "裴相公問師曰. 山中四五百人 幾人得和尙法. 師云. 得者莫測其數 何故 道在心悟 豈在言說. 言說只是化童蒙耳."

> 마음은 허공과 같다. … 따라서 따로 무엇을 구할 필요가 없다. 구하려 하면 모든 것이 다 괴로움이 된다.[23]

여기에서 마음을 일으켜 생각을 움직이게 하는 기재는 곧 '언어'이다. 언어는 곧 분별심을 발생시키는 것으로 이를테면 긁어 부스럼을 내는 격이다. 따라서 스승이 말한 언어가 지닌 의미를 따라가면 안 된다. '무심이 도'라는 말은 언어를 통한 분별 사량의 작용을 멈추라는 말이다. 그래서 "따로 무엇을 구할 필요가 없다. 구하려 하면 모든 것이 다 괴로움이 된다."라고 말하고 있는 것이다.

스승이 제자에게 언어 문자를 통해 도의 세계를 설하고, 제자는 스승이 도의 세계에 대해 설한 내용의 의미를 궁구하여 깨달음에 이르는 길을 차단했을 때, 스승과 제자 사이에서 도의 전수는 어떻게 이루어질 수 있을까? 조사선의 선문답은 이에 대한 해답을 우리에게 제공한다. 마음이 괴롭다고 하는 혜가에게 "그 마음을 가져와 보라."는 달마의 응대를 우리는 '반질反質'이라 한다. 이러한 내용은 『경덕전등록』을 보면 많은 곳에서 발견된다. 예를 들면 석두 희천에게 어떤 스님이 "어떤 것이 해탈입니까?" 하고 묻자, "누가 그대를 속박이라도 했는가?"라고 하였고, "어떤 것이 정토입니까?"라고 묻자, "누가 그대를 더럽히기라도 했는가?"[24]라고 하였다. 조사들의 선문답은 이러한

---

23 위의 책, p.384b, "問. 如何是佛. 師云. 卽心是佛 無心是道. 但無生心動念有無長短彼我能所等心. 心本是佛 佛本是心 心如虛空. … 不用別求 有求皆苦."

24 道原纂, 『景德傳燈錄』 卷14(大正藏 51, p.309b), "僧問 如何是解脫. 師曰 誰縛汝. 又問 如何是淨土. 師曰 誰垢汝."

반질은 물론 "도가 무엇입니까?"라고 했을 때 "뜰 앞에 잣나무니라."라고 말한다든가, 혹은 방榜·할喝에 이르기까지 실로 다양한 방식이 등장한다.

위앙종의 개조인 위산潙山과 그의 제자 향엄香嚴 사이에 도가 전해진 일화는 '언어'를 사용하지 않고 어떻게 깨달음에 이를 수 있는지를 잘 보여 준다. 향엄은 원래 경에 밝고 총명했다고 한다. 어느 날 위산은 향엄을 불러 "자네가 한 가지 질문에 열 가지로 답할 수 있다고 소문이 났는데, 중요한 것은 생사의 근본적인 문제가 아니겠는가? 그러니 부모미생전父母未生前, 즉 이 세상에 태어나기 전의 본래면목을 한번 일러보게나."라고 말했다. 그러나 답을 못하고 자기 방에 돌아온 향엄은 가지고 있던 책을 모조리 뒤져봤으나 답이 나오질 않았다. 그래서 다음날 위산에게 좀 일러달라고 사정을 한다.

그런데 위산은 "내가 일러 주는 것은 내 생각이지 자네하고는 상관이 없는 일이니 일러줄 필요도 없으며, 만약 일러 준다면 반드시 자네가 후회할 걸세."라고 하면서 알려 주지 않는다. 결국 향엄은 낙심하여 가지고 있던 책을 다 태워버렸다. 그리고 눈물로 스승께 작별을 고하고 만행의 길을 떠났다. 향엄이 바랑을 지고 여기저기 떠돌면서 운수행각을 하다가 남양 혜충 국사 유적지에 자리를 잡고 살게 되었다. 경전을 통해서 깨닫지 못한다는 스승의 지도에 힘입어 우연한 계기를 통해 깨닫게 되었는데, 이 순간의 내용이 『경덕전등록』에는 다음과 같이 실려 있다.

어느 날 산에서 잡초를 베다가 기와를 던진 것이 대나무에 부딪쳐 소리가 나는 찰나에 자기도 모르게 웃음을 터뜨리면서 확연히 깨달았다. 급히 돌아와서 목욕하고 향을 피우면서 멀리 위산을 향해 절을 하며 찬탄했다. "화상의 대비하신 은혜는 부모의 은혜보다 높습니다. 그 당시에 만일 저에게 설명하셨다면, 어찌 오늘의 일이 있겠습니까?" 그리고는 게송 하나를 지었다.

"한 번 부딪침에 알음알이를 잊어버리고, 다시 수지修持함을 빌리지 않네. 움직임에 옛사람의 길을 내세우며, 근심스러운 근기根機에 떨어지지 않도다. 곳곳에 종적은 없으나, 성색聲色은 밖으로 위의威儀를 갖추고 있네. 제방의 도道에 통달한 사람들은 모두 상상기上上機를 말하는구나."[25]

위산이 향엄에게 '부모미생전의 본래면목'을 물은 것은 언어와 문자로 이루어진 경전에 대한 이해를 통해 깨달음에 접근하고 있는 향엄의 사유방식을 막고, 자신의 내면에 있는 '불성'을 스스로 깨달아야 한다는 가르침이다. 또 "알려줄 필요도 없고, 알려준다면 후회하게 될 것이다."라는 위산의 말은 조사선에 있어서 '언어'가 깨달음을 방해하는 장애물이란 점을 천명하고 있다는 점에서 '불립문자'의 입장이 잘 드러나 있다. 또한 깨닫고 난 향엄이 말한 "한 번 부딪침에 알음알이를 잊어버리고, 다시 수지修持함을 빌리지 않네."라는 게송에서 볼

---

25 위의 책, p.284a, "一日因山中芟除草木 以瓦礫擊竹作聲 俄失笑間廓然惺悟. 遽歸沐浴焚香遙禮潙山. 贊云 和尚大悲恩逾父母 當時若爲我說却 何有今日事也. 仍述一偈云 一擊忘所知 更不假修治 動容揚古路 不墮悄然機. 處處無蹤迹 聲色外威 儀諸方達道者 咸言上上機."

수 있듯이 이러한 깨달음은 직지인심, 돈오성불의 길임을 말해 준다.

2) 선문답의 장치와 해체

무문 혜개는 『무문관無門關』에서 "참선은 모름지기 조사관祖師關을 뚫어야 하며, 오묘한 깨달음은 반드시 심로心路가 끊어져야 한다. 조사관을 뚫지 못하고 심로가 끊어지지 않는다면, 모두 다 풀에 의지하고 나무에 붙어사는 정령일 뿐이다."[26]라고 말했다. 조사가 시설한 관문의 투득透得 여부가 선의 승패를 결정한다는 말이다. 선문답은 일종의 '문답'이다. 즉 언어를 통해 묻고 언어를 통해 대답한 것이다. 이러한 선문답은 의미를 따지거나 사유작용을 통하여 접근하기가 힘들다. 그런데 선사들의 선문답을 '공안公案'이라 부르는 이유는 선문답 속에는 깨달음의 진실이 간직되어 있음을 말하는 것이다.

여기에서 우리는 '선문답을 어떻게 접근해야 하는가?' 하는 문제에 봉착하게 된다. 달리 말하면 '선어禪語'의 특징은 도대체 무엇인가?' 하는 선사들의 언어관에 대한 궁금증을 가지게 한다고 말할 수 있다. 김영욱의 다음 글은 이 같은 궁금증을 해결할 수 있는 하나의 실마리를 제공한다.

> 조사들이 전하는 긴 말이나 한마디 말 그 어디에도 잡아챌 수 있는 '실實'은 없다. 임제 의현이 '자신이 드러내는 말에 실을 가진 법은 없다'고 한 뜻과 같다. 그들이 내뱉는 언어 한가운데는 함정과

26 宗紹編, 『無門關』(大正藏 48, p.292c), "參禪須透祖師關. 妙悟要窮心路絶. 祖關不透 心路不絶 盡是依草附木精靈."

같은 '허虛'가 잠복해 있다. 진실로 믿고 안주하겠다는 마음으로 그 말을 밟고 멈추는 순간 그 함정에 떨어지고 만다. 이것이 화두/공안의 본질적 속성이다. 화두의 허虛에 걸려들기를 반복하다가 의지할 실이 완전히 사라진 다음에야 장막이 온전히 걷히고 허가 제 모습을 드러낸다. 미끼를 따먹으려다가 걸려든 물고기들이 풀려나고서야 그것이 미끼인 줄 아는 것과 같다. 더 이상 나가지도 물러서지도 못하는 백척간두의 소식이 이 허에서 전해지며, 선어록의 말들은 최대한 이것을 전하기 위해 고안된 장치들이다.[27]

위의 글에서 볼 수 있듯이 선어의 특징은 '실'이 아니라 '허'에 있다고 김영욱은 말한다. 이는 선문답 속에 조사들이 걸어놓은 관문이 있는데, 그것은 그 문답 속에 어떠한 깊은 의미가 내재되어 있는 것이 아니라, 오히려 그 의미가 없음을 알게 하기 위한 장치로서 기능하는 것이 바로 '선어'의 특징이라고 말하고 있다. 이는 혜능의 무념, 무상, 무주나 황벽의 무심사상과 궤를 같이하는 것이다. 즉 언어를 통해 선사상이나 선의 세계를 구축하려는 것이 아니라 오히려 언어를 통해 무엇이든 구축하려는 것을 해체함으로써 본래 지니고 있는 불성을 스스로 체득하도록 유도하는 것이 선어의 특징이자 기능이라 할 수 있다.

선문답이란 조사선에 있어서 스승이 제자들을 깨달음에 들게 하기 위한 목적으로 고안한 장치이다. 즉 '제접법提接法'이며, 이는 스승과

27 김영욱 역주, 『정선 선어록 역주』, 조계종 한국전통사상서 간행위원회 출판부, 2009, p.21.

제자가 대면을 통한 법거량의 형태로 나타난다. 임제 의현은 스승(선지식)과 제자(학인)를 주主와 빈賓으로 나누고, 주빈이 서로 만나 법거량을 통해 깨달음에 이르는 과정을 다음과 같이 설명하고 있다.

> 예컨대 제방諸方에서 학인이 오면 주인과 손님이 서로 만나게 되고 그러면 학인이 바로 한마디를 던진다. 이는 앞에 있는 선지식을 알아보려고 재치 있고 의도가 있는 말(機權語路)을 골라 입을 놀려서 '아는가? 모르는가?'를 지켜본다. 이때 만약 선지식이 그 경계를 알았다면 그 말을 잡아서 구덩이에 던져버린다. 그러면 학인은 바로 일상적인 자세로 돌아가 선지식의 가르침을 모색하지만 선지식은 앞의 말에 따라 그 경계를 빼앗아버린다.
> 학인이 "뛰어난 지혜입니다! 대선지식입니다."라고 말한다. 선지식이 바로 말하기를 "너는 좋고 나쁨을 조금도 모르는구나!"라고 한다. 그리고 선지식은 하나의 경계를 제시하여 학인의 면전에서 희롱하니, 학인은 (그 경계를) 알아차리고 주主를 지어서 경계의 미혹을 받지 않는다. 선지식이 바로 반신半身을 드러내 보이면 학인은 곧바로 할喝을 한다. 선지식이 다시 다양한 차별된 말로 흔들고 두드리면 학인은 "좋고 나쁜 것도 모르는 늙고 머리카락 없는 중이네!"라고 한다. 선지식은 "진정한 도류道流이구나."라고 찬탄한다.[28]

---

28 慧然集, 『鎭州臨濟慧照禪師語錄』(大正藏 47, p.500a-b), "如諸方有學人來 主客相見了 便有一句子語. 辨前頭善知識被學人拈出箇機權語路 向善知識口角頭攛過 看爾識不識. 爾若識得是境 把得便抛向坑子裏. 學人便卽尋常 然後便

위의 인용문에서 볼 수 있듯이 선문답에서 언어란 스승이 제자의 경지를 알아차리거나 감변勘辨하기 위한 하나의 도구나 장치일 뿐이다. 이러한 점은 임제종에 국한된 것이 아니라 조사선 전체의 일반적인 특징이라 할 수 있다. 스승이 제자를 제접하는 방식은 고정된 형식이 있는 것이 아니라 그때그때 그 사람의 근기와 상황에 따라 임기응변적이다. 이는 선문답을 주도하는 스승이 일체의 구속을 벗어난 자유롭고 주체적인 사람이기에 가능한 것이다. 임제는 그러한 사람을 참사람(眞人)이라 하고, 그러한 사람의 특성을 무사인無事人이라 하였으며, 어떠한 데에도 의지하지 않는 무의도인無依道人이라 명명하였다. 무의도인이란 경계를 타고 활용하는 사람을 말하는데, 이에 대해 임제는 다음과 같이 밝히고 있다.

산승은 여기에서 승속을 논하지 않고 어떤 수행자가 찾아와도 단번에 그의 내심을 모두 안다. 어떤 곳으로부터 오든지 간에 소리나 이름이나 문구가 있다면 모두 다 몽환夢幻이다. 도리어 경계를 활용하고 있는 사람이야말로 모든 부처님의 현지玄旨를 본 사람이다. 부처님의 경계에서는 스스로 내가 부처의 경계라고 자칭할 수 없으니 도리어 무의도인이 경계를 타고 출현한다. 만약 어떤 사람이 나타나서 나에게 부처를 구한다면 나는 청정한

索善知識語 依前奪之. 學人云 上智哉 是大善知識. 卽云 爾大不識好惡. 如善知識把出箇境塊子 向學人面前弄 前人辨得下下作主 不受境惑. 善知識便卽現半身 學人便喝. 善知識又入一切差別語路中擺撲. 學人云 不識好惡老禿奴. 善知識歎曰 眞正道流."

> 경계를 나투고, 만약에 보살을 구하면 나는 자비의 경계로서 나툰다. 만약 보리를 구하면 나는 청정미묘한 경계를 나투고, 만일 열반을 구한다면 나는 적정의 경계로 나툰다. 그 경계는 천차만별이지만 사람에게는 차별이 없다. 사물에 응하여 형상을 나투는 모습이 마치 물속의 달과 같다.[29]

위의 인용문에서 '소리나 이름이나 문구가 있다면 모두 다 몽환이다'라고 말하고 있듯이 언어에 의하여 부처의 경계를 구하려 하여서는 도달할 수 없고, 오히려 사물에 응하여 자유롭게 형상을 나투어야 진정한 무의도인이라고 말하고 있다. 또 임제는 이러한 무의도인이 가지는 진정한 견해에 대하여 다음과 같이 밝히고 있다.

> (진정견해란) 그대들이 범凡에 들어가고 성聖에 들어가며, 염染에 들어가고 정淨에 들어가며, 제불의 국토에 들어가고 미륵의 누각에 들어가고 비로자나불의 법계에 들어가며 처처에 모두 국토를 나투어서 성주괴공成住壞空을 이룬다. 부처가 세간에 출현하여 대법륜을 굴려 열반에 들지만 가고 오는 모습은 볼 수가 없고, 거기에서 생사를 구하지만 찾아볼 수 없다. 곧 무생법계에 들어가

29 위의 책, p.499a, "山僧此間不論僧俗 但有來者盡識得伊. 任伊向甚處出來 但有聲名文句 皆是夢幻. 卻見乘境底人是諸佛之玄旨. 佛境不能自稱我是佛境 還是這箇無依道人 乘境出來. 若有人出來問我求佛 我卽應淸淨境出. 有人問我菩薩 我卽應玆悲境出. 有人問我菩提 我卽應淨妙境出. 有人問我涅槃 我卽應寂靜境出. 境卽萬般差別 人卽不別. 所以應物現形 如水中月."

> 처처의 여러 국토를 거닐며 놀지만 화장세계에 들어가면 제법이 공한 모습이라 모두 실다운 법이 없음을 본다. 오직 법을 듣는 무의도인이 있을 뿐이니 이것이 바로 모든 부처의 어머니이다. 부처는 의지함이 없는 곳에서 생기는 까닭에 만약 무의無依를 깨달으면 부처 또한 얻을 것이 없다. 이와 같이 볼 수 있다면 이것이 바로 진정견해眞正見解이다. 학인이 깨닫지 못해 명구名句에 집착하게 되니 그렇게 되면 범인과 성인의 이름에서 장애를 입게 된다. 그것은 도안이 가려진 까닭이니 분명함을 얻지 못한다.[30]

위의 인용문에서 보듯이 무의도인은 언어 문자에 구속되지 않고 범인과 성인의 이름에도 구애되지 않는 자이다.

4. 문자선과 언어

1) 문자선의 출현

선종에서 표방한 '교외별전 불립문자'는 이심전심을 주장한 것이다. 그러나 선종의 실제 전파 과정에 있어서는 부득이 문자에 의존할 수밖에 없었다. 혜능이 불립문자에 대해 '불립'이란 두 글자 역시

---

30 위의 책, 498b. "爾但一切入凡入聖 入染入淨 入諸佛國土 入彌勒樓閣 入毘盧遮那法界 處處皆現國土成住壞空. 佛出于世 轉大法輪 卻入涅槃 不見有去來相貌 求其生死了不可得. 便入無生法界 處處游履國土 入華藏世界 盡見諸法空相 皆無實法. 唯有聽法無依道人 是諸佛之母 所以佛從無依生 若悟無依 佛亦無得. 若如是見得者 是眞正見解. 學人不了爲執名句 被他凡聖名礙. 所以障其道眼不得分明."

문자라고 말한 바와 같이, 완전히 문자를 버리는 것은 불가능하기 때문이다. 또 불립문자에 입각한 조사선이 극에 달한 당말 오대에 이르러 초불월조超佛越祖의 조사선풍이 유행하면서 불립문자의 폐풍이 나타나게 되었고, 불립문자에서 문자를 떠나지 않고 선리를 드러내야 한다는 불리문자不離文字로의 전환은 예고된 수순이었다고 말할 수 있다.

이른바 '문자선文字禪'의 출현은 선종사상사의 측면에서 보면 자연스러운 노정이라 할 수 있지만, 다른 한편으로는 북송의 사회적 상황과 밀접하게 관련되어 있다. 북송 태조 조광윤趙匡胤은 후주 금군의 총사령관으로서 금군들의 추대에 의하여 황제로 옹립되었다. 이후 금군의 유력한 장군들을 절도사로 임명한 후 절도사의 권력을 서서히 빼앗음으로써 중앙 금군을 강화시키는 한편 과거제도를 확충하여 새롭게 정비된 행정기구의 담당자로서 문신 관료를 등용하였다. 문치주의를 택한 송에서 과거제도를 통해 등용된 사대부들이 사회의 지배층으로 등장하게 되었다.[31]

북송대 선종은 여전히 번성하였는데, 특히 임제종과 운문종 그리고 법안종이 유행하였다. 당대의 선사들은 대개 산림에 거주하며 선과 농사를 겸한 선농일치의 모습을 띠었고, 다른 한편으로는 사대부와 교류하면서 이른바 '사선士禪'의 풍조가 나타났다. 북송에 이르러 사대부들의 문화 수준이 높아서 그들이 선을 익히자 그 형식은 더욱 고양되었다. 예를 들면 시를 사용하여 선을 설하는가 하면, 문자로써

---

31 이부키 아츠시 저, 최연식 역, 『새롭게 다시 쓰는 중국 禪의 역사』, 도서출판 씨·아이·알, 2011, pp.159~161.

선을 설하게 되었다. 이것이 바로 문자선이 흥기하게 된 중요한 사회적 배경이라 할 수 있다.

선종이 발전한 이후에는 각종 등록과 선사들의 어록이 다량으로 출현하게 되었는데, 이 때문에 '불립문자'에서 '불리문자'로 변화되었다. 952년 최초의 등록인 『조당집』이 출현하고, 1004년에 『경덕전등록』이 나온다. 북송대 『전등록』이 출현하고 마조·백장·황벽·임제의 사가어록이 등장하면서 선종 내부에서 언어를 중시하는 새로운 변화가 일어나게 된다. 초기에 선사들은 역대 조사와 대덕들이 오도悟道한 인연들을 모아 놓은 '공안公案'을 통해 학인들이 함께 참구하였는데. 점차 시간이 지나면서 이것에 해석을 가한 이른바 '송고頌古' 혹은 '평창評昌' 등의 형식으로 변화시킨 '문자선文字禪'이 유행하게 되었다. 북송 말기에 이르면 과격한 선승들 사이에서 문자와 경교를 무시하고 천박하고 근거 없는 말들을 하면서 선의 우월함을 과시하는 폐풍이 일어나게 되었는데, 뜻이 있는 승려나 선에 밝은 사대부들은 이를 통렬히 비판하게 된다. 이들은 이러한 선을 '광선狂禪·아선啞禪·마선魔禪·암증선暗證禪·사선邪禪'이라 비판했고, '선교일치'와 '선교합일'을 주장했다.[32]

송대 이후 문자선은 크게 융성하였는데, 일반적으로 계통상 문자선은 혜홍 각범에 의해 시작되었다. '문자선'이란 실제로 문자를 가지고 선을 설명한 것인데, 선을 가르치거나 선을 전파하며 심지어 학인들의 오도와 심천을 감변하는 데 문자를 사용하였다. 문자는 형식이고

32 정상홍, 「北宋 詩僧 惠洪과 그의 文字禪」, 『백련불교논집』 12, 성철사상연구원, 2002, p.192.

선은 내용이다. 문자는 일개 형상적 이름인데 '갈등선葛藤禪'이라 부르기도 하였다. 왜냐하면 선의 본질은 마땅히 돈오견성하는 것인데, 이것은 언설로 불가하기 때문이다. 그래서 이는 에둘러 선을 설하는 '요로설선繞路說禪'에 속한다. 말이지만 말로 할 수 없기 때문에 갈등의 형식을 취하게 된 것이다.

혜홍은 『선림승보전禪林僧寶傳』과 『임간록林間錄』의 저자로 잘 알려져 있지만, 그는 또한 시문집 『석문문자선石門文字禪』을 저술하여 '문자선'이란 말을 직접 사용하였다. 명대의 고승 자백 진가는 이 『석문문자선』에 대한 서문을 썼는데, 여기에서 문자선을 다음과 같이 찬양하고 있다.

> 선禪을 봄이라 한다면 문자文字는 꽃이다. 봄은 꽃으로 말미암아 있으니 모든 꽃은 곧 봄이다. 꽃은 봄으로 말미암아 있으니 모든 봄은 곧 꽃이다. 그런데 선과 문자가 둘이라고 말하겠는가? 덕산·임제의 방과 할이 서로 내치달았지만 일찍이 문자 아님이 없었다. 청량·천태의 경소經疏와 논論도 일찍이 선 아님이 없었다. 그런데 선과 문자가 둘이라고 말할 것인가? 근래에 이르러 더욱 서로 조소하고 비난함이 물과 불보다 심하다. 송대의 적음 존자가 이를 우려하여 그 저서를 '문자선'이라 한 것이다.[33]

---

33 眞可, 「石門文字禪序」, "禪如春也 文字則花也. 春在於花 全花是春. 花在於春 全春是花. 而曰禪與文字有二乎哉. 故德山臨濟 棒喝交馳 未嘗非文字也. 清涼天台 疏經造論未嘗非禪也. 而曰禪與文字有二乎哉. 逮於晚近 更相笑而更相非 嚴於水火矣. 宋寂音尊者憂之 因名其所著曰文字禪." 위의 책, p.219. 재인용.

위의 진가의 서문은 혜홍이 문자선을 주창한 의의에 대하여 명쾌하게 밝혀 놓고 있다. 혜홍은 문자와 선이 비록 똑같아질 수는 없지만, 문자선은 가능하다고 보았다. 우선 선은 문자를 통해 표현할 수 있다고 보았으며, 또 문자를 이용하여 어떠한 사람의 증오 여부와 그 심천을 점검할 수 있다고 보았다. 마음의 오묘한 작용을 언어로 전하는 것은 불가능하지만 언어로써 볼 수는 있다. 대개 언어란 마음의 연緣이며 도의 표식이다. 표식을 통해 마음과 계합되면 학자는 언어로써 도의 심천을 얻을 수 있다. 여기에서 '언어'란 곧 문자이고, '마음의 오묘한 작용'은 선이다. 불교에서 말하는 '인연'에서 '인'이 중요하긴 하지만 '연' 또한 없지 않으면 안 된다. 문자가 설사 선의 일종의 '조연助緣'에 불과하다 하더라도 분명 이것이 필요한 것이다.

혜홍은 언어 문자가 도를 장애하는 근본이라 생각하지 않았으며, 오히려 도를 실현하는 수단으로 보았다. 그래서 '대법은 언어에 구속되지 않으며 언어를 빌려서 그것을 발현해야 한다'라고 주장하였다. 그는 '현진거망顯眞去妄'의 네 글자를 통하여 언어가 선학에 있어서 도를 장애하는 것이 아님을 설명하였다. 혜홍은 확실하게 문자선이 필요하다는 것을 주장하였는데, 상相을 통하여 진眞을 설하는 것이 문자를 통해 이루어짐을 밝힘과 동시에 문자선에는 망을 제거하는 작용이 있다는 점 또한 강조하였다.

혜홍과 더불어 문자선에 있어서 빼놓을 수 없는 인물은 설두 중현과 원오 극근이다. 설두는 『송고백칙』을 저술하였고 원오는 『벽암록』을 저술하였는데, 『벽암록』은 바로 『송고백칙』의 해설서로 이해하면 된다. 설두에 앞서 문자선을 체계화시킨 인물로 분양 선소가 있다.

분양 또한 고인의 백칙을 선별하여 시를 붙인 『분양송고』를 저술하였고, 선문답의 발문發問 형태로 저술한 『분양십팔문』을 저술하였다.[34] 이외에도 문자선과 관련된 인물과 저술에 대하여 논해야겠지만 본고에서는 생략한다.

혜홍에 의해 '문자선'이 등장하면서 이론상으로 두 가지 난제에 부딪히게 된다. 하나는 '문자선의 가능성을 어디에서 찾을 수 있는가?' 하는 것인데, 이는 '교외별전 불립문자'의 선을 문자로써 표현할 수 있는가 하는 점이다. 둘째는 문자선의 필요성 유무인데, 요로설선과 직지인심이 함께 공존할 수 있는가 하는 점이다.

앞서 진가의 글에서 본 것처럼 혜홍을 비롯하여 설두와 원오는 이 같은 문제에 대하여 잘 대응했고, 이를 통해 문자선의 유행을 가져오게 되었다.

2) 요로설선繞路說禪

불리문자의 문자선은 요로설선으로 불리어진다. 요로설선의 대표적인 저작은 『벽암록』이다. 원오의 『벽암록』은 한마디로 설두의 『송고백칙』에 대한 해설서라 할 수 있다. 『송고백칙』에서 백칙은 선문답 100가지를 말하는데, '칙則'이란 원래 본보기 또는 모범이라는 뜻이라고 한다. 따라서 『송고백칙』은 모범이 되는 선문답 100가지에 덧붙인 '송고頌古'라는 의미가 된다. '송고'는 옛 선승들의 선문답이나 언행을 칭송한 시나 게송偈頌을 말한다. 말하자면 선禪이 문학과 연계되어

---

34 원오 극근 편저, 혜원 역해, 『한권으로 읽는 벽암록』, 김영사, 2021, p.578.

'송고문학'이 탄생된 것인데, 그 시작은 중국 북송 시대 초기부터라고 한다.

선문답은 형식 논리를 뛰어넘고 있기 때문에, 일반인은 물론 수행자들도 그 의미를 알기 어렵다. 그래서 선사들은 여기에 다시 시나 노래를 덧붙여 그 의미를 깨닫게 하고 있다. 『송고백칙』이 바로 그 작업의 하나인 것이다. 그러나 수행자들은 이 역시 이해가 가지 않아 당시 유명한 선사이자 송나라 황제의 자문 역까지 맡았던 원오 극근에게 자세한 해설을 요청했다. 이에 원오 극근이 세세한 해설을 해 주었고, 제자들이 그 내용을 모아 책으로 엮어 낸 것이 바로 『벽암록』이다. 책의 구성은 다음과 같다.

맨 앞에 100개의 선문답 각 칙에 대한 원오의 문제 제기가 나온다. 이를 '수시垂示'라고 하는데, 수시가 없는 칙도 있다. 다음으로 설두가 가려 뽑은 각 선문답이 제시되어 있는데, 이를 '본칙本則'이라고 한다. 이어 설두가 본칙의 공안에 시를 읊은 게송 곧 '송고頌古'가 나온다. 그러고 나서 '본칙'과 '송고'에 대한 원오의 논평과 해설이 이어진다. 이를 '착어着語'와 '평창評唱'이라 부른다. '착어'란 송 가운데 협주夾注를 단 것이고, 평창은 구체적인 설명을 가한 것이다.[35]

『벽암록』에 등장하는 인물은 130여 명에 이르는데, 이들은 당대의 선승과 거사들이다. 여기에는 잘 알려지지 않은 무명無名의 선승도 40여 명 포함되어 있다. 불교의 인격으로는 부처, 세존, 문수보살, 관음보살, 아라한, 염마대왕, 외도, 유마거사를 포함해서 9명에 불과

35 賴永海 저, 김진무 역, 『불교와 유학』, 운주사, 2010, p.297.

하다. 중국의 선승으로 운문 문언 선사가 16회로 가장 많이 등장하고, 다음에 조주 종심 선사가 12회, 설두 스님도 13회나 등장하며, 부대사와 방거사, 유철마와 같은 비구니도 등장하고 있다.

그렇다면 '『벽암록』이 왜 송대 사대부들을 그토록 매료시켰는가?' 하는 점을 살펴보자. 물론 이는 『벽암록』을 직접 읽어보아야 하겠지만, 여기에서는 간단하게 제5칙 '설봉, 진대지雪峰盡大地'와 제12칙 '동산, 마삼근洞山麻三斤'[36]을 들어 설명해 보겠다. 우선 두 칙은 모두 원오의 수시와 설두의 송이 나타나 있다는 점에서 요로설선의 특징을 볼 수 있고, 제5칙은 '온 대지가 쌀 한 톨과 같다'는 비유가 있는 반면에 제12칙은 '마삼근'이라는 말로 사물을 그냥 지시하고 있는 점에서 두 칙이 대조를 이루고 있어서 그 차이를 볼 수 있는 장점이 있다. 본칙의 내용은 압축하여 소개하고 착어와 평창은 생략한 후, 원오의 수시와 설두의 송에 대해서만 살펴보고자 한다.

제5칙의 본칙 내용은 다음과 같다.

> 어느 때 설봉은 대중에게, "온 대지는 굉장히 광대하다고 생각했는데 집어 들어보니 쌀 한 톨 정도밖에 되지 않았어. 그런데 그대들 면전에 던졌는데, 내가 내던진 것이 전혀 보이지 않는다면 북을 쳐서 산중의 모든 대중을 동원해 찾아보도록 해 봐."라고 하였다.[37]

---

36 본칙의 이름은 『벽암록』의 원문에는 따로 명시되어 있지 않다. 여기에서는 혜원이 『한권으로 읽는 벽암록』에서 붙인 이름을 따른 것이다. 이하 관련 내용도 이 책의 편재와 글을 참조하였다. 이 책에 소개된 본칙의 내용은 『벽암록』의 내용 전부가 아닌 그 가운데 중요한 것을 선별하여 놓은 것이다.

이에 대하여 설두는 다음과 같이 송을 붙였다.

牛頭沒馬頭回　소머리가 사라지니 말머리가 돌아온다.
曹溪鏡裏絶塵埃　조계의 거울 속에는 티끌 하나 없네.
打鼓看來君不見　북을 쳐, 보게 해도 그대는 보지 못하는데
百花春至爲誰開　봄이 오면 온갖 꽃들은 누굴 위해 피는가.[38]

위의 송에서 볼 수 있듯이 설두는 송을 통하여 설봉의 깨달음의 진수를 에둘러 표현하고 있다. "소머리가 사라지니 말머리가 돌아온다."는 구절은 본칙에서 지옥의 옥졸 우두가 모습을 감추었다고 생각했는데 다른 옥졸 마두가 돌아온 것을 비유한 것으로 본칙의 취지를 잘 표현하고 있는 구절이다. 원오의 아래의 수시는 이러한 본칙의 내용과 설두의 송에 담긴 선적 대의를 자신의 견지에서 대중들에게 들어 보이고 있다.

무릇 종지를 세우려면 반드시 뛰어난 자라야 한다. 살인을 하고도 눈 하다 깜짝하지 않는 수단이 있다면 가히 그 자리에서 성불하리라. 그러므로 비춤과 작용이 함께하고, 쥐락펴락함이 자재하며,

---

37 원오 극근 편저, 혜원 역해, 앞의 책, p.39.

38 紹隆等編,『圓悟佛果禪師語錄』(大正藏 48, p.145b), "牛頭沒(閃電相似 蹉過了也)馬頭回(如擊石火)曹溪鏡裏絶塵埃(打破鏡來 與爾相見 須是打破始得)打鼓看來君不見(刺破爾眼睛 莫輕易好 漆桶有什麽難見處)百花春至爲誰開(法不相饒 一場狼籍 葛藤窟裏出頭來)." ( )의 내용은 원오의 평창이다. 참고로 소개하였다. 번역문은 혜원 역해, 위의 책, p.38.

근원과 현상이 둘이 아니고, 방편과 실상이 병행한다. 그러나 제일의第一義는 놔두고 제이의第二義의 문을 세운다. 직하直下에 갈등을 전단하면 후학 초심자들은 다다르기 어렵다. 이에 그러했던 것은 어쩔 수 없었다 해도, 오늘 또 그러하다면 죄와 허물이 하늘에 미칠 것이다. 눈 밝은 놈이라면 한 점이라도 속지 않을 것이다. 그렇지 않다면, 호랑이 아가리 속에 드러누워 몸을 잃고 목숨을 버리는 것을 면할 수 없다. 예를 들어볼 테니 참구해 보라.[39]

또 제12칙의 본칙 내용은 간단하다. 어느 날 어떤 승이 동산 수초에게 "무엇이 부처입니까?" 하고 물었다, 이에 대하여 동산이 "마 삼근이다."라고 대답하였다. 이에 대해 설두는 다음과 같이 송을 지었다.

金烏急玉免速 금 까마귀 날쌔고 옥토기 재빠르다.
善應何曾有輕觸 잘 응했는데 어찌 가벼이 보았으랴.
展事投機見洞山 한 현상을 펼쳐 기틀에 따라 던지니 동산을 보고서
跛鱉盲龜入空谷 절름발이 자라와 눈먼 거북, 빈 골짜기로 들어간다.
花簇簇錦簇簇 꽃은 만발하고 비단은 화려하며
南地竹兮北地木 남녘에는 대, 북녘에는 나무.
因思長慶陸大夫 인하여 생각한다. 장경과 육대부

---

39 위의 책, p.144c, "垂示云. 大凡扶豎宗教 須是英靈底漢. 有殺人不眨眼底手脚方可立地成佛. 所以照用同時卷舒齊唱 理事不二 權實並行. 放過一著 建立第二義門. 直下截斷葛藤 後學初機難爲湊泊. 昨日恁麼 事不獲已 今日又恁麼 罪過彌天. 若是明眼漢 一點謾他不得 其或未然 虎口裏橫身 不免喪身失命. 試擧看." 번역문은 혜원 역해, 위의 책, p.37.

> 解道合笑不合哭 咦. '웃어야지 곡해서는 안 된다'고 잘라 말했음을. 쯧![40]

'뜰 앞에 잣나무'·'똥 막대기' 그리고 '마삼근' 등 선사들은 도와 부처에 대하여 이렇게 말하곤 한다. 도대체 이것이 무슨 말이며, 무엇을 은유하거나 상징한 말이란 말인가. 아니 이렇게 말하고 있는 선사들의 숨은 의도는 무엇이란 말인가. 이에 대해 원오는 다음과 같이 수시하고 있다.

> 살인도·활인검은 옛 풍규이며 또한 오늘날에도 추요(樞要: 지도리, 근본)가 된다. 만약 '살殺'을 논하면 털끝 하나 다치지 않고, 만약 '활活'을 논하면 몸을 잃고 목숨을 잃는다. 그래서 '향상일로는 수많은 성인도 전하지 못했다'라고 말한다. 공부하는 자가 형상에 애쓰는 것은 원숭이가 그림자를 잡으려는 것과 같다. 자. 말해보라. 이미 전하지 않았는데 무엇 때문에 도리어 많은 갈등 공안이 있는가. 눈앞에 있는가. 눈 있는 자, 예를 들어볼 테니 참구해 보라.[41]

---

40 위의 책, p.153a "金烏急(左眼半斤 快鷂趕不及 火焰裏橫身)玉免速(右眼八兩 姮娥宮裏作窠窟) 善應何曾有輕觸(如鐘在扣 如谷受響)展事投機見洞山(錯認定盤星 自是闍黎恁麽見) 跛鱉盲龜入空谷(自領出去 同坑無異土 阿誰打爾鷂子死)花簇簇錦簇簇(兩重公案 一狀領過 依舊一般) 南地竹兮北地木(三重也有. 四重公案 頭上安頭)因思長慶陸大夫(懶兒牽伴 山僧也恁麽 雪竇也恁麽) 解道合笑不合哭(呵呵 蒼天夜半更添冤苦) 咦.(咄是什麽 便打)." 번역문은 혜원 역해, 위의 책, p.75.

주의 깊게 보아야 할 점은 이러한 『벽암록』이 북송대 선승과 사대부 사이에서 큰 반향을 일으켜 크게 유행하였다는 사실이다. 여기에서는 '문자선'에 있어서 언어 문자가 실제로 어떻게 사용되고 있는지를 살펴보는 것으로서 이에 대한 논의를 대신하고자 한다. 다만 설두와 원오가 에둘러 선을 말한 본의가 과연 독자들이 제대로 간파했는지는 의문이다.

선불교의 언어관을 논함에 있어서 『벽암록』의 가치에 대하여 주목해야 할 필요가 있다. 그럼에도 이 문자선은 역시 조사선의 정신에서 보면 일보 후퇴하였다고 평가할 수 있으며, 이에 대한 문제 또한 등장하기 마련이다. 원오의 제자이자 간화선을 창도한 대혜가 『벽암록』을 불태운 사건이 널리 알려져 있듯이 『벽암록』이 끼친 나쁜 영향 또한 적지 않았다. 이러한 점에 대하여 신규탁은 다음과 같이 밝히고 있다.

> 이렇게 해서, 개개의 화두(공안)마다 각자 사연과 과정은 다르지만, 생성되고 발전해 오다가 특정한 시기에 이르러 그 '생명 활동'은 정지되곤 한다. 필자가 화두(공안)의 이런 현상을 '생명 활동'이라고 명명하는 이유는 '작은 이야기'가 만들어진 다음에, 그것이 '역사적 산물'이든 아니면 '이념적 산물'이든, 생명체가 진화하듯이 생생하게 수행하는 선승들의 치열한 구도와 토론 속에서 활용되고

---

41 위의 책, p.152, "垂示云. 殺人刀活人劍 乃上古之風規 亦今時之樞要. 若論殺也 不傷一毫 若論活也 喪身失命. 所以道. 向上一路 千聖不傳 學者勞形 如猿捉影. 且道. 既是不傳 爲什麽. 卻有許多葛藤公案. 具眼者 試說看."

때로는 변화해 가기 때문이다. 그러나 중국 선종 역사 속에 드러난 화두(공안)의 생성, 강의, 참구에 관한 검토나 생생한 수행승들이 사라지고 나면 그 껍질만 형해形骸처럼 남는다. 그리고는 그 형해를 우려먹는다. 물론 진국은 전혀 없다. 때로는 문자의 홍취나 희롱하는 '잘못된' 선문학禪文學에 빠지기도 한다. 남의 게송偈頌이나 모방하는 따위가 이런 경우이다.[42]

위의 글에서 볼 수 있듯이 "선을 봄이라 한다면 문자는 꽃이다."라고 문자선을 찬양하였던 진가의 기대와는 달리, 조사선의 불립문자에서 문자선의 불리문자로 변화된 것과 같이 문자선의 불리문자는 간화선의 불립문자로 변화되어 진다.

5. 간화선과 언어

1) 간화선의 출현

'간화선看話禪'이란 용어는 '화두(話)를 간看하여 깨달음에 이르는 선'이라는 뜻이다. 여기서 '간看'이란 '지켜보다'·'주시하다'·'살펴보다' 등의 의미라 할 수 있고, '화두話頭'란 역대 조사들의 선문답 즉 '공안公案' 가운데 하나를 선택하여 수행자의 내면에 문제의식으로 자리 잡은 것을 말한다. 수행자에 의하여 결택된 하나의 화두는 표면적으로는 일상 언어로 되어 있지만 이는 실實이 아닌 허虛이다. 그럼에도

42 신규탁, 「중국 선종 역사 속에 드러난 화두의 생성, 강의, 참구에 관한 검토」, 『한국선학』 30, 한국선학회, 2011, p.37.

간화선 수행이 지속되는 가운데 이러한 화두는 절대 놓쳐서는 안 되며, 어느 순간 내가 화두를 드는 것이 아니라 화두가 주체가 되어 거꾸로 나를 지배하기도 한다. 화두라는 객체와 나라는 주체가 하나가 되고, 더 나아가 주객이 사라질 때 깨달음의 세계는 드러나게 된다. '공안'과 '화두' 그리고 '공안선'·'문자선'·'간화선' 등에 대한 개념이 선학자들 사이에서 아직 통일되지 않았기에 간화선에 대한 이해에 있어서 혼란을 증폭시키는 점이 있다. 즉 화두를 공안과 동일한 개념으로 이해하는 사람들도 있고, 공안 가운데 특수한 경우가 화두라고 이해하는 사람도 있다.[43] 또 공안선의 범위 가운데 문자선과 간화선이 포함된다고 보는 견해도 있고, 공안선과 문자선을 동일한 것으로 보고 간화선을 분리해 이해하는 견해도 있다. 혜원은 공안선 안에 문자선과 간화선이 포함된다고 보고 다음과 같이 말하고 있다.

> 공안선은 공안의 참구 방법에 따라 대략적으로 '문자선'과 '간화선'으로 나눈다. 문자선은 공안의 비평이나 재해석을 통하여 선리를 참구하는 것이다. 구체적으로 본래 문답의 회답에 대한 대안이나 다른 해석을 하기도 하고(대어, 별어), 문답의 취지를 시로 노래하거나(송고), 논평(염고)을 가하기도 한다. 또한 그러한 것을 강설

---

43 예를 들어 인경은 공안과 화두를 엄격하게 구별해야 하고 있다. 즉 '공안'이 단순하게 판례집에 기록된 선문답이라면, '화두'는 특정한 공안이 개인의 내면에 투철한 문제의식으로 자리 잡은 경우라고 말한다. 반면 혜원은 '공안선' 안에 문자선과 간화선이 있다고 말하여 공안선이 보다 외연이 넓은 개념이라고 주장한다.

(평창)하기도 한다. 반면 간화선은 특정한 하나의 공안에 대한 의단疑團을 전 의식으로 집중하여 의식의 한계점까지 다다라, 그 극치에서 의식의 격발과 대파大破로 극적인 대오의 실제 체험을 얻게 한다.[44]

위의 내용에서 알 수 있듯이 혜원은 공안선에 대하여 참선의 매개가 '공안/화두'이고, 그것을 어떻게 참구하느냐에 따라 문자선과 간화선으로 나뉜다고 본다. 이에 비해 인경은 '공안'과 '화두'의 개념에 분명한 차이가 있다는 점을 원오와 대혜의 어록에서 사용된 용례를 분석하여 다음과 같이 주장하고 있다.

첫째, 원오와 대혜 모두 공안과 화두를 구별하여 사용하고 있는데, 이때 공안은 고인의 선문답의 사례라면, 화두는 공안 가운데 핵심이 되는 언구를 가리킨다.
둘째, 둘 사이의 차이점도 발견되는데, 원오의 경우 선대의 공안을 긍정적으로 평가하고, 그것을 학인들에게 공부하는 방법으로 활용하고 있는 점에서 '공안선'이라 부를 수가 있다. 당대의 공안이 1차적인 현성공안이라면, 원오의 공안은 2차적인 활용으로 공안에 대한 잘못된 이해를 배격하고, 공안이 가지는 낙처를 물어서, 수행의 점검으로 삼았다. 대혜의 경우 원오의 사용방식을 계승하지만, 공안을 철저하게 부정한 점에서 차이점이 발견된다. 그는 원오처럼 공안을 사량 분별로 이해하는 방식을 거부했다. 공안을

---

44 원오 극근 편저, 혜원 역해, 앞의 책, p.578.

샂된 마귀, 불태울 쓰레기, 수행자의 안목을 장애하는 독으로 묘사하면서, 화두에서 의심을 일으켜야 함을 강조하였다. 이것이야말로 대혜의 고유한 특징으로서 그를 간화선의 창시자라고 불러도 좋겠다.

셋째, 대혜는 화두의 본질을 의심이라 했다. 그는 화두를 통하여 깨달음을 강조하고 화두에 의한 깨달음이 없는 묵조선을 비판하면서, 이런 화두를 통해서 혼침과 도거의 병을 극복하고 정혜를 개발시킬 수 있음은 물론, 화두는 사대부의 사량분별을 고칠 수 있는 경절처임을 강조했다.[45]

여기에서 혜원이 공안선의 범주 속에 문자선과 간화선을 포함시켜 공안과 화두를 구별하지 않은 반면, 인경은 '문자선=공안선'이라는 개념 아래 공안과 화두를 구별하고 나아가 공안선과 간화선을 구별하고 있음을 볼 수 있다. 그런데 이는 '공안선'에 대한 개념을 달리하고 있기 때문에 서로의 견해에 차이가 있는 것처럼 보이나, 실제로 원오와 대혜에게 차이가 있다는 관점은 크게 다르지 않다. 즉 원오의 경우 공안과 언어를 긍정하고 나아가 공안에 대한 사량분별을 허용하고 있는 반면, 대혜의 경우 공안과 언어를 부정하고, 공안에 대한 사량분별을 차단하고 있다고 보고 있는 것이다. 필자 또한 이러한 견해에 공감한다. 다만 여기에서는 '공안선'이라는 말은 사용하지 않고 '문자선'과 '간화선'의 개념만을 사용하여 논의를 진행하고자 한다.

대혜의 간화선이 출현하게 된 사회적 배경은 문자선의 출현 배경과

---

45 인경, 『개정판 쟁점으로 살펴보는 현대 간화선』, 조계종출판사, 2022, p.464.

크게 다르지 않다. 대혜가 문자선과 묵조선을 비판한 것은 잘 알려져 있다. 문자선에 심취된 주체는 송대 사대부들이었다. 당시 사대부들로부터 대혜와 굉지는 큰 존경을 받았고, 그들에게 많은 영향을 끼쳤다. 문자선이 지닌 문제를 직시하고 새로운 대안을 제시한 것이 대혜의 간화선과 굉지의 묵조선이라 말할 수 있다. 언어를 미끼로 언어의 사유 작용을 끊도록 유도한 것이 간화선이라면, 언어 이전의 본래 마음에 머물러 있어야 한다고 강조한 것이 묵조선이다. 그럼에도 대혜와 묵조가 당시 사대부들을 압도할 정도로 언어 문자에 밝았던 점은 공통점이다. 어쩌면 문자선의 정점에 서 있었기 때문에 문자선을 비판하고 새로운 길을 찾을 수 있었던 것이다.

간화선에 있어서 일차적으로 관심을 기울여야 하는 것은 '화두'이다. 선에 있어서 '화두話頭'란 '말머리'라고도 번역하지만 '대화' 즉 '선문답'이다. 구체적으로 등록과 선사들의 어록에 나타난 선문답이다. 『경덕전등록』에 나타난 1,700가지 선문답을 우리는 1,700 '공안公案'이라 부르는데, 이는 이러한 선문답 속에 깨달음의 진실이 관공서의 문서와 같이 보증할 수 있다는 의미이다. 즉 여기에서 '화두'와 '공안'이 지칭하는 대상은 동일하다. 그런데 간화선에서는 이러한 '화두/공안' 가운데 '선별/결택'하여 선 수행의 도구로 사용하는 것이다. '간看'이란 글자는 '手'와 '目'으로 구성되어 있는데, 손으로 눈 위를 가리고 먼 곳을 봄을 말하는 회의 문자이다. '견見'이란 글자는 눈을 크게 뜬 사람을 그려 대상물을 보거나 눈에 들어옴을 형상화한 것이다.[46] 밖의

---

46 하영삼, 『한자어원사전』, 도서출판 3, 2013, p.10. 참조.

경계가 눈에 들어오는 것을 '見'이라 한다면, '看'이란 '見'보다 주관적이고 의식적으로 대상을 주시하여 봄을 말하는 것이다.

1,700 공안 가운데에서 결택된 하나의 선문답이 간화선의 대상이 된다. 이것을 '화두'라고 정의한다면, 공안과 화두는 그 의미가 다르다고 할 수 있다. 즉 개념적으로 외연으로 보면 공안이 크고, 내포로 보면 화두가 큰 것이다. 그러나 달리 생각하면 조사들의 '공안'은 현장에서 직접적으로 이루어진 선문답이고, 간화선사들이 제시한 '화두'는 과거에 있었던 공안을 소환하여 다시 제기하고 있다는 면에서 2차적이거나 간접적이라 볼 수 있다.

여기서 문제는 이러한 화두가 '언어'로 이루어져 있다는 것이다. 즉 스승과 제자 간 선문답의 내용은 표면적으로 일상적인 대화를 옮겨 놓은 것이다. 예를 들어 조주의 '무자 화두'를 들어 설명해 본다면 한 승려가 "개에게는 불성이 있는가, 없는가?"를 물었고, 조주는 "없다"라고 대답했다. 이것이 한 승려와 조주 사이에 일어난 선문답이다. 대혜가 바로 이 문답을 가져와 제자들에게 다시 질문을 던진 것이다. "왜 조주는 없다고 대답한 것인가?" 이에 대해 간화선 수행자는 두 가지의 단계를 거치게 된다. 첫째는 일체중생은 다 불성이 있다고 『열반경』에서 말하고 있는데, 왜 조주는 "없다"라고 했을까 하는 의심의 단계가 있고, 다음은 그 의심이 뭉쳐 하나의 의단을 형성하여 '무無!' 하나에 몰입된 단계가 있다. 전자는 사량분별을 통해 전체의 문맥을 고려하여 의심하는 것이고, 후자는 '무' 한 글자에 의심을 집중하는 것이다. 전자를 '전제全提', 후자를 '단제單提'라고도 말한다. 이와 같이 화두를 참구하는 데에 있어서 하나는 의단이 형성되기까지의 단계가 있고, 이어 의단이 형성된 이후 그 의단을 지속시켜 깨달음에 이르는 단계가 있는 것이다.

이러한 간화선 수행법에 대한 대혜의 글 하나를 살펴보자.

> 승려가 조주에게 묻기를, "개에게도 불성이 있습니까, 없습니까?" 하니 조주가 말하기를, "없다(無)."라고 하였다. 참구할 때 널리 사량하지 말고, 해석을 붙이지 말고, 알음알이를 얻으려 하지 말며, 입 여는 곳에 나아가 참견하지 말고, 드는 곳을 향해 도리를 짓지 말고, 공적한 곳에 떨어지지 말며, 마음에 깨달음을 기다리지 말고, 종사를 향해 짐작하지 말며, 일이 없는 곳에 떨어져 있지 말라.
>
> 다만 행주좌와에 때때로 "개에게도 불성이 있습니까, 없습니까? 없다!"라는 것을 일깨워라. 일깨워 익음을 얻으면 의론하고 사량함이 미치지 못하니, 마음속에 일곱이 오르면 여덟을 놓아버린다. 마치 쇳덩이를 씹는 것 같고 아무 재미가 없을 때에도 절대로 그 뜻을 잊지 말 것이니, 이러한 경지에 이르면 도리어 좋은 소식이 있을 것이다."[47]

---

47 蘊聞編, 『大慧普覺禪師語錄』 권21, '示呂機宜(舜元)'(『大正藏』 47, p.901c), "僧問趙州. 狗子還有佛性也無. 州云 無. 看時不用博量 不用注解 不用要得分曉 不用向開口處承當 不用向擧起處作道理 不用墮在空寂處 不用將心等悟 不用向宗師處領略 不用掉在無事匣里. 但行住坐臥 時時提撕 狗子還有佛性也無. 無. 提撕得熟, 口議心思不及 方寸里七上八下. 如咬生鐵鐝 沒滋味時 切勿忘志 得如此時 却是個好消息."

위의 인용문은 조주의 무자 화두를 들 때 경계해야 할 점과 더불어 화두를 참구함에 있어서는 반드시 행주좌와에 걸쳐 행해야 하며, 때때로 일깨워서 전심전력하여 생각 생각마다 잊지 말아야 한다고 말하고 있다. 그리고 몰자미한 상태에 이를 때까지 지속적으로 수행하면 깨달음의 순간이 온다는 점을 밝히고 있다.

간화선 수행이란 한마디로 언어로 이루어진 선문답 즉 '화두'를 가지고 '분별 망상'을 깨부수는 것이다. 그런데 화두 참구의 진행 과정은 의정疑情을 통해 의단疑團을 형성하고, 이후 의단을 삼매화하여 지속함으로써 분지일발噴地一發의 순간을 맞이하는 것이다. 따라서 간화선 수행의 관건은 '의정의 의단화'라 할 수 있다. 그런데 '의정'을 통해 '의단'을 형성하는 과정에서는 언어적 개념과 논리적 분별 의식이 작동하게 되어 있다. 즉 '분별 의식을 가지고 분별 의식을 깨부수는 것'이 간화선 수행의 또 다른 한 특징이라 할 수 있다. 혜심은 조주의 '무자' 화두를 공부하는 것에 대하여 다음과 같이 말하고 있다.

> 근본을 모르고 대충 공부하는 출가자(道)와 재가자(俗)의 무리들은 이 화두에서 처음부터 끝까지 제시되는 문답을 보고 표면적인 말에 얽매여 뜻을 확정하고, 유·무 양단 중 하나인 무(有無之無)라고 결정지어 이해한다. 그들은 다음과 같은 뜻을 전혀 모르고 있다. 오조 법연은 "조주가 드러낸 칼날이여! 서릿발같이 싸늘한 빛이 번득이는구나. 무슨 뜻이냐고 묻는다면, 몸을 갈라 두 토막을 내리라."라고 읊었으며, 진정 극문은 "업식이 있기 때문이라 말하니, 누가 그 뜻이 깊지 않다고 하는가? 바다가 마르면 마침내

> 바닥을 드러내지만, 사람은 죽어도 그 마음을 알 수 없느니라."라고 읊었다. 이 공안에 대한 이러한 취지의 게송들은 이루 헤아릴 수 없이 많다.[48]

위의 인용문에서 혜심은 일반적인 수행자들이 '이 화두에서 처음부터 끝까지 제시되는 문답을 보고 표면적인 말에 얽매여 뜻을 확정하고, 유·무 양단 중 하나인 무(有無之無)라고 결정지어 이해한다'라고 말한다. 즉 화두 참구는 '표면적인 말' 즉 언어의 의미에 천착해서는 이루어지지 않는다는 점을 분명히 하고 있다. 이후 열 가지 병통은 모두 분별 사량의 길이라 하여 그 잘못을 지적하고 있다.

『구자무불성화간병론』을 지은 혜심의 의도는 무엇일까? 위에서 볼 수 있듯이 이 글은 무자 화두에 대한 의문을 해소시키는 것이 아니라 오히려 그 의문을 증폭시키고 있다. 이러한 점은 간화선을 지도하는 선지식들에게서 공통적으로 나타난다. 이는 독으로써 독을 치는(以毒攻毒) 방법이라 할 수 있다. 대혜의 스승인 원오는 선사들이 법을 행할 때의 특징을 "방과 할을 행하고, 말로써 말을 버리게 하며, 기틀로써 기틀을 빼앗고, 독으로써 독을 치며, 작용으로써 작용을 부순다."[49]라고 말하고 있는데, 간화선 수행 또한 이와 같은 방법을

---

48 慧諶述, 『狗子無佛性話揀病論』(『韓佛全』 6, p.69b), "汎叅道俗 看此話始終問答 隨言定旨 決定作有無之無. 殊不知五祖演和尙頌云 趙州露刃釰 寒霜光焰焰 擬欲問如何 分身作兩段. 眞淨和尙頌云 言有業識在 誰云意不深 海枯終見底 人死不知心. 如是等頌 不可勝數."

49 紹隆等編, 『圓悟佛果禪師語錄』 권14(『大正藏』 47, p.777a), "行棒行喝 以言遣言 以機奪機 以毒攻毒 以用破用."

활용하고 있다.

2) 사구와 활구

간화선 수행에 있어 언어의 문제는 하나의 '화두'에 집중된다. 모든 선 수행의 궁극적 목적은 깨달음에 있고 간화선 또한 화두 참구를 통하여 칠통漆桶을 타파하는 것이 목적이다. 고봉은 『선요』에서 간화선 수행의 필수적인 요소로서 '대신심·대의심·대분지'의 세 가지를 들고 있다. 간화선 수행의 성공 여부는 '어떠한 화두를 결택하고 어떻게 의단을 형성하는가?' 하는 데에 있다. 이때 화두는 '사구死句'와 '활구活句'의 둘로 나뉘게 된다.

대혜는 "무릇 배움에 참여한 사람은 반드시 활구를 참구하여야지 사구을 참구해서는 안 된다. 활구 아래에서 깨달으면 영원히 잊지 않지만, 사구 아래에서 깨달으면 자신을 구하는 것도 이룰 수 없다."[50] 라고 하였다. 지눌은 『간화결의론』의 말미에서 "부디 엎드려 바라건대, 관행하여 세상을 벗어나려는 사람이 선문의 활구를 참구하여 깨달음을 증득한다면, 매우 다행이고 다행일 것이다."[51]라고 하였다. 이처럼 역대 수많은 명안종사들은 한결같이 간화선 수행에 있어서 '활구'를 참구해야만 한다고 강조하였다. '화두를 의심하지 않고 단지 관하는 것, 화두를 이성적으로 헤아려 그 뜻을 이해하려 드는 것'

---

50 蘊聞編, 『大慧普覺禪師語錄』 권14(大正藏 47, p.870b), "夫叅學者 須叅活句 莫參死句 活句下薦得 永劫不忘 死句下薦得 自救不."

51 知訥, 『看話決疑論』(韓佛全 4, p.737b), "伏望觀行出世之人 叅詳禪門活句 速證菩提 幸甚幸甚."

등을 사구라 하여 배격하였다.

활구의 조건은 결택한 화두 자체에도 있겠지만, 화두를 결택한 사람에게도 있다. 대혜는 제자들에게 무자 화두를 참구하게 하면서 제자들에게 무자 화두를 참구할 때 주의해야 할 병통에 대하여 자세히 설명한 후에 화두를 주었다. 물론 이러한 병통은 모두 논리적으로 모순되는 내용이어서 화두에 대한 의심을 제거하는 역할을 하는 것이 아니라 오히려 화두를 증폭시키게 되어 있다. 즉 화두는 비록 언어이지만 언어의 일반적인 기능과는 달리 언어를 통해 의심에 빠지게 하는 것이다.

그렇다면 이러한 화두는 구조상 어떠한 특징을 지니고 있는 것일까? 대혜가 간화선을 주창한 것은 그의 깨달음과 관련이 있고, 깨달음에 이르기까지 결정적인 영향을 미친 인물은 원오 극근이었다. 대혜의 깨달음의 순간은 다음과 같이 이루어졌다.

> 뒤에 원오의 방에서 '유구有句와 무구無句가 등나무 덩굴이 나무에 기대어 있는 것과 같다'는 말을 듣고서 대혜가 원오에게 물었다. "듣자 하니 스님께서 오조(법연) 스님 회하에 계실 때에 이 말을 물었던 일이 있었다고 하는데, 어떻게 말씀하셨는지 모르겠습니다." 원오가 웃기만 하고 대답하지 않았다. 대혜가 다시 말했다. "스님은 이미 여러 번 물음에 답하셨는데, 이제 말한들 무슨 상관이 있겠습니까?" 원오가 마지못하여 말했다. "내가 오조 스님에게 '유구와 무구가 등나무 덩굴이 나무에 기대어 있는 것과 같다는 뜻이 무엇입니까?' 하고 물으니, 오조 스님은 '그리려고 하여도

그리지 못하고 말하려고 하여도 말하지 못한다'라고 하셨다. 내가 '나무가 쓰러지고 등나무 덩굴이 말라버릴 때에는 어떻습니까?' 하고 물으니, 오조 스님은 '서로 따라 온다'라고 말씀하셨다." 대혜는 그 자리에서 활연히 크게 깨닫고는 말했다. "제가 알겠습니다." 원오는 차례차례 여러 인연을 가지고 물어보니 대혜가 모두 답하여 막힘이 없었다. 이에 원오가 기뻐하며 말하기를 "내가 너를 속일 수가 없구나." 하고서 『임제정종기』를 부촉하고는 기실記室을 담당하게 했다.[52]

원오는 역대 조사들의 공안에 대하여 갈등선葛藤禪이라는 말을 자주 말하였는데, 이 또한 그의 스승인 오조 법연으로부터 받은 영향이었다. 유와 무가 갈등하고 있는, '개에게 불성이 있는가, 없는가?'라는 무자 화두 또한 오조와 원오를 거쳐 대혜에 이르기까지 모두가 강조한 화두이다. 이것은 대혜가 공안 가운데 활구를 감별하는 주요한 기준 가운데 하나라고 말할 수 있다. 이는 『서장』 '증시랑에게 답함(答曾侍郎)'에 나타난 다음 글에서 알 수 있다.

또 고덕은 이렇게 말했다. "이 일은 유심으로 구할 수 없고 무심으로 얻을 수도 없다. 언어를 통해서 다가갈 수도 없고 침묵만 지킨다고 해서 통할 수 있는 것이 아니다." 이런 말들은 모두 중생을 위해 진흙 속이나 물에 들어가는 걸 꺼리지 않는 노파심에서 나온

---

52 대혜 종고 지음, 김태완 옮김, 『대혜보각선사어록 1』, 소명출판, 2011, p.484. 재인용.

> 간절한 말들이다. 이따금 참선을 닦는 사람들은 이러한 생각을 간과할 뿐, 이것이 무슨 도리인지는 자세히 살피지 않는다. 만약 뼈대 있는 사람이 가르쳐 주는 걸 잠깐 듣고서 그 즉시 금강왕보검으로 네 길(유심·무심·언어·침묵)의 갈등을 단숨에 끊어버리면, 생사의 길도 끊어지고 범성의 길도 끊어지며, 계교 사량의 길도 끊어지고, 득실 시비 역시 끊어진다.[53]

위에서 대혜가 말하고 있는 사로四路(유심·무심·언어·침묵) 갈등은 다름 아닌 반야 중관의 '유·무·역유역무·비유비무'의 변형이라 할 수 있다. 또한 혜능이 『단경』에서 말하고 있는 '36대법'의 연장선이라 할 수 있다. 이러한 점에서 '화두'를 통해 드러난 언어관이 초기불교의 연기, 중관의 중도, 조사선의 36가지 대법을 통한 중도사상을 계승하고 있음을 볼 수 있다.

왜 화두를 참구하여 깨달음에 이르는 간화선은 점수가 아니라 돈오라 하는가? 또 선서의 백미라 불리는 『벽암록』의 내용과 대혜 『서장』의 내용에서 전하고 있는 것이 다름이 없는데, 대혜는 왜 『벽암록』의 판목을 불태웠단 말인가? 또 원오는 불리문자의 문자선을 주창하였는데, 그에게 인가받은 대혜는 30권의 어록이 남아 있음에도

---

53 蘊聞編, 『大慧普覺禪師語錄』 권25(大正藏 47, p.917c), "又古德曰. 此事不可以有心求 不可以無心得. 不可以語言造 不可以寂默通. 此是第一等入泥入水 老婆說話. 往往參禪人 只恁麼念過 殊不子細 看是甚道理. 若是箇有筋骨底 聊聞擧著 直下將金剛王寶劍 一截截斷此四路葛藤. 則生死路頭亦斷 凡聖路頭亦斷 計較思量亦斷 得失是非亦斷."

불구하고 조사선의 불립문자로 돌아갔다고 말하는 것인가?

『서장』 '번제형에게 답함(答樊提刑)'에서 대혜는 다음과 같이 말하고 있다.

> 편지에서 "불사佛事는 실행할 수 있지만 선어禪語는 이해하지 못하겠다."라고 하였는데 '실행할 수 있는' 것과 '이해하지 못하는' 것은 서로 다르지도 않고 같지도 않다. 다만 실행할 수 있는 것이 바로 선어인 줄 알아야 한다. 선어는 이해하면서도 불사를 능히 실행치 못하는 것은 마치 물속에 앉아 있으면서 목마르다고 부르짖고, 밥상 앞에 앉아 있으면서 배고프다고 소리를 지르는 것과 무엇이 다르겠는가? 응당 선어가 바로 불사이고 불사가 바로 선어인 줄 알아야 한다. 능히 이해하고 능히 실행할 수 있는 것은 사람에게 있지 법에 있는 것이 아니다.[54]

간화선에서 '화두'란 실어實語가 아니다. 언어를 임시로 뱉어 놓았을 뿐 그 목적은 다른 곳에 있으니, 조사선의 '불립문자'로 회귀하였다고 말할 뿐이다.

---

54 위의 책, 권30(大正藏 47, p.942b), "示諭 能行佛事 而不解禪語 能與不解 無別無同. 但知能行者 卽是禪語 會禪語而不能行佛事. 如人在水底坐叫渴 飯籮裹坐叫飢何異. 當知禪語卽佛事 佛事卽禪語. 能行能解 在人不在法."

6. 결어

화엄에는 '한 티끌 속에 온 우주가 포함되어 있다(一微塵中含十方)'라는 말이 있다. 거대한 우주에서 보면 한 티끌이 지극히 작은 부분에 불과하지만, 그 작은 부분 속에도 하나의 우주가 온전히 갖추어져 있다. '부분이 모여 전체를 이루고 있다'는 것은 합리적 사유로는 이해되지 않는 말이지만 존재의 실상을 잘 드러내고 있는 말이라 할 수 있다. 불교와 선불교, 선불교와 혜능·마조의 관계도 그렇다. 불교와 선불교의 외연이 다른 것 같지만 꼭 그렇다고 말할 수 없고, 불교의 언어관과 다른 선불교의 언어관이 존재할 것 같지만 결코 그렇지 않다.

'선불교의 언어관'이라고 하면 우리는 먼저 '불립문자'를 떠올린다. 이것이 이전의 불교와는 다른 선불교 특유의 '언어'에 대한 관점이라고 생각한다. 그런데 뗏목의 비유나 지월指月의 비유에서 알 수 있듯이 언어와 진리와의 관계에 대하여 불교와 선불교의 관점은 의외로 동일하다. 부처님의 수많은 교설은 깨달음에 이르기 위한 수단이자 방편이어서 언어로 이루어진 교설에 집착하는 순간 스스로 만든 망념(言筌)에 빠지게 되어 깨달음을 방해하게 된다. 이는 언어를 바라보는 선불교의 관점이지만 불교 일반의 관점이기도 하다. '불립문자'란 언설을 통해서는 진리에 접근할 수 없다는 의미이지만 동시에 언설을 통하지 않고서는 진리에 접근할 수 없다는 의미를 전제하고 있다.

언어가 지닌 함정과 한계를 뛰어넘기 위해서는 다양한 방식이 등장하기 마련이다. 임시로 언어를 세우고 다시 그것을 해체하는 방법, 침묵, 언어 외적 행위, 방·할 등 다양한 방식이 선에서는 등장한다. '문자를 세우지 않는다'는 것은 문자에 구애되지 않는 것이며, 문자를 떠난 체험의 세계를 강조하는 것이기 때문에 '불리문자'란 말 또한 모순된 것이 아니다. 선과 언어의 긴밀한 관계에 대하여 김호귀는 다음과 같이 말하고 있다.

> 언어가 있기 때문에 생각이 있다. 그리고 생각이 있기 때문에 언어가 있다. 후자의 경우는 불립문자요 교외별전의 의미이고, 전자는 직지인심이요 견성성불의 입장이다. 보통 동물은 언어를 구사하지 못한다고 한다. 그것은 사고를 할 줄 모르기 때문이라고 한다. 그러나 체험적인 입장에서 말한다면 언어를 구사할 줄 모르기 때문에 사고할 줄을 모르는 것이다. 이것은 언어와 사고의 선후 문제가 아니다. 그와는 반대로 언어와 사고의 동시적인 문제이다. 언어를 여읜 사고는 불가능하다. 모든 종교와 사상과 문학과 수학과 과학과 예술은 언어를 통하여 이루어진다. 그 언어를 통하여 그 각각의 본질에 접근한다. 또한 사고를 여읜 언어란 의미가 없다. 언어란 일정한 의미를 담고 있다. 언어가 단순한 자연의 소리인 음향과 다른 점은 분명한 내용을 포함하고 있기 때문이다. 선은 언어이다. 언어를 통한 선은 방향이 있고 목적이 있으면 알맹이가 있다. 언어를 여읜 선은 방향을 잃은 배와 같다.[55]

'선이 언어를 딛고 일어설 때 비로소 언어를 초월할 수가 있으며,

---

55 김호귀, 『禪과 수행』, 도서출판 석란, 2008, pp.121~122.

언어를 초월한 선이야말로 진정한 언어이고 선이다'라는 김호귀의 주장은 선과 언어가 어떠한 상관성을 지니고 있는지를 잘 말해주고 있다.

선은 수행이고 체험의 세계이다. 선의 목표는 '견성성불'에 있고, 선의 관점에서 보면 인간은 깨달은 자와 깨닫지 못한 자 둘로 나누어진다. 물론 깨달거나 깨닫지 못했거나 모두가 불성을 지니고 있다는 점에서 보면 모두 깨달은 자라고 말할 수 있지만, 이 또한 깨달은 자의 안목이지 깨닫지 못한 자는 여전히 깨달음의 세계를 지향하기 마련이다. 선 수행에 있어서 언어는 일차적으로 하나의 장애이자 구속이다. 따라서 깨닫지 못한 자가 지니고 있는 언어의 장애와 구속을 풀어주는 것은 깨달은 자의 몫이 된다. 선 수행에 있어서 '언어'가 가장 중요한 관심의 대상으로 떠오르게 된 이유가 여기에 있다. 그러한 점에 있어서 선 수행은 언어의 문제와 긴밀한 상관성을 지니고 있기 마련이다. 선에서 언어는 극복되어야 할 대상이지만 동시에 극복을 가능하게 하는 수단이기도 하다.

선불교의 언어관에 접근하는 다양한 방식이 있겠지만, 크게 나누면 두 가지이다. 하나는 언어에 대한 문제를 통하여 선불교에 접근하는 방식이고, 다른 하나는 선불교에 있어서 언어를 어떻게 다루고 있는가 하는 접근방식이다. 여기에서는 후자의 경우에 입각하여 논지를 전개하였다. 전자의 경우 '언어'의 문제에 관심을 가지고 오랜 시간 깊이 천착하여 분명한 식견을 가져야만 하는데, 필자에게는 그만한 관심과 능력이 없다. 따라서 선불교의 역사적 과정에 따라 언어를 어떻게 다루고 있는지를 살펴본 것이다. 초기 선종, 혜능의 『단경』, 조사선,

문자선, 간화선 등으로 선불교의 역사를 배열한 것은 한국불교의 관점에서 선종의 역사적 전개를 구분한 것이지만, 선불교의 언어관의 변천 과정을 드러내기 위한 필자의 의도가 개입된 것이다. 특히 조사선과 간화선을 나누어 본 것과 문자선을 극복하기 위해 등장한 간화선과 묵조선 가운데 묵조선에 대해 주목하지 않은 점 등은 필자의 개인적인 선택이었다.

고대 인도인들은 브라흐만이 우주를 창조하고, 이후 브라흐만이 우주 속에 편재해 있다는 범신론梵神論을 숭배하였다. 정통 바라문 사상에 있어서 언어란 브라흐만과의 관련 속에서 절대적이고 신성한 것이라 여겼으며, 언어는 대상을 지칭하는 실재론적 입장을 취한다. 부처님은 무아 연기론적 입장에서 존재의 실체성을 부정할 뿐만 아니라 언어와 존재 사이의 관련성 또한 부정한다. 바로 이러한 언어에 대한 초기불교의 관점이 반야사상을 비롯한 대승불교사상과 선사상에 일관되게 흐르고 있다.

선불교에 있어서 '언어'가 중시되는 이유는 이러한 언어관에 있다기보다는 '언어'의 속박과 한계로부터 벗어나 본래면목을 회복하자는 데에 있다. 선불교의 역사에 있어서 언어에 대한 관점은 언어를 부정한 불립문자를 표방하며 시작되었지만, 다시 요로설선을 통한 불리문자로 언어를 긍정하게 되었고, 대혜의 간화선에 이르러 불립문자로 재전환되었다. 중국에 있어 선불교는 혜능의 『단경』에서 그 사상이 정립되었으며, 언어관의 입장에서 보면 '불립문자'로 요약할 수 있다. 혜능 이후 남종선은 오가五家로 나뉘어 크게 번성하였는데, 부처를 대신하여 조사가 주체가 된 조사선으로 그 성격이 분명하게 정립되었으며, 비유비무의 반야사상과 돈오사상에 입각하여 제자들을 제접하는 선문답이 등장하게 된다. 조사선의 선문답은 불립문자의 입장에서 제자들을 곧장 깨닫게 하는 다양한 방식이 출현하게 되었다. 송대에 이르러 문인 사대부가 문화를 이끌면서 언어 문자에 대한 관심과 필요성이 대두되었는데, 이러한 배경 속에서 문자선이 등장하게 되었다. 설두 중현의 『송고백칙』과 원오 극근의 『벽암록』에는 에둘러 선을 설하는 요로설선이 행해지게 되었는데, 이는 불립문자에서 불리문자로의 전환이었다. 이후 대혜에 의하여 『벽암록』의 판목이 불태워지고 공안/화두를 간看하는 간화선이 등장하였는데, 이는 불리문자의 문자선을 비판하고 조사선의 불립문자로 다시 회귀한 것이라 할 수 있다. 선불교의 역사에 있어서 언어관은 한마디로 '불립문자와 불리문자의 이중주'로 표현할 수 있다.

참고문헌

景閑, 『白雲和尚語錄』(韓佛全 6)
郭凝之編, 『潭州潙山靈祐禪師語錄』(大正藏 47)
郭凝之編, 『哀州仰山慧寂禪師語錄』(大正藏 47)
求那跋陁羅譯, 『楞伽阿跋多羅寶經』(高麗藏 10)
燉煌本, 『壇經』(大正藏 48)
龍樹菩薩造·鳩摩羅什譯, 『大智度論』(大正藏 25)
馬鳴, 『大乘起信論』(大正藏 16)
裴休述, 『黃檗斷際禪師宛陵錄』(大正藏 48)
裴休述, 『黃檗山斷際禪師傳心法要』(大正藏 48)
普愚, 『太古和尚語錄』(韓佛全 6)
紹隆等編, 『圓悟佛果禪師語錄』(大正藏 48)
道原纂, 『景德傳燈錄』(大正藏 51)
成正集, 『博山禪警語』(『卍續藏』 112)
(侍者)持正錄, (參學)洪喬祖編, 『高峰原妙禪師禪要』(『卍續藏』 122)
蘊聞編, 『大慧普覺禪師語錄』(大正藏 47)
圜悟, 『碧巖錄』(大正藏 48)
才良等編, 『法演禪師語錄』(大正藏 47)
正覺, 『從容錄』(大正藏 48)
淨覺集, 『楞伽師資記』 1권.
宗密述, 『禪源諸詮集都序』(大正藏 48)
宗紹編, 『無門關』(大正藏 48)
知訥, 『看話決疑論』(韓佛全 4)
知訥, 『圓頓成佛論』(韓佛全 4)
慧勤, 『懶翁和尚語錄』(韓佛全 6)

慧諶, 『狗子無佛性話揀病論』(韓佛全 6)

慧諶, 『禪門拈頌』(韓佛全 5)

慧諶, 『曺溪眞覺國師語錄』(韓佛全 6)

慧然集, 『鎭州臨濟慧照禪師語錄』(大正藏 47)

慧洪, 『石門文字禪』, 『文淵閣四庫全書』(別集 2, 1116)

김영욱, 「선문답의 장치와 해체」, 『철학연구』 99, 대한철학회, 2006.

김영욱 역주, 『정선 선어록 역주』, 조계종 한국전통사상서 간행위원회 출판부, 2009.

김원명, 「趙州의 선문답에 대한 언어비판적 분석: '깨달음의 역설' 분석을 중심으로」, 『한국선학』 35, 한국선학회, 2013.

김태완, 「禪과 언어」, 『철학논총』 27, 새한철학회, 2002.

______, 『조사선의 실천과 사상』, 장경각, 2001.

김호귀, 「선문답의 중도원리와 그 현성」, 『선문화연구』 13, 한국불교선리연구원, 2012.

______, 「선문답의 현대적 해석 방식」, 『한국선학』 26, 한국선학회, 2010.

______, 『禪과 수행』, 도서출판 석란, 2008.

대혜 종고 지음, 김태완 옮김, 『대혜보각선사어록 1』, 소명출판, 2011.

박영록, 「선문답의 담화 구조: 선어록의 언어 특징 1」, 『백련불교논집』 8, 성철사상연구원, 1998.

신규탁, 『중국 선종 역사 속에 드러난 화두의 생성, 강의, 참구에 관한 검토』, 『한국선학』 30, 한국선학회, 2011.

원오 극근 편저, 혜원 역해, 『한권으로 읽는 벽암록』, 김영사, 2021.

윤종갑, 「禪과 中觀의 언어관: 언어 기능과 깨달음을 중심으로」, 『동아시아불교문화』 50, 동아시아불교문화학회, 2022.

윤희조, 『불교의 언어관』, 도서출판 씨·아이·알, 2012.

인경, 『개정판 쟁점으로 살펴보는 현대 간화선』, 조계종출판사, 2022.

정상홍, 「北宋 詩僧 惠洪과 그의 文字禪」, 『백련불교논집』 12, 성철사상연구원, 2002.

정성욱, 「禪問答의 原理에 대한 고찰: 全揀全收를 중심으로」, 『한국불교학』 58,

한국불교학회, 2010.
지은, 『규봉종밀의 선사상 연구』, 정우서적, 2011.
한자경, 「禪과 언어」, 『철학연구』 77, 대한철학회, 2001.
董群 저. 김진무·노선환 공역, 『조사선』, 운주사, 2000.
라이용하이(賴永海) 저, 법지 역, 『중국불성론』, 운주사, 2017.
__________________, 김진무 역, 『불교와 유학』, 운주사, 2010.
柳田聖山 著, 서경수·이원하 역, 『禪思想』, 한국불교연구원출판부, 1984.
__________, 양기봉 역, 『초기선종사 Ⅰ』, 김영사, 1990.
__________, 양기봉 역, 『초기선종사 Ⅱ』, 김영사, 1991.
吳經熊 지음, 류시화 옮김, 『선의 황금시대』, 경서원, 2001,
王志躍 저, 김진무·최재수 공역, 『분등선』, 운주사, 2002.
이부키 아츠시 저, 최연식 역, 『새롭게 다시 쓰는 중국 禪의 역사』, 도서출판 씨·아이·알, 2011.
印順 著, 伊吹敦 日譯, 정유진 韓譯, 『중국선종사』, 운주사, 2012.
조지 핏처 지음, 박영식 역, 『비트겐슈타인의 철학: 논고와 탐구에 대한 이해와 해설』, 서광사, 1988.
周裕鍇, 『禪宗語言』, 上海: 浙江人民出版社, 1999.
洪修平·孫亦平 공저, 노선환·이승모 공역, 『여래선』, 운주사, 2002.
J.G.브레넌 저, 곽강제 역, 『철학의 의미』, 박영사, 1984.

언어를 사용하는 동물로서의 인간[1]

박찬국(서울대학교 철학과 교수)

1 이 글에서 다루는 내용은 그 범위가 광범하여 필자의 기발표 논문들이나 책들 그리고 필자가 번역한 카시러의 『상징형식의 철학 I: 언어』(아카넷, 2011)를 원용하였다. 중세철학의 언어관과 관련해서는 필자의 책 『내재적 목적론 연구』(세창출판사, 2012)에서 유명론에 대한 부분을 참조했다. 합리론과 경험론, 헤르더와 훔볼트의 언어관과 관련해서는 카시러의 『상징형식의 철학 I: 언어』를 참조했다. 카시러의 언어관은 『상징형식의 철학 I: 언어』과 『상징형식의 철학 III: 인식의 현상학』(아카넷, 2021)에 필자가 붙인 해제들을 수정 보완했다. 진화론적 언어관과 하이데거와 가다머의 언어관에 관한 서술은 필자의 두 논문, 「존재론적 해석학과 비판적 합리주의(1) - 과학관과 언어관을 중심으로」(『현대유럽철학』 67집, 2022), 「존재론적 해석학과 비판적 합리주의(2) - 존재관을 중심으로」(『현대유럽철학』 70집, 2023)에서 언어와 관련된 부분들을 수정 보완했다. 비트겐슈타인의 언어관에 관한 서술은 필자의 책 『현대철학의 거장들』(이학사, 2012)에서 비트겐슈타인 부분을 수정 보완했다.

◆ ◆ ◆

인간의 언어는 단순히 의사소통을 위한 수단에 불과한 것이 아니다. 학문에서 가장 대표적으로 보이는 것이지만 언어는 세계를 인식하기 위해서 불가결하다. 또한 예술에서처럼 아름다움을 표현하거나 종교에서처럼 성스러움을 표현하기 위해서도 불가결하다. 따라서 인간이 동물의 세계에서 볼 수 없는 다채로운 문명을 건설할 수 있었던 중요한 원인 중의 하나는 인간의 언어가 동물의 언어와 구별되는 특수한 성격을 갖기 때문이라고 할 수 있다.

언어가 갖는 이러한 중요성에도 불구하고 헤르더와 훔볼트에서 일어난 '언어적 전환' 이전의 서양철학은 언어를 철학의 중심적인 주제로 삼지 않았다. 그것은 진리에 대한 인식이란 문제가 논의되는 가운데 부차적으로 논의되었을 뿐이다. '언어적 전환' 이후의 현대철학에서야 언어는 철학의 중심적인 주제가 되었고, 언어는 인간과 세계 그리고 인간의 이성과 의식을 이해하는 주도적인 실마리가 되었다.

'언어적 전환' 이전의 서양철학에서 언어는 주로 실재의 재현이란 문제를 둘러싸고 논의되었다. 이와 관련하여 크게 세 가지 입장을 구별할 수 있을 것 같다. 하나는 언어는 실재를 재현할 수 있다는 입장이다. 이러한 입장은 아리스토텔레스나 중세의 실재론과 중도적 실재론 그리고 근대의 합리론이 대표한다. 이러한 입장에 대하여, 언어는 실재를 재현하는 것이 아니라 인간의 주관적 표상을 반영할 뿐이라고 보는 입장이 대립한다. 이러한 입장은 유명론이나 근대 경험론이 대표한다. 그 중간의 입장도 생각해 볼 수 있다. 언어는 실재 자체를 반영하지는 못하지만 그래도 그것을 어느 정도라도 지시한다는 입장이다. 플라톤의 입장이 이에 해당한다.

이러한 세 가지 입장과는 달리 '언어적 전환' 이후의 현대철학에서는 언어는 우리가 사는 세계를 구성한다고 본다. 이러한 견해에 따르면, 우리는 태어나면서부터 언어적으로 구성된 세계 이해 속에서 살고 있다. 근대가 시작되기 전의 사람들은 신화적인 언어에 의해 구성된 세계 속에서 살았고, 오늘날 현대인들은 과학적인 언어에 의해 구성된 세계야말로 참된 세계라고 생각한다. 이 경우 언어는 세계를 재현하는 것이 아니라 세계를 구성한다.

필자는 '언어적 전환' 이후의 서양 현대의 언어철학은 불교의 입장에서 언어를 고찰할 경우에도 진지하게 고려해야 할 만한 통찰들을 담고 있다고 생각한다.

1. 언어를 사용하는 동물로서의 인간

서양의 전통철학에서 인간은 이성적 동물(zoon logon echon)이라고 불렀다. 그런데 이 경우 이성을 의미하는 logos는 언어를 의미하기도 한다. 따라서 이성적 동물이라는 말은 인간은 언어를 사용하는 동물이라는 것을 의미하기도 한다. 물론 고래나 원숭이를 비롯한 다른 동물들도 언어를 통해 의사소통을 한다고 한다. 그러나 인간의 언어는 역사성을 갖는다는 점에서 동물의 언어와는 다르다. 인간의 언어는 시대적으로 그리고 지역적으로 차이를 보이면서 끊임없이 변화한다.

또한 인간의 언어는 단순히 의사소통을 위한 수단에 불과한 것이 아니다. 학문에서 가장 대표적으로 보이는 것이지만 언어는 세계를 인식하기 위해서 불가결하다. 또한 예술에서처럼 아름다움을 표현하거나 종교에서처럼 성스러움을 표현하기 위해서도 불가결하다. 따라서 인간이 동물의 세계에서 볼 수 없는 다채로운 문명을 건설할 수 있었던 중요한 원인 중의 하나는 인간의 언어가 동물의 언어와 구별되는 특수한 성격을 갖기 때문이라고 할 수 있다.

칸트가 말하듯이 철학의 모든 물음은 '인간이란 무엇인가'라는 문제로 귀착된다. 그런데 언어가 인간을 특징짓는 중요한 요소 중의 하나이기에 서양의 철학자들은 언어에 대해서도 중요한 통찰을 남겼다. 여기서는 서양의 언어철학사에 굵직한 발자국을 남겼던 철학자들을 중심으로 하여 서양철학의 역사에 나타났던 다양한 언어관을 살펴보려고 한다.

2. 고대 그리스철학의 언어관: 플라톤과 아리스토텔레스의 실재론적 언어관

1) 플라톤의 언어관[2]

플라톤의 대화편 『클라틸로스』는 서양철학의 역사에서 언어의 본질에 대해서 본격적으로 탐구한 최초의 책이라고 할 수 있다.[3] 이 책에서는 헤르모게네스가 주창하는 언어에 대한 규약론적 입장과 클라틸로스가 주창하는 언어에 대한 자연주의적 입장 그리고 소크라테스의 입장이 서로 대립되고 있다. 이 책에서는 언어의 본질을 '이름의 올바름'이라는 문제를 중심으로 하여 논의하고 있다.

헤르모게네스의 규약론적인 입장에 따르면, 이름이란 인간이 사물에 붙인 자의적인 기호에 불과하다. 따라서 기호가 갖는 타당성은 기호와 사물의 일치가 아니라 인간들 사이의 규약에 근거한다. 이러한 사실의 근거로서 헤르모게네스는 자신에게 속하는 노예의 이름을 임의로 바꿔도 이 새로운 이름이 그 노예에게 타당하다는 예를 들고 있다. 헤르모게네스는 이렇게 말한다.

"말의 올바름이나 계약이나 동의가 아닌 다른 무엇인가에 근거한다는 주장을 나는 신뢰할 수 없다. 내가 보기에 누군가가 어떤

---

2 플라톤의 언어관에 대해서는 김창래의 「언어와 사유 - 가다머의 플라톤 해석을 중심으로」(『철학연구』 26권, 고려대학교 철학연구소, 2003)와 이강서의 「플라톤의 언어관」(『서양고전학연구』 13권, 한국서양고전학회, 1999) 그리고 게오르크 W. 베르트람의 『언어, 의미 그리고 철학 *Sprachphilosophie zur Einführung*』(정대성 옮김, 박이정, 2015)을 참고했다.

3 게오르크 W. 베르트람, 위의 책, p.45 참조.

것에 무슨 이름을 붙이든 그것은 올바른 것 같다. 설령 다른 사람이 그 이름을 다른 것으로 바꿔 더 이상 그 이름을 사용하지 않는다 하더라도 나중 것이 이전 것 못지않게 올바르다. … 어떤 이름도 각 사물에 본래 자연적으로 있는 것이 아니고 관습을 확립하고 이름을 붙이는 사람들의 규칙과 관습에 따라 있는 것이다."[4]

이에 반해 클라틸로스의 자연주의적 입장에서는 말은 사물 자체를 그대로 모방하는 것이라고 본다. 이러한 견해는 인식과 언어적인 표현 사이의 일치를 전제한다. 이는 어떤 사물을 언어로 표현하려면, 그 사물을 인식하고 있어야 하기 때문이다. 이 경우 인식은 언어로부터 독립해서 행해지는 것이 아니라 말을 통해서 이루어진다. 이런 의미에서 클라틸로스의 자연주의적 입장은 말을 사물 자체에 대한 인식에 이르는 유일한 통로로 본다. 클라틸로스는 이렇게 말한다.

"있는 것들 각각에는 저마다 올바른 이름이 본래 자연적으로 있다. 그리고 이름이란 사람들이 자신들의 언어로 어떤 것의 이름을 부를 때 그렇게 부르기로 합의하고 부르는 언어의 조각이 아니다. 오히려 이름을 부를 때 낱말들은 자연적 올바름이 있는데, 그것은 그리스 사람이든 이민족이든 누구에게나 동일한 것이다."[5]

언어가 갖는 이러한 힘에 대한 클라틸로스의 주장에 반해 소크라테

---

4 Plato, *Kratylos*, 284c-d(게오르크 W. 베르트람, 위의 책, p.48에서 재인용).

5 *Kratylos*, 383a-b(게오르크 W. 베르트람, 위의 책, p.46에서 재인용).

스는 언어의 무력함을 주장한다. 소크라테스는 언어와 인식 사이에 넘어서기 어려운 간격이 있다고 본다. 소크라테스는 언어를 통한 인식을 억견(臆見, doxa)이라고 부르면서 그것을 참된 인식(episteme)에 대립시킨다. 참된 인식은 좋음 자체나 아름다움 자체, 즉 좋음의 이데아나 아름다움의 이데아를 대상으로 삼는 것에 반해, 언어는 어디까지나 현상계에 나타나 있는 특정한 좋은 것이나 아름다운 것을 대상으로 삼기 때문이다. 소크라테스의 이러한 주장을 이해하자면 플라톤의 이데아론을 알고 있어야 한다.

플라톤에서 이데아란 사물들이 지향해 할 이상적인 원형이다. 예를 들어 인간의 이데아란 인간이 구현해야 할 이상적인 모습을 가리킨다. 그런데 우리가 지각하는 구체적인 개별적 사물들은 완전한 이데아의 불완전한 반영에 불과하고, 개별 사물들은 자신들의 완전한 모습인 이데아를 구현하기 위해서 노력한다.

이데아는 우리가 지각하는 여러 개체로부터 공통된 것을 추상한 개념이 아니다. 이는 이데아는 완전한 것인 반면에, 우리가 지각하는 개체들은 불완전한 것이기 때문이다. 불완전한 개체들로부터 공통된 특징으로서 추상할 수 있는 것은 불완전한 것에 지나지 않는다. 이데아에 대한 인식은 지각될 수 있는 불완전한 개체들을 실마리로 하면서도 이것들을 넘어서는 지적인 직관에 의해서 이루어진다. 플라톤에게 참된 인식이란 결국은 사물들의 이상적인 원형에 해당하는 이데아를 파악하는 것이다.

이데아는 현상계에서 보이는 모든 변화에서 벗어나 불변한 것에 반해, 현상계의 사물들은 끊임없이 변화한다. 이렇게 끊임없이 변화하는 것에 대해서는 근본적으로 인식이 불가능하다. 그런데 말은 근본적으로 현상계의 개체들에 대한 말일 뿐 아니라 소리라는 감각적인 현상에 결부되어 있기 때문에, 말을 통한 인식은 근본적으로 인식될 수 없는 것을 인식하려고 하는 억견에 불과하다. 그것은 최초로 언어를 창조한 사람이 가졌던 주관적인 의견에 불과하다. 이데아 자체를 인식하려는 자는 언어가 아니라 순수한 정신, 즉 누스(nous)를 통해서 사유해야 하고 사물 자체를 통해서 사물을 인식해야 한다.

그러나 플라톤의 후기 대화편 『파이돈』에서 언어는 진리에 접근할 수 있는 유일한 수단으로 인정된다. 지혜를 사랑하는 자들, 즉 철학하는 자들은 서로 간의 토론을 통해서 진리에 접근할 수 있다는 것이다. 사실 플라톤의 대화편 자체가 대화에 참여하는 자들이 언어를 사용하여 서로 토론하는 가운데 진리에 다가가는 형식으로 서술되어 있다. 『클라틸로스』와 『파이돈』에서 플라톤이 개진하고 있는 견해들은 언뜻 보기에는 서로 모순된 것 같지만 서로를 보완하는 것으로 해석할 수도 있다. 이는 『파이돈』에서도 언어가 이데아를 온전히 표현할 수 있다고 보는 것은 아니기 때문이다. 『클라틸로스』에서 플라톤이 말하고 싶었던 것이 언어의 한계였다면, 『파이돈』에서 말하고 싶었던 것은 이러한 한계에도 불구하고 인간의 언어가 갖는 힘이라고 할 수 있다.

동물은 언어를 갖지 않는 반면에, 인간은 언어를 갖고 있기에 서로 간의 토론을 통해서 자신의 주관적인 견해에 사로잡히지 않고 보편적인 진리인 이데아에 다가갈 수 있다. 언어는 이 점에서 이데아에 대한 인식을 방해하는 것만은 아니고 이데아를 온전히는 아니더라도 어느 정도는 표현할 수 있는 것이다.

따라서 언어에 대한 플라톤의 견해는 '언어는 이데아를 어느 정도는 표현하기는 하지만 이데아 자체는 언어의 틀 안에 온전히 포섭될 수 없고 언어의 피안에 있다'라는 것이라고 할 수 있다. 이는 언어는 이데아라는 순수한 존재를 지시하면서도 우리가 지각하는 대상, 즉 이데아가 불완전하게 반영된 개체들에 매여 있기 때문이다.

플라톤의 이러한 언어관은 언어에 대한 불교의 관점과도 상통한다고 여겨진다. 불교에서도 깨달음의 체험은 언어로 온전히 표현될 수 없지만, 말로 표현된 부처의 가르침이 깨달음에 이르는 길과 깨달음이 무엇인지를 어느 정도는 표현한다고 보기 때문이다.

2) 아리스토텔레스의 언어관

아리스토텔레스는 플라톤이 이데아라고 부르는 것을 형상 내지 본질이라고 불렀다. 플라톤은 이데아를 개별적인 사물들로 이루어져 있는 이 세계의 피안에 존재하는 참된 실재로 본다. 이에 반해 아리스토텔레스는 개별자야말로 진정한 실재이며 형상은 이러한 개별자에게 개별자가 구현해야 할 본질로서 깃들어 있다고 보았다.

플라톤과 아리스토텔레스의 이러한 차이는 진리를 어떻게 인식할 것인가와 관련하여 큰 차이를 낳게 된다. 이데아를 인식하는 방법으로 플라톤은 학문적 대화에 의한 탐구를 내세웠다. 아리스토텔레스는 플라톤처럼 대화도 중요하다고 보았을 것이지만, 그의 생물학에서 볼 수 있는 것처럼 개별적인 사례들을 수집하고 관찰함으로써 일반적인 지식을 끌어내는 방법을 중시했다. 사물들의 본질은 개개의 사물

속에서 그것을 조직하고 통일하는 원리로서 존재한다. 본질은 개별적인 사물들과는 달리 감각의 대상은 아니지만, 그것은 어떤 종에 속하는 개별적인 사물들이 보이는 공통된 속성들을 통해서 자신을 나타낸다. 따라서 본질적 형상은 감각될 수 있는 속성들로부터 추론될 수 있다.

이와 달리 플라톤은 어떤 개념에 대한 절대적인 정의, 예를 들어 수학적 정의처럼 틀릴 수 없는 정의를 끌어내려고 했다. 원은 '한 점에서 동일한 거리에 존재하는 점들의 집합'으로 정의되지만, 이러한 정의는 우리가 지각하는 원들의 수집과 관찰에 의한 것이 아니다. 수학에서 다루는 원이 현실에서는 볼 수 없는 것처럼, 플라톤은 영원불변한 이데아가 개별적인 사물을 넘어서 따로 존재한다고 보았다.

아리스토텔레스에게서는 플라톤이 이데아와 그것에 대한 언어적 표현 사이에 그었던 분명한 경계선이 소멸하게 된다. 이와 함께 아리스토텔레스는 자신의 논리학과 형이상학을 근거 짓는 근본적인 개념들을 언어를 실마리로 하여 얻고 획득한다. 예를 들어 아리스토텔레스가 말하는 실체, 속성, 분량과 성질과 같은 범주는 존재자들 자체의 보편적인 규정들이면서도 동시에 진술의 최고의 보편적인 유類들을 의미하기도 한다. 따라서 이러한 술어들은 사물들로부터 추론될 수도 있지만, 언어적인 진술들을 실마리로 하여 추론될 수도 있다.

실체라는 존재 범주에는 진술에서 '명사'가 상응하며, 분량과 성질, '언제'와 '어디'라는 범주에는 형용사나 공간이나 시간을 나타내는 부사들이 상응한다. 그리고 특히 능동과 수동, 소유와 상태라는 범주들은 그리스어 동사에서의 일정한 근본적인 구별들이 상응한다. 따라서 아리스토텔레스의 언어관에서 언어는 실재 자체를 드러내는 것으로 간주된다. 아리스토텔레스는 이렇게 말한다.

> "소리(Stimme)는 목소리(Laute) 형태로 나타나는데, 이 목소리는 영혼에서 일어난 표상들의 기호이며, 문자는 다시 이 소리의 기호이다. 그리고 모든 사람이 동일한 필체를 갖지 않듯이 소리도 모든 사람에게서 동일하지 않다. 하지만 이 양자가 일차적으로 지시하는 것, 즉 영혼의 단순한 표상들은 모든 인간에게 동일하며, 표상들이 모사하고 있는 그 사물들도 동일하다."[6]

요컨대 언어적 표현은 영혼 안에 있는 표상을 지시하는데 이것들은 언어적 표현의 의미에 해당한다.[7] 그리고 이러한 의미는 사물들 자체를 지시한다.

3. 중세철학의 언어관: 실재론과 유명론의 대립

서양 중세철학에서 가장 크게 논란이 되었던 문제 중 하나는 인간이나 동물 등과 같은 보편적인 개념의 성격과 지위에 관한 문제였다. 이러한 문제를 둘러싸고 행해진 논쟁은 보편논쟁이라고 불렸다. 보편논쟁은 어떤 단어의 의미, 즉 그것의 보편적인 개념에 상응하는 실재가 존재하느냐에 관한 형이상학적 논쟁이다. 그러나 그것은 또한 보편적인 개념의 성격에 관한 언어철학적인 논쟁이기도 하다. 여기서는 보편논

---

6 Aristotle, 『명제론』, 16a(게오르크 W. 베르트람, 위의 책, p.46에서 재인용).
7 게오르크 W. 베르트람, 위의 책, p.56 참조.

쟁을 살펴보는 방식으로 중세 언어철학의 흐름을 살펴볼 것이다.

보편적인 개념의 성격에 대해서는 서로 대립하는 두 가지 입장, 즉 실재론(realism)과 유명론이 존재한다. 실재론은 플라톤주의의 입장에서 보편적인 개념이 가리키는 보편적인 실재가 개별자들을 넘어서 그리고 개체들에 앞서서 존재한다고 보았다. 실재론의 대표자는 에리우게나와 안셀무스였다.

실재론에 반해 유명론(nominalism)은 개체들만이 존재하기에, 보편적인 개념이란 인간의 주관적인 생각일 뿐 그것에 대응하는 보편적인 실재는 없다고 본다. 따라서 유명론은 보편자란 개체들로부터 인간이 임의로 추상해 낸 유사한 성질에 부여한 한갓 이름에 불과하다고 본다. 이런 의미에서 유명론은 보편자란 개체들 이전에 존재하는 것이 아니라 개체들 이후에 존재한다고 말한다. 유명론의 대표자는 로스켈리누스와 윌리엄 오컴이었다.

그런데 실재론과 유명론 사이에 아리스토텔레스의 철학을 기반으로 한 중도적인 실재론도 존재한다. 중도적인 실재론은 보편적인 개념이 가리키는 보편자가 개체들을 넘어서 따로 존재한다고 보지 않고 개체들 안에 존재한다고 보았다. 중도적인 실재론의 대표자는 토마스 아퀴나스다. 토마스 아퀴나스에 따르면 신은 개체들을 창조할 때 자신의 정신 속에 있는 보편적인 관념에 따라서 개체들을 만든다. 예를 들어 신은 인간들을 창조할 때 인간에 대한 자신의 관념에 따라서 창조하는 것이다. 이런 의미에서 신의 정신 속에 있는 관념으로서의 인간이라는 보편자는 개개의 인간들에 앞선다.

신은 인간에 대한 보편적 관념과 물질적 질료를 결합하여 개별적인 인간들을 형성한다. 따라서 개개의 인간은 신의 관념에서 비롯되는 보편적 본질과 아울러 그의 개별성을 형성하는 물질적 질료성을 갖는다. 따라서 인간 개개인들에게 보편자로서의 본질은 각 개인 안에 존재한다. 그리고 인간의 정신은 인간이라는 개체들을 실마리로 하여 그것들의 본질을 직관하기에, 이러한 보편자로서의 본질은 인간의 마음속에 존재하는 개념으로서는 개체들 이후에 존재한다.

요컨대 보편자는 신의 정신 속에 있는 관념으로서는 개체들에 앞서지만, 개체들의 본질로서는 개체들 속에 존재하며, 인간의 마음 속에 존재하는 개념으로서는 개체들 이후에 있다.

실재론이든 중도적인 실재론이든 신도들 개인에 대한 가톨릭교회의 권위와 지배를 정당화할 수 있는 이론이었다. 이는 가톨릭교회는 자신을 개별 신도들의 집합이 아니라 그것들을 넘어서 인류 전체를 대표하는 보편적인 통일체로 보았기 때문이다. 가톨릭교회가 대표한다고 주장하는 인류의 본질이 단순히 개개 인간들의 집합이 아니고 개개 인간들을 넘어서 있거나 개개 인간들 안에 깃들어 있다고 볼 경우에만 교회는 자신의 권위를 주장할 수 있었다.

나아가 인류라는 보편적 실재를 인정하지 않는다면 기독교의 교리를 부정하는 결과가 생기게 된다. 그 경우에는 아담이 저지른 원죄는 아담 개인의 죄일 뿐 인류 전체의 죄가 될 수 없게 되며, 예수의 구원이 인류 전체를 위한 것이 될 수 없다. 또한 개별자들에 앞서는 보편자가 부정되는 경우 개별적인 세 개의 신에 앞서는 보편적인 신의 존재가 의문시되기 때문에, 삼위일체설이 부정될 위험에 처하게 된다. 이런 이유로 초기 가톨릭교회는 처음에는 실재론을, 나중에는 중도적인 실재론을 지지했다.

이에 반해 개인들이 교회를 통해서 구원을 얻는 것이 아니라 신과의 직접적인 소통을 통해서 구원을 얻는다고 보았던 루터를 비롯한 종교 개혁가들은 유명론자였다고 할 수 있다.

실재론이든 중도적 실재론이든 모든 사물은 신이 그것들을 창조할 때 그것들에 부여한 본질을 구현하기 위해 노력한다는 목적론을 주장한다. 이러한 목적론은 플라톤과 아리스토텔레스의 목적론을 계승한 것이다. 그러나 중세 후기에 나타난 유명론은 목적론을 부정한다. 유명론은 사물이 자신의 본질을 실현하기 위해서 노력한다고 보는 것은 사물에게 정신성을 인정하는 것이기에, 신의 전능함을 제한하고 사물을 우상화하는 것으로 보았던 것이다.

유명론은 만약에 사물에게 그것이 구현해야 할 본질이 그것의 목적으로서 존재한다면 이러한 목적은 그것을 창조한 신 안에 존재할 것이라고 본다. 이는 우리가 만든 인공물의 목적이 그것을 만든 우리에게 존재하는 것과 동일하다. 그러나 우리는 신의 정신을 들여다볼 수 없다. 따라서 신이 그러한 사물을 창조했을 때 가졌던 그 사물이 구현해야 할 본질이자 목적으로 생각했던 것은 우리 인간은 알 수 없다. 아리스토텔레스의 철학에 기반한 토마스 아퀴나스가 우리는 사물의 본질을 알 수 있다고 보는 반면에, 유명론은 유한한 인간이 신이 세계를 창조했을 때의 신의 생각을 알 수 없다고 보는 것이다.

따라서 유명론은 사물들과 자연 전체를 만들었을 때 신이 염두에 두었을지도 모르는 목적은 그것들에게 외적인 것으로 머문다고 주장한다. 이는 세탁기와 같은 인공적인 기계의 목적이 그것들을 만든 인간에게, 다시 말해서 그것들 외부에 존재하는 것과 마찬가지다. 사물들과 자연의 목적도 자체에게 존재하는 것이 아니라 신에게 존재하는 것이기 때문에 사물들과 자연은 기계와 같은 것이 된다.[8] 우리는 사물들과 자연을 신적인 제작자가 만들어낸 기계로서 찬탄할 수 있을 뿐이지, 자신들의 본질적 형상을 구현하기 위해서 노력하는 자기 목적적인 것으로서 찬탄해서는 안 된다.

이렇게 인간 이외의 존재자들을 기계적인 필연성에 따라서 움직이는 유명론이 중세 후기에 득세하게 되면서, 자연을 기계적인 것으로 보는 견해가 근대에 본격적으로 지배하게 된다. 유명론에서 나타난 기계론적 사고방식은 근대과학의 기초가 되었다. 근대과학은 플라톤이나 아리스토텔레스처럼 사물들이 추구하는 이데아나 본질적인 형상을 파악하는 것이 아니라 사물들을 규정하는 기계적인 법칙을 파악하려고 한다. 근대과학은 '세계를 필연적인 인과법칙에 의해서 지배되는 계산 가능한 힘들의 연관체계'로 보는 수학적 자연과학의 형태를 띤다. 근대과학에서 사물들의 행태를 규정하는 것은 사물들의 본질이 아니라 물리적인 법칙이나 화학적인 법칙 그리고 심리적 법칙과 같은 자연법칙이 된다.

---

8 Robert Spaemann/Reinhard Löw, *Die Frage Wozu? - Geschichte und Wiederentdeckung des teleologischen Denkens*, München/Zürich, 1985, p.98 참조.

4. 근대철학의 언어관: 의식에 대한 탐구에 입각한 언어관

근대의 언어철학은 갈릴레이와 뉴턴이 건립한 근대자연과학의 성공에 충격을 받으면서 시작되었다. 근대철학은 수학적 자연과학의 방법을 모범으로 하여 철학을 변혁하고자 했다. 이와 함께 근대철학은 근대자연과학과 같은 것을 건립할 수 있는 인간의 이성 내지 의식이 갖는 성격을 탐구하는 데 집중하면서 인식론이라는 형태를 갖게 된다.

데카르트를 필두로 한 합리론은 수학적 자연과학의 성공을 그것이 사물을 파악하는 데 있어서 수학적 방법을 적용했다는 데서 찾는다. 그리고 합리론은 수학적 방법의 특색을 명증적인 공리에서 다른 명제들을 도출하는 연역적 방법에서 찾으면서 철학을 이러한 연역적 방법에 의해 수행하려고 한다. 합리론은 언어도 이러한 연역적 체계로 구성하려고 한다. 이에 반해 경험론은 근대자연과학의 성공을 감각적 경험을 중시했다는 데서 찾는다. 따라서 그것은 우리의 인식이나 언어도 감각적 경험에 충실한 것이 되어야 한다고 본다.

1) 합리론의 언어관

데카르트는 참된 인식을 위해서는 태어날 때부터 우리에게 존재하는 명증적인 관념을 연역적으로 전개해야 한다고 본다. 명증적인 관념이란 아무런 증명도 필요로 하지 않을 정도로 직접적으로 확실한 관념이다. 데카르트는 수학이야말로 가장 확실한 학문이라고 보았다. 그는 철학에는 무수한 학파가 있지만 수학에는 아무런 학파가 없는 이유를 수학이 명증적인 관념인 공리로부터 연역에 의해서 다른 명제들을 도출해 내는 학문이라는 데서 찾았다. 이와 함께 데카르트는 수학적 인식은 필연적인 인식이기에 모든 다른 인식보다 뛰어나다고 생각하는 것을 넘어서 모든 인식은 수학적이지 않으면 안 된다고 생각한다.

데카르트는 우리가 확실하게, 즉 명석 판명하게 인식할 수 있는 관념은 실재 자체에 대해서도 타당하다고 본다. 이는 수학은 경험적인 사물이 아닌 관념들만을 다룸에도 불구하고 경험적인 사물들에 대해서도 타당한 것과 마찬가지다. 예를 들어 수학이 다루는 원, '한 점에서 동일한 거리에 있는 점들의 집합'으로서의 원은 지각될 수 있는 원이 아니라 관념으로서의 원이다. 그럼에도 불구하고 원에 대한 이러한 수학적 정의는 우리가 지각하는 모든 원에 타당하다. 이에 따라 데카르트는 가장 명석 판명한 관념을 찾고 그것에서 모든 것을 연역해 나감으로써 가장 확실한 진리의 체계에 도달할 수 있다고 본다.

이러한 근본 통찰에 입각하여 데카르트는 언어와 관련해서도 수학적인 체계구성에 초점을 맞추게 된다. '지식의 수학적 통일'이라는 이상이 이제 언어에도 적용되는 것이다. 데카르트는 수학적인 연역적 체계를 갖는 보편학(Mathesis universali)과 아울러 민족마다 또는 지역마다 다른 개별언어들을 넘어서 인간의 관념들 전체와 그것들 사이의 수학적인 질서를 표현할 수 있는 보편언어(Lingua universalis)를 형성할 수 있다고 본다.

데카르트는 수학이 다루는 수들 사이에 명확한 질서가 존재하는 것처럼, 인간 의식의 전체를 구성하는 관념들은 엄밀하게 질서 지어진 총체를 형성하고 있다고 본다. 그런데 대수학의 체계 전체는 비교적 소수의 숫자를 통해 건립된다. 이러한 사실을 토대로 하여 데카르트는 제한된 수의 언어기호들에 의해서도 관념들 전체와 그것들 사이의 관계가 남김없이 표시될 수 있을 것임에 틀림없다고 본다. 물론 이를 위해서는 수학에서 수들이 필연적인 규칙에 따라 결합되어야 하는 것과 마찬가지로, 이러한 기호들도 일정한 보편타당한 규칙에 따라서 결합되어야 한다.

데카르트는 보편언어를 창조한다는 이러한 구상을 실현하는 것은 쉽지 않다고 본다. 왜냐하면 이러한 보편언어의 창조를 위해서는 모든 의식 내용을 단순한 관념들로 분석해야 하기 때문이다. 이러한 분석 자체가 궁극에까지 행해지고 이와 함께 '참된 철학'이라는 목표가 달성되었을 때야 비로소, 보편언어를 창조한다는 기획도 성취된다.

그러나 데카르트를 잇는 합리론자들은 데카르트처럼 신중하지 않았다. 이들은 보편언어의 다양한 체계를 만들어냈다. 이러한 체계들을 실현하는 방식들은 서로 너무나 다르지만, 그러한 체계들의 근저에 놓여 있는 근본 사상과 구축 원리는 대부분 서로 일치한다. 우선 일정 수의 개념들이 존재하는데, 그 각각이 다른 개념들과 병렬관계나 상하관계를 맺고 있다. 완전한 보편언어의 목표는 이러한 개념들의 질서를 하나의 기호체계로 적절하게 표현하는 것이다.

이러한 전제에서 출발하면서 예를 들어 델가르노(Delgarno)라는 합리론자는 모든 개념을 17개의 최고 유개념 아래 정리하고 있다. 그 개념들 각각이 일정한 문자로 표시되고 있고, 다시 이 문자가 해당 범주에 속하는 하위 유개념들 각각의 첫 번째 문자가 된다. 그리고 하위의 유개념들 각각은 첫 번째 문자에 이어지는 특수한 문자에 의해서 표시된다. 델가르노의 체계를 보완하고 완성하려고 했던 윌킨스(Wilkins)라는 합리론자는 17개의 최고 유개념들 대신에 40개의 주요 개념을 제시한다. 이것들 각각이 하나의 자음과 하나의 모음으로 표현된다. 예를 들어 P라는 문자가 '양'이라는 보편적인 범주를 표현한다면 크기 일반, 공간과 질량이란 개념 각각은 Pe, Pi, Po에 의해서 표현된다.[9]

그러나 이러한 근본적인 주요 개념들의 '자연적' 질서를 발견하고 그것들 사이의 상호관계를 남김없이 분명하게 규정하는 것은 극히 어려웠다. 따라서 이 모든 체계는 신속하게 사라져버렸다.

데카르트 이후의 대표적인 합리론자였던 라이프니츠는 데카르트가 이미 알고 있던 난점을 충분히 잘 알고 있었다. 그러나 그는 데카르트 이래로 인식이 크게 발전했기에 그러한 난점을 극복할 수 있는 새로운 수단도 소유하고 있다고 믿었다.[10]

대수代數학에서 보듯이 어떠한 수도 일정한 근원적인 요소들로 구성되어 있다. 즉 모든 수는 일의적인 방식으로 '소인수'(素因數, Primfaktor)로 분석될 수 있고 그것들의 합으로서 표현될 수 있다. 이와 마찬가지로 모든 인식 내용도 일의적인 방식으로 단순 관념들로 분석될 수 있고 그것들의 합으로 표현될 수 있다. 또한 모든 언어는 순수하게 정신적인 의미의 담지자이기에, 이러한 언어들을 단순한 기호로 분석하고 환원함으로써 그것들의 정신적 의미를 분명히 할 수 있다.

---

9 에른스트 카시러, 박찬국 옮김, 『상징형식의 철학 I: 언어』, 아카넷, 2011, p.139 이하 참조.

10 카시러, 위의 책, p.140 이하 참조.

이러한 견해에 기초하여 라이프니츠는 보편적인 기호법을 구상한다. 이러한 보편적인 기호법에는 단순한 음운 기호와 문자 기호는 물론이고 대수학의 수 내지는 수학적·논리학적 상징에 이르는 모든 종류의 기호가 포함된다. 이러한 보편적 기호법과 함께 음운 기호와 문자 기호로서의 각 민족의 언어가 갖는 특수한 고유성은 사라지게 된다. 개개의 언어체계가 갖는 모든 특수성과 우연성도 단 하나의 보편적인 기초언어 안으로 해소되고 마는 것이다. 라이프니츠는 이러한 기초언어를 우리들의 인식이 객관성과 보편타당성이라는 목표에 도달하기 위해서 점진적으로 실현해 나가야 하는 이상이라고 생각한다.[11]

그러나 데카르트와 라이프니츠를 비롯한 합리론자들에 대해서 우리는 과연 그들이 상정하는 것처럼 명증적으로 확실한 관념들이 있는지에 대해서 의문을 제기할 수 있다. 예를 들어 데카르트는 '생각하는 자아'나 '신'이라는 관념들을 명증적인 관념이라고 보고 있지만 과연 그것들이 명증적인 관념인지는 의심스럽다. 그러한 관념들에 대해서 일반 사람들은 물론이고 철학자들도 서로 다른 의미를 부여하는 것이다.

2) 경험론의 언어관

앞에서 언급했듯이 경험론은 근대자연과학의 성공 원인을 그것이 감각경험에 충실했다는 것에서 찾는다. 근대자연과학은 자연현상을

11 카시러, 위의 책, p.146 이하 참조.

설명할 때 신이나 영혼과 같은 초감각적인 존재를 끌어들여 설명하지 않고 감각적으로 입증이 가능한 사실에만 의지했다는 것이다.

경험론에 따르면 사물이 우리에게 제시되는 직접적인 통로는 감각기관들이다. 우리는 감각기관들을 통해서 들어온 감각 자료들을 허구적인 관념을 통해서 왜곡해서는 안 되고 오히려 그것들에 철저하게 입각하여 관념을 형성해야 한다. 합리론은 가장 확실한 명증적 관념이 감각경험과 상관없이 우리에게 주어져 있다고 보지만, 경험론은 우리에게 가장 확실하게 주어져 있는 것은 감각 자료들이라고 보는 것이다.

경험론은 이러한 근본사상에 따라서 언어를 경험적 기원과 관련하여 파악하려고 한다. 경험론은 우리의 언어는 궁극적으로는 감각적 경험에 의존하고 있다고 본다. 경험론을 창시한 로크는 전적으로 비감각적인 사태와 개념을 표현하려고 하는 언어조차도 감각에 기원을 두고 있다고 본다. 예를 들어 '이해하다'(erfassen), '파악하다'(begreifen), '표상하다'(vorstellen)와 같은 정신적인 작용들도 '손으로 잡는다'든가 '눈앞에 놓는 행위'처럼 모두 구체적인 감각적인 활동에 기원을 두고 있다. 정신(spirit)이란 단어도 그것의 근원적인 의미에서는 숨(breath)과 동일한 것이다. 모든 언어에서는 비감각적인 것을 나타내기 위해서 감각적인 용어들이 사용되고 있는 것이다.[12]

그런데 감각적인 경험은 우리의 감각기관을 통한 주관적인 경험이다. 따라서 이러한 감각적인 경험에 입각해 있는 언어도 사물 자체의 표현이라기보다는 인간의 정신이 감각 자료들을 종합할 때 사용하는

12 카시러, 위의 책, p.149 참조.

수단일 뿐이다. 정신은 이렇게 종합할 때, 사물 자체에 의해 구속되지 않는다. 정신은 자유로운 의지에 따라서 어떤 때는 이런 감각 자료를, 다른 때는 다른 감각 자료를 보다 강하게 강조할 수 있다. 그리고 어떤 때는 감각 자료들의 이 그룹을, 다른 때는 감각 자료들의 저 그룹을 종합하여 집합체를 만들 수 있다.

이 경우 감각 자료들을 결합하고 분리하는 선은 다양하게 그어질 수 있다. 그러나 이러한 결합과 분리는 정신의 주관적인 조작에 의한 것이기 때문에 세계의 객관적 성질과 구조를 반영하는 것일 수 없다. 따라서 경험론에서는 인간이 형성하는 모든 관념과 그것들을 표현하는 언어는 사물의 존재론적 상태와 존재론적 구조를 반영하는 것으로 간주되지 않는다.

이러한 사실은 단어가 복합적인 표상에 대한 표현으로 사용되는 경우에 분명하게 나타난다. 정신은 단순한 감각적 인상은 외부에서 주어지는 그대로 수동적으로 받아들일 수밖에 없다. 그러나 이러한 단순한 감각적 인상들을 결합하여 하나의 복합적인 관념을 형성하는 방식에는 그러한 관념을 형성하는 정신의 특성이 강하게 나타나게 된다. 이러한 사실은 복합적인 관념에 주어지는 단어도 현실적으로 존재하는 사물들과의 직접적인 연관 없이 정신에 의해서 창출된다는 것을 의미한다.

이렇게 복합적 관념을 표현하는 언어가 감각 자료들의 반영이라기보다는 오히려 정신적 조작의 반영일 경우, 이러한 조작은 극히 다양한 방식으로 행해질 수 있다. 따라서 어떤 언어의 개념은 다른 언어의 개념으로 결코 '번역될' 수 없다. 경험론의 창시자인 로크가 이미 이러한 결론을 제기하고 있다. 그는 여러 언어를 정확하게 비교할 경우 서로 의미가 완전히 일치하는 단어들은 거의 발견되지 않는다고 강조하고 있다. 이와 함께 경험론은 합리론이 추구하는 '보편적인' 기호법이라는 이상은 환상에 불과한 것으로 간주한다.[13]

경험론이 전개되는 과정에서 각 민족의 언어에서 개념이 서로 다른 방식으로 형성되고 구별된다는 사실이 갈수록 강렬하고 분명하게 의식된다. 이 경우 각 민족의 언어에 반영되어 있는 것은 사물의 객관적인 성질이 아니라 오히려 사물을 파악하는 특수한 방식이 된다.

경험론이 언어를 사물 자체의 표현으로서가 아니라 인간이 임의로 형성한 관념들의 표현으로 분명하게 파악할수록, 언어는 실재 자체를 드러내기보다는 오히려 왜곡하는 것은 아니냐라는 의문이 일어나지 않을 수 없게 된다. 이는 우리가 감각적으로 지각하는 것은 항상 개별적인 것이기 때문이다. 다시 말해 우리는 그때마다 다른 특정한 색깔이나 특정한 냄새를 맡으며, 또한 이러한 감각은 개인마다 다르다. 따라서 경험론의 귀결을 철저하게 끌어내게 되면, 그것은 그 어떠한 '보편적인 것'도 용인할 수 없게 된다. 이 점에서 경험론은 유명론의 극단이라고 볼 수 있다.

이렇게 '보편적인 것'의 존재를 철저하게 부정하는 것과 함께 경험론에서 언어는 어떠한 현실적인 기반을 갖지 못하게 된다. 이는 언어를 구성하는 단어들은 모두 보편적인 의미를 갖기 때문이다. 언어가 말하는 것에 대해서는 어떠한 범형이나 '원형'도 사물 자체에서든

---

13 카시러, 위의 책, p.165 참조.

감각 자료에서든 발견되지 않는다. 따라서 경험론의 귀결을 철저하게 끌어내면 그것은 언어를 부정할 수밖에 없다. 언어는 구체적이고 개별적인 현실들을 특유한 방식으로 위조하고 왜곡하는 마법의 거울에 지나지 않는다. 어떤 단어와 대상의 결합은 극히 자의적인 결합에 불과하다.[14] 이러한 귀결을 경험론의 대표자 중의 하나인 버클리가 철저하게 끌어냈다. 버클리는 언어를 인간 정신의 모든 오류와 자기기만의 근거로 보고 있는 것이다.

합리론과 경험론 모두 언어를 인간 이성의 자유로운 창조 활동에서 비롯된 것으로 파악하는 점에서는 동일하다. 그러나 합리론에서 이성은 객관적이고 필연적인 반성이란 성격을 갖는 반면에, 경험론에서 이성은 주관적이고 자의적인 반성이란 성격을 갖는 것으로 파악된다.

경험론의 언어관을 베르트람은 의미론적 심리주의[15]라고 부르고 있다. 경험론에서 언어적 표현들의 의미는 아리스토텔레스에서처럼 실재 자체가 아니라 인간의 주관적인 표상들일 뿐이라는 것이다. 그런데 인간의 주관적인 표상들은 개인마다 다른 사적인 성격을 갖는다. 이 경우 그것들에 대한 언어적 표현들의 의미도 모두 사적인 성격을 갖게 된다. 그렇다면 인간들 간의 의사소통이 어떻게 가능한가라는 문제가 생기게 된다. 로크는 언어를 사람들이 자신들의 주관적인 표상을 전달하기 위한 의사소통의 도구라고 보았다. 그러나 경험론의 입장을 철저하게 밀고 나가면 의사소통이 불가능하게 된다.[16]

---

14 카시러, 위의 책, p.157 참조.

15 게오르크 W. 베르트람, 위의 책, p.67 참조.

16 게오르크 W. 베르트람, 위의 책, p.73 참조.

5. 현대철학의 언어관: 언어적 전환(the linguistic turn)

근대에서는 합리론과 경험론 외에 헤르더와 훔볼트처럼 언어 자체에 대한 현상학이고 해석학적인 분석에 입각하여 언어에 대한 새로운 이해를 모색하는 흐름이 존재한다.

헤르더와 훔볼트 이전의 서양철학에서는 언어는 그 자체로서 탐구되지 않았다고 할 수 있다. 언어는 항상 언어와는 다른 것들을 기반으로 하거나 실마리로 하여 탐구되었다. 고대그리스철학은 플라톤이나 아리스토텔레스에서 보듯이 세계에 대한 형이상학적인 견해를 실마리로 하여 언어를 탐구했고, 중세철학은 종교적인 신앙을 실마리로 하여 언어를 탐구했다. 그리고 근대철학은 인간의 이성과 의식에 대한 탐구를 실마리로 하여 언어를 탐구했다.

언어를 독자적인 현상으로서, 더 나아가 다른 현상들을 설명할 수 있는 토대이자 실마리로 삼은 것은 헤르더와 훔볼트다. 이들은 훔볼트가 말했듯이 언어를 '세계 전체의 최고의 것과 가장 심원한 것 그리고 다양한 것들을 파악하기 위한 수단'[17]으로 보았다. 이와 함께 이들은 현대철학에서 일어난 이른바 '언어적 전환'을 준비하게 된다.

20세기 이후의 현대철학은 합리론과 경험론처럼 인간의 의식을 반성하는 방식으로 인간을 파악하려고 하지 않는다. 인간의 의식을 반성하는 데 몰두하는 철학은 인간을 고립적인 정신으로 보면서,

17 카시러, 위의 책, p.11 참조.

인간이 항상 자연과 사회 그리고 역사 속에서 산다는 사실을 자칫 무시할 수 있다. 그런데 언어활동은 항상 다른 인간들과의 대화 속에서 이루어지며 자연과 사회 그리고 역사에서 부딪히는 문제들과 대결하면서 행해진다. 따라서 현대철학은 인간의 의식이나 이성을 실마리로 하여 언어를 이해하려고 하지 않고, 오히려 언어를 실마리로 하여 인간의 이성이나 의식을 이해하려고 한다.

이에 따라 현대의 영미분석철학에서는 언어분석이 중심적인 지위를 가지며, 카시러의 상징형식의 철학, 하이데거와 가다머의 해석학, 구조주의와 포스트구조주의(해체론)의 철학, 하버마스와 아펠의 사회비판이론에서도 언어가 중심적인 주제가 된다. 여기서는 이 모든 사조의 언어관을 다 살펴볼 수는 없고, 카시러와 하이데거와 가다머, 비트겐슈타인, 데리다의 언어관을 살펴볼 것이며 또한 진화론에 입각한 언어철학을 살펴볼 것이다.

헤르더와 훔볼트는 18세기와 19세기에 활동했기에 그들의 언어철학은 시대적으로는 현대보다는 근대에 속한다. 그러나 내용상으로는 현대 언어철학의 선구라고 볼 수 있기에 현대철학의 언어관에서 다루기로 한다.

1) 성찰적 능력의 표현으로서의 언어: 헤르더의 언어관

정대성은 헤르더를 이렇게 평가하고 있다.

> "헤르더는 인간을 언어를 통해 스스로를 표현하는 존재로, 언어를 통해 인간이 자신의 세계를 만들고, 언어의 한계를 (인문적)

> 세계의 한계로 본 최초의 사상가인데, 바로 이런 점에서 우리는 그를 인문언어학을 시작한 최초의 언어학자라고 할 수 있다. 리브룩스는 바로 이런 점에서 헤르더가 현대 언어철학의 선구자라고 말한다."[18]

우리는 정대성의 이러한 평가를 받아들일 수 있다. 헤르더야말로 인간이나 이성 혹은 세계를 실마리로 하여 언어를 이해하려고 하지 않고, 언어를 실마리로 하여 인간과 이성 그리고 세계를 이해하려고 했던 최초의 철학자라고 볼 수 있다.

(1) 인간의 성찰적 능력과 언어

합리론과 경험론의 언어관, 다시 말해 언어에 대한 논리학적·형이상학적 이론과 심리학적 이론은 그것들 사이의 근본적인 대립에도 불구하고 다음과 같은 근본적인 특징에서 일치한다. 즉 그것들은 언어를 오직 인식의 수단으로 보면서 언어를 그것의 이론적 내용에 초점을 두고 고찰하고 있다. 그러나 근대철학이 전개해 가는 과정에서 인간의 정신은 인식하는 존재인 동시에 감정과 의지를 갖는 존재라는 사실이 갈수록 부각된다. 이와 함께 언어에 대한 고찰에서도 언어가 갖는 인식의 측면 외에 다른 측면들이 관심을 받게 된다.

---

18 정대성, 「헤르더의 계몽비판과 '표현'으로서의 언어의 이념」, 『철학논집』 45집, 2016년 5월, p.177. 이와 관련하여 정대성은 리브룩스의 다음과 같은 말도 인용하고 있다. "헤르더의 현상논문 『언어기원론』과 더불어 언어철학의 시대가 시작한다."(B. Liebruks, *Sprache und Bewusstsein*, 47.)

언어의 기원을 추적해 보면, 최초의 언어는 대상에 대한 표상을 표현하는 기호가 아니라 쾌·불쾌와 같은 감정과 감성적 충동을 표현하는 기호인 것 같다. 또한 언어는 단순한 관습이나 자의적인 협약의 산물이 아니고 직접적인 감각 자체와 동일한 정도로 필연적이고 자연적인 것이다. 인간에게 감각기관이 원래부터 갖추어져 있는 것과 마찬가지로, 우리의 감각과 감정에 결부된 표현 작용도 처음부터 인간에게 갖추어져 있다.

이런 맥락에서 지암바티스타 비코(Giambattista Vico)도 언어의 근원적인 단어들(Urworte)이 단지 관습적인 협약에서 비롯된다는 이론을 배격하면서 근원적인 단어들과 그것들의 의미 사이에는 '자연적인' 연관이 존재한다고 주장한다. 비코에 따르면 모든 근원적인 단어는 모두 단음절의 어근으로 이루어져 있다. 그리고 이러한 어근은 어떤 객관적인 자연음을 의성어의 형태로 반영하는 것이든가 아니면 고통이나 쾌감, 기쁨이나 슬픔, 놀람이나 공포와 같은 정동情動을 표현하는 감탄사다. 다시 말해 최초의 단어들은 감탄사로서, 즉 격렬한 정열이 폭발할 때 나오는 음으로서 생겼다. 그것들은 모든 언어에서 한 음절로 되어 있다.[19]

감탄사 다음에 대명사와 부사, 전치사, 접속사가 생기고 이것들도 또한 자신들의 근본 형태에서는 똑같이 단음절의 어근으로 귀착된다. 그다음에는 명사가 생기고 이 명사에서 비로소 최종적으로 동사가 전개되었다. 사실 오늘날에도 아직 유아들이나 병적인 언어장애를

19 카시러, 위의 책, p.183 참조.

갖는 사람들은 동사보다도 명사를 더 일찍 구사한다. 근대가 전개되는 과정에서 감정의 지위가 분명하게 강조되면 될수록 그리고 사람들이 감정에서 정신의 본래적인 기초를 찾으려고 할수록, 언어의 기원에 대한 이론과 관련해서 비코의 학설을 원용하는 경우가 많이 나타나게 되었다.[20]

헤르더 역시 모든 언어가 감정과 그것의 직접적이고 충동적인 표현에 뿌리박고 있다는 사실을 인정한다. 즉 모든 언어가 의사를 전달하는 소리에서가 아니라 부르짖는 소리에서, 억양에서, 거친 음운에서 출발한다는 사실을 인정하는 것이다. 그러나 헤르더는 이러한 음운들의 총체가 언어의 본질을, 즉 언어의 본래적인 정신적 '형식'을 이루는 것은 결코 아니라고 본다. 이러한 형식이 생기는 것은 인간을 동물과 구별하는 인간 영혼의 근본적인 힘 때문이다. 인간에게 특유한 이러한 근본적인 힘을 헤르더는 '성찰(Besinnung)'이라고 부른다.[21]

인간은 동물처럼 특정한 감각능력이 발달한 것은 아니다. 독수리처럼 시각이 발달한 것도 아니고 개처럼 후각이 발달한 것도 아니다. 대신 인간은 성찰의 능력을 갖는다. 신속하게 사라지는 감각기관의 흥분을 그 자체로 규정되고 구별된 것으로, 따라서 참으로 정신적인 '내용'으로 만드는 것은 바로 '성찰'이다. 헤르더는 언어를 직접적인 감각이나 감정의 산물로서 파악하는 동시에 성찰의 산물로 본다. 언어를 통해서 혼란스러운 감각들의 세계는 비로소 질서를 갖는 직관

---

20 카시러, 위의 책, p.184 참조.

21 카시러, 위의 책, p.190 참조.

의 세계로 형성된다.

언어가 이렇게 인간에게 고유한 성찰의 능력에서 비롯된다는 점에서 그것은 동물의 소리와는 근본적으로 다른 성격을 갖는다. 앞에서 본 것처럼 인간에게도 동물적인 소리들이 존재하지만 그것들은 아직 명료하게 분절되지 않은 소리들이다. 따라서 그것들은 아직은 언어라고 볼 수는 없다.

우리에게는 무수한 감각들이 끊임없이 생겨났다가 사라진다. 이름은 감각의 이러한 무질서한 흐름을 고정함으로써 세계를 구조화된 질서를 갖는 것으로서 제시한다. 따라서 언어는 언어 이전에 이미 주어져 있는 사물들을 단순히 지시하는 것이 아니다. 오히려 우리가 지각하는 사물들 자체가 이미 언어에 의해서 구성되어 있다. 언어는 사유와 논리 이전에 지각에서부터 작용하는 것이다. 우리는 항상 언어라는 매체가 대상을 인간에게 제시하는 방식으로만 그 대상과 관계한다.

경험론에서 보듯이 지각을 통해서 주어지는 감각 자료들에 대해서 인공적인 기호체계가 대립하는 것이 아니다. 오히려 우리의 지각 그 자체가 이미 정신에 의해서 부과된 형식을 포함하고 있다. 이러한 형식은 언어의 형식이기도 하다. 따라서 헤르더에게 언어는 인간에 의해 의식적으로 만들어진 것이 아니라 인간 정신의 내부에서 필연적으로 생성된 것이다. 언어는 의식 자체의 통일성을 가능하게 하는 중요한 요인이다.[22]

---

22 카시러, 위의 책, p.192 참조.

(2) 감각주의적 분석적 심리학의 언어관과 현상학적이고 해석학적인 심리학의 언어관

헤르더가 활동했던 18세기 후반에는 감각주의적이고 분석적인 심리학이 유행하고 있었다. 헤르더는 이러한 유행에 대항했던 유일한 철학자였다. 당시에는 언어에 대한 철학적 정초란 단지 심리학적 탐구에 의해서만 가능하다는 확신이 팽배해 있었다. 합리론이 추구했던 보편적인 기호법은 다양한 언어들에 대한 경험과학적인 비교가 활발히 수행되면서 전혀 불가능한 것으로 드러난 것 같았다. 이제는 언어의 통일을 그것의 논리적 내용 대신에 그것의 발생과 이러한 발생을 규정하는 심리적인 법칙들과 관련하여 보여 주는 길만이 남게 되었다.

분트(Wilhelm Wundt)와 같은 심리학자야말로 바로 이러한 사고 경향을 대표하는 사람이었다. 그는 언어 현상들에서 일반적인 것과 법칙적인 것은 심리학을 통해서만 파악될 수 있다고 보았다. 이러한 심리학은 감각 자료들처럼 의식의 '단순한' 요소들을 상정하면서 그것들이 특정한 관념연합을 형성하는 규칙을 발견함으로써 심리적인 것의 본질을 드러낼 수 있다고 보았다.

이러한 심리학은 언뜻 보면 경험론과 유사한 것처럼 보인다. 그러나 그것은 자연과학적 방법을 통해서 관념들의 연합을 형성하는 규칙을 파악하려고 한다는 점에서 경험론과는 구별된다. 그것은 물리학이나 생리학과 같은 자연과학이 제시하는 법칙을 자명한 것으로 전제하며 이를 기초로 하고 있다.

이러한 심리학에서는 예를 들어 지각을 규정하는 물리학적·생리학적 인과법칙을 발견하면 지각의 본질은 온전히 파악된 것으로 간주된다. 이와 함께 지각의 심리학은 필연적으로 생리학과 물리학으로 귀착된다. 다시 말해 그것은 지각의 세계와 객관적인 '자극'의 세계 사이에 성립하는 의존관계를 파악하는 것을 목표하는 정신 물리학이 되고 만다. 이러한 심리학에서는 일정한 자극에는 항상 일정한 감각이 대응하는 것으로 간주되며, 지각의 내용은 '외부' 세계, 즉 자극의 내용을 충실하게 반영하고 재현하는 것으로 파악되는 것이다.

이러한 감각주의적이고 분석적인 심리학에 반하여 헤르더는 물리학이나 생리학과 같은 자연과학이 아니라 언어를 인간 정신을 이해하는 실마리로 삼고 있다. 헤르더에게 언어는 이미 주어져 있는 세계 질서를 반영하는 것이 아니라 세계를 구조화하는 방식이다. 언어는 사물들에게 이름을 부여함으로써 분류하고 조직하면서 세계를 형성한다.

따라서 우리는 감각주의적이고 분석적인 심리학에서 주장하는 것처럼 단순한 감각 자료들을 먼저 지각하고 그것들을 연합함으로써 하나의 사물을 지각하는 것이 아니다. 우리가 어떤 소리를 들을 경우 우리가 우선적으로 듣는 것은 아무런 의미도 갖지 않는 한갓 감각 자료에 불과한 소리가 아니라 항상 비행기 소리나 자동차 소리와 같이 구체적인 의미를 갖는 소리다. 따라서 이러한 언어적인 의미를 떠난 단순한 감각 자료들이라는 것은 사실은 추상적인 반성의 산물에 지나지 않는다.

이러한 사실을 무시하기에 감각주의적이고 분석적인 심리학은 지각의 본질을 제대로 파악하지 못한다. 이러한 심리학은 지각 세계를 개별적인 인상들의 총합으로 해체하기 때문에, '보다 높은' 정신적 기능들이 지각 세계의 성립에서 갖는 역할을 무시한다. 이러한 심리학에서는 지각의 능동성과 상징 형성 작용과 같은 것은 무시되고 있는 것이다. 지각이 지성을 '감성화'하는 것으로 보이지만 실은 지성이 지각을 '지성화'하는 것이다.

언어는 개개의 단순한 구성요소, 즉 단어들을 하나씩 모아서 구성되는 것이 아니다. 오히려 개개의 단어는 문장이라는 전체를 전제하며 이러한 문장에서 출발함으로써 비로소 이해될 수 있다. 동일한 단어라도 문장에 따라서 다른 의미를 가질 수 있다. 그리고 어떤 문장의 의미는 그 문장이 사용되는 전체적인 문맥에서만 제대로 이해될 수 있다. 외형상으로는 동일한 문장이라도 그것이 사용되는 문맥에 따라서 다른 의미를 가질 수 있는 것이다.

이러한 사실은 감각에 대해서도 타당하다. 고립된 단어와 마찬가지로 고립된 '감각'과 같은 것도 한낱 추상에 지나지 않으며, 동일한 감각 자료로 보이는 것도 그것이 지각되는 사물이나 배경에 따라서 다른 성격을 가질 수 있다. 문장이 단어로부터, 단어가 음절로부터, 음절이 문자로 '성립되지' 않는 것과 마찬가지로, 사물과 세계에 대한 지각도 색이나 음, 맛이나 냄새와 같은 서로 분리된 감각 자료들로부터 성립되지 않는다.

이러한 사실에서 출발하면서 헤르더는 당시의 감각주의적이고 분석적인 심리학이 개개의 '감각기관들'과 그러한 기관들이 반영하는 감각 영역들 사이에 설정했던 장벽을 무너뜨린다. 헤르더는 언어는 소리를 통해서 표시되는데, 음이라는 감각 영역과 그 외의 감각 영역들이 근본적으로 이질적이라면 언어의 음이 어떻게 이 모든 영역을 표시할 수 있겠는가라고 묻는다.

더 나아가 모든 지각 세계에서 시각과 청각의 영역, 취각과 미각의 영역은 긴밀하게 상호 침투하고 있다. 예를 들어 우리는 어두운 색을 보면 무엇인가 둔중한 소리를 떠올리고, 밝은 색을 보면 경쾌한 소리를 떠올린다. 또한 고약한 냄새를 풍기는 것을 우리는 맛있는 것으로 느끼기 힘들며, 어떤 음침한 광경을 볼 때 이 광경과는 전혀 다른 성격을 갖는 음울한 감정을 느낀다.

감각주의적이고 분석적인 심리학은 우리의 관념은 유사한 감각 자료들 사이의 유사성으로 인해 생긴다고 말하지만 음과 색, 광경과 감정은 전적으로 이질적인 것들로서 서로 유사성을 갖지 않는다. 그러나 우리의 지각 세계는 이렇게 극히 이질적인 감각기관들이 결합함으로써 성립된다. 감각주의적이고 분석적인 심리학이 감각들 사이에 상정하는 엄밀한 경계선은 전혀 존재하지 않는다는 것이야말로 지각의 본질적인 특성인 것이다.

헤르더는 모든 감각기관은 심정(Gemüt)이라는 유일한 적극적인 능력이 발휘되는 다양한 발견양식일 뿐이라고 본다. 바로 이 때문에 지각은 여러 감각기관이 미분화된 상태로 결합함으로써 이루어진다. 여러 감각기관의 영역들로 모든 것이 분할되기 이전에, 다시 말해 보이는 것의 세계, 들리는 것의 세계, 만질 수 있는 것 등의 세계로 분할되기 이전에 심정의 통일성이 존재한다.

심정이란 말로 헤르더는 감각기관의 각 영역으로 분할되기 이전에 존재하는 감성적 의식의 통일성과 전체성을 가리킨다. 이렇게 우리의 지각 활동에는 이미 통일적인 심정이 항상 개입하고 있기에, 비록 동일한 음성이라도 기분에 따라 그것은 다르게 들린다. 따라서 언어는 대상뿐 아니라 '그것을 파악하는 기분'으로부터도 해명되어야 한다.

이러한 사실을 무시하는 것과 함께 감각주의적이고 분석적인 심리학은 모든 지각의 기층이 되고 있는 것을 무시한다. 이러한 기층은 감각주의적이고 분석적인 심리학이 현실에 대한 모든 지식의 근원으로 보고 있는 단순한 감각 자료들에 있지 않고 근원적이고 직접적인 표정 성격들에 있다.

구체적인 지각은 대상이 무엇인지를 파악하는 것에 그치지 않고 그 대상이 갖고 있는 표정 성격, 즉 매혹적이거나 위협적인 성격, 친숙하거나 섬뜩한 성격, 마음을 편하게 해주거나 두려움을 일으키는 성격을 함께 지각한다. 구체적인 지각은 대상을 객관적으로 파악할 경우에도 이러한 표정 성격들로부터 자신을 완전히 단절하지는 않는다. 이러한 표정 성격은 감각 자료들로서는 우리에게 들어오지 않는다. 따라서 구체적인 지각은 밝음 또는 어두움, 차가움 또는 따뜻함과 같은 감각적인 질들의 단순한 복합체가 아니다.

이런 맥락에서 헤르더는 언어를 정신이 자신의 내적 활동에 의해서 자기 자신과 대상들 사이에 정립해야만 하는 참된 세계라고 말하고 있다. 언어는 추상적인 사유형식으로 파악되어서는 안 되고 구체적인 삶의 형식으로 파악되어야만 한다. 이와 관련하여 헤르더는 감각주의적이고 분석적인 심리학을 넘어서, 우리를 '추상적' 주관성으로부터 '구체적인' 주관성으로 인도하고 '사고형식'으로부터 '생의 형식'으로 돌파할 수 있는 심리학을 주창한다.

이와 함께 헤르더는 어떤 민족의 언어에서는 인식의 영역과 감정의 영역 등이 서로 분리되어 있는 것이 아니라 그것들이 유기적인 전체성을 이룬다는 사실을 강조하게 된다. 언어에서 모든 부분은 합목적적으로 서로 결합하여 하나의 전체를 형성하고 있다. 그러나 언어에서 지배하고 있는 것은 단순한 자의와 주관적 '의도'를 모두 배제하는 '목적 없는 합목적성'이다.

언어를 유기적인 전체로 보는 헤르더의 견해에서 '의식'과 '무의식', '주관'과 '객관', '개체'와 '보편'이라는 대립항들이 서로 매개된다. 언어에서 '보편적인 것'이 추구되고 있지만, 이 보편적인 것은 개별적인 사례들에 대립해 있는 어떤 추상적인 통일체가 아니라 특수한 것들의 전체 안에서만 나타나는 통일체다. 이렇게 어떤 민족의 언어를 유기적인 전체로 볼 경우, 우리는 다양한 민족어들의 배후에서 민족들 모두에게 보편적으로 존재하는 근본적·근원적 언어를 발견하려는 노력을 완전히 포기하게 된다.

분트의 심리학과 헤르더의 심리학 사이의 대결은 감각주의적이고 분석적인 심리학과 해석학적이고 현상학적인 심리학 사이의 대결이라고 볼 수 있다. 분트의 심리학은 분석적인 관찰이라는 자연과학적인 방법에 의거하여 인간의 정신작용을 고찰하려고 한다. 이에 반해 헤르더의 심리학은 역사학이나 문학과 같은 정신과학을 실마리로 삼아 정신작용을 그것의 구체적인 풍요로움에서 파악하려는 심리학이다.

헤르더의 심리학은 언어처럼 인간 정신이 표현된 현상을 해석함으로써 인간의 정신작용을 이해하려고 한다는 점에서 해석학적 심리학이라고 부를 수 있다. 또한 그것은 자연과학적 방법에 의거하지 않고 인간의 정신작용을 그것이 나타나는 그대로 파악하려고 한다는 점에서 현상학적 심리학이라고 부를 수 있다.

이러한 해석학적이고 현상학적 심리학에서는 정신과 신체의 이원론, 감성과 사유의 이원론이 극복된다. 이런 맥락에서 헤르더는 사랑은 가장 고귀한 느낌이자 가장 고귀한 인식이라고 말한다. 또한 이러한 심리학은 언어, 예술, 몸짓과 같은 어떤 외적 매체 없이 사유는 존재하지 않는다고 본다. 그리고 사유가 이러한 매체로부터 분리될 수 없다는 것은 사유가 이러한 매체 없이는 행해질 수 없다는 것뿐 아니라 사유가 이러한 매체에 의해서 형성된다는 것을 의미한다. 즉 어떤 사상이라도 새로운 매체로 표현되면, 예컨대 하나의 언어로부터 다른 언어로 번역되면 그 의미가 변하고 만다. 달리 말하여 우리는 사유의 내용을 매체에 의해 '부가된' 것으로부터 명확히 구별할 수 없는 것이다.

정신이 신체로부터 분리될 수 없듯이, 사유는 언어를 비롯한 매체들로부터 분리될 수 없다. 따라서 헤르더의 언어철학은 사람들이 신체를 벗어난 정신에 귀속시키기 쉬운 작용들, 즉 순수 사유, 반성, 숙고 등도 필연적으로 매체에 의존하는 구체적인 실존에 귀속시킨다. 이렇게 사유가 매체로부터 분리될 수 없다는 점에서 헤르더는 인간의 삶을 '표현'으로 본다. 이 경우 표현은 이성과 감정과 의지와 같은 인간의 모든 능력이 종합적으로 표현되는 것을 말한다.[23]

---

23 정대성, 위의 글, p.181 참조.

2) 사상을 형성하는 기관(das bildende Organ des Gedankens)으로서의 언어: 훔볼트의 언어관

훔볼트는 헤르더의 인간관과 언어관을 토대로 하여 자신의 언어철학을 개척했다. 외교관이었던 훔볼트는 여러 나라를 돌아다니면서 다양한 언어를 비교할 수 있었다. 이와 함께 그는 각 언어에 그 민족의 고유한 세계 이해와 사고방식이 깃들어 있다는 것을 알게 되었다. 또한 그는 언어가 단순히 세계를 단순히 반영하는 것이 아니라 인간이 거주하고 경험하는 세계를 형성한다고 보았다. 언어는 단순히 의사소통을 위한 수단을 넘어서 사람들이 세계를 경험하는 근본적인 방식을 규정한다는 것이다. 인간은 언어를 통해서만 사고하고 느끼고 살아간다. 언어는 언어 없이 행해진 사상을 표현하는 수단이 아니라 '사상을 형성하는 기관(bildende Organ des Gedankens)'이다.[24] 언어 없이 사상은 애매하고 불분명한 것으로 남으며 언어를 통해서 명료한 내용을 얻게 된다.

이러한 사실들을 근거로 하여 훔볼트는 헤르더와 마찬가지로 우리는 인간이 의식적으로 언어를 만들어냈다고 볼 수 없다고 말한다.[25]

---

24 게오르크 W. 베르트람, 위의 책, p.32 참조.

25 이성준은 헤르더와 훔볼트 사이의 광범한 일치에도 불구하고 언어발생의 동기 및 언어의 성격과 관련하여 양자는 차이를 보인다고 말한다. 즉 헤르더는 인간이 세분화된 본능적 능력을 결여한 존재였기에 언어를 필요로 했다고 본 반면에, 훔볼트는 언어발생의 동기를 인간이 대화하는 것을 즐긴다는 사실에서 찾았다는 것이다. 또한 헤르더는 언어가 이성의 내적인 성숙과 함께 생성된다고 보면서 다른 사람들에게로의 전달이라는 기능은 언어의 부차적인 속성으로 보았다. 이에 반해 훔볼트는 언어는 본질적으로 대화의 성격을 갖는다고

오히려 우리는 언어의 원형은 인간의 이성 안에 이미 존재했다고 보아야 한다. 언어는 인간 이성의 산물이라기보다는 이성과 함께 이미 주어져 있는 것이다. 언어가 이성 안에 이미 존재하지 않았다면 언어는 발생하지 않았을 것이다. 인간이 하나의 단어를 무의미한 소리가 아니라 의미를 담은 소리로 이해하기 위해서는 언어는 이미 완전한 통일적인 체계로서 존재해야 한다. 훔볼트는 이 점에서 언어와 사고를 이성적인 능력의 동일한 활동으로 본다. 신처럼 초감각적인 존재는 언어 없이도 사유할 수 있을지 모르지만, 인간처럼 정신적이면서 감각적인 존재는 감각적 수단인 언어를 통해서만 사고할 수 있다.

언어는 사물 자체에 대한 인식을 방해하는 것으로 간주되곤 했던 반면에, 훔볼트는 오히려 언어는 무질서하고 혼란스러운 감각적 인상들에 질서를 부여함으로써 그것들을 하나의 객관적인 대상으로 성립하게 하는 수단이라고 본다. 언어는 인간의 관여 없이 이미 객관적인 것으로 존재하는 것을 수동적으로 반영하는 것이 아니라 객관적인 것의 형성에 결정적인 계기로서 개입한다.

예를 들어 모든 언어에서는 사과라든가 인간 등과 같이 실질적인 내용을 갖는 어떤 개념을 사용할 경우 그것이 실체인지 속성인지를 구별하는 범주적·형식적 규정이 덧붙여져야만 한다. 언어는 이렇게 자신의 보편적인 내적 법칙에 따라서 감각적인 인상들에 객관적인 형태를 부여한다. 따라서 외관상으로는 객관 자체인 것으로 보이는

본다. 즉 언어는 사회적인 관계 속에서만 형성되고 발전한다는 것이다. 이성준, 「요한 고트프리트 헤르더의 언어기원론과 빌헬름 폰 훔볼트」, 『독어학』 25집, 한국독어학회, 2012, p.208 이하 참조.

것도 사실은 언어를 사용하는 정신이 갖는 보편적인 파악 방식에 의해서 형성된 것이다. 이렇게 객관성은 정신적인 형식 부여를 통해서 비로소 쟁취된다.

따라서 훔볼트는 이러한 정신적인 형식 부여가 어떻게 형성되는지를 '발생론적으로' 파악할 경우에만 언어에 대해서 올바르게 이해할 수 있게 된다고 본다.[26] 우리가 언어의 본질이라든가 형식이라고 부르는 것은 우리가 내는 소리들을 사고의 표현으로 고양하는 정신의 노동에서 찾을 수 있는 항상적이고 동형적인 것이다.

이렇게 언어에서는 객관성과 주관성, 혹은 형식과 소재가 결합되어 있지만 동시에 개별자와 보편자가 결합되어 있다. 이는 모든 개인은 자신의 고유한 언어를 사용하고 고유한 스타일로 말하지만 그러한 언어는 동시에 어떤 민족의 보편적인 언어이기도 하기 때문이다. 우리는 자신의 고유한 언어를 말하는 방식으로 자신의 개성을 발전시켜 나가지만, 동시에 어떤 한 민족의 보편적인 언어를 말함으로써 또한 보편 속에 편입되어 있다. 언어는 사람들을 개별화하면서도 결합하기에, 가장 개인적인 표현에도 보편적인 이해의 가능성이 포함되어 있다.

또한 한 민족의 언어라도 다른 민족의 언어로 번역될 수 있다. 이런 의미에서 모든 언어는 인간이 갖는 보편적 본성의 반향이라고 볼 수 있다. 따라서 언어는 개개의 인간이 사용하는 것이면서도 개개의 인간에 대해서 객관적인 것으로서 나타난다. 언어에서는 개인의 정신

---

26 카시러, 위의 책, p.205 참조.

과 객관적 정신이 분리되면서도, 이러한 분리가 다시 지양止揚되는 것이다.

훔볼트는 이처럼 객관성과 주관성의 종합, 개별자와 보편자의 종합이란 개념을 언어를 해석하는 중요한 단서로 삼고 있다.[27] '주관적인 것'과 '객관적인 것', '소재'와 '형식', '개별적인 것'과 '보편적인 것'은 서로 분리된 단편들이 아니라 언어의 발생과정 자체에 필연적으로 함께 속하는 계기들이다. 그것들은 다만 우리의 분석을 통해서만 서로 분리될 수 있을 뿐이다.

3) 상징형식으로서의 언어: 카시러의 언어관

(1) 상징형식의 철학

카시러의 언어철학은 훔볼트의 언어철학을 계승한다. 카시러는 훔볼트와 마찬가지로 언어에 대한 탐구를 통해서 인간의 정신과 삶을 이해할 수 있다고 본다. 또한 카시러는 언어에 대한 방대한 경험과학적인 탐구에 입각하여 언어에 대한 철학적 연구를 수행했는데, 이러한 연구방식도 훔볼트를 계승한 것이다.

합리론과 경험론과 같은 근대철학은 인간의 감성이나 이성과 같은 인식능력들에 대한 내적인 반성을 통해 인간과 인간의 정신을 이해하려고 했다. 이에 반해, 카시러는 인간의 본질적인 특성을 상징의 형성이라고 보면서, 언어와 신화 등과 같은 상징들을 탐구함으로써 인간의 정신과 생을 파악하려고 한다. 카시러가 말하는 상징형식은

---

27 카시러, 위의 책, p.61 참조.

정신적인 의미의 현현顯現과 구현으로서 나타나는 모든 감성적인 현상의 전체를 가리킨다. 카시러는 세계는 수동적으로 우리에게 주어지는 것이 아니라 우리가 상징형식을 통해서 능동적으로 구성한다고 본다.

카시러의 언어철학은 언어 이외에 종교와 예술 그리고 과학 등과 같은 다양한 상징형식에 대한 그의 철학을 기반으로 하여 이루어진다. 그러나 종교와 예술 그리고 과학도 언어를 통해서 수행되는 경우가 많기 때문에 종교와 예술 그리고 과학도 넓은 의미에서 언어가 나타나는 방식으로 볼 수도 있다. 언어는 종교나 예술 그리고 과학과 구별되면서도 그것들과 많은 부분에서 겹친다. 따라서 상징형식들에 대한 카시러의 철학은 그의 언어철학의 토대이면서도 언어철학을 구성하는 중요한 부분이기도 하다.

(2) 과학과 신화와 언어

카시러는 언어를 비롯하여 신화와 과학 등의 모든 상징은 인간이 창조한 것이며 인간은 다양한 상징체계 내지 기호체계를 통해서 세계를 드러낸다고 본다. 이렇게 세계가 인간의 상징체계에 의해서 구성되는 것이라는 사실을 가장 잘 보여 주는 것은 바로 과학이다. 우리는 흔히 과학이야말로 실재 자체를 있는 그대로 반영한다고 생각하지만 사실은 과학이야말로 일정한 상징형식을 통해서 세계를 구성하는 것이다. 특히 정밀과학은 의미가 엄밀하면서도 일의적一義的으로 정의될 수 있는 기호들로 이루어져 있으며, 이러한 기호들을 통해서 가능하게 된다.

자연과학은 어떤 조건에서 어떤 사건이 일어날지를 정확하게 예측하고자 한다. 그런데 이러한 정확한 예측을 위해서는 자연을 우선 예측할 수 있는 상징들의 체계로 만들어야 한다. 즉 자연과학은 자연을 단순히 수동적으로 모사하는 것일 수는 없다. 이는 자연 스스로가 자신의 필연적인 인과관계를 보여 주지는 않기 때문이다. 물리학적 인식은 주어진 현실을 단순히 반영하지 않고 현상들의 통일을 산출함으로써 그것에 입각하여 장차 일어날 사건을 예측한다.

이를 위해 물리학적인 인식은 자연을 힘과 질량과 같은 근본개념들을 매개로 하여 고찰한다. 따라서 물리학이 드러내는 대상은 힘과 질량과 같은 근본개념들과 무관하게 그 자체로서 제시될 수는 없다. 오히려 대상은 대상이 나타나는 방식을 미리 규정하는 이러한 개념들 내에서만 나타날 수 있다. 그리고 이러한 개념들은 대상을 모사하여 생겨난 것이 아니라 자연과학적인 인식이 충족시켜야 하는 명료함, 무모순성, 서술의 일의성一義性이라는 요구에 입각하여 창출된 것이다.

물리학의 대상과 마찬가지로 일상적인 지각의 대상도 하나의 복합적 전체를 형성하고 있기는 하다. 그러나 물리학의 대상은 일상적인 지각의 대상과는 달리 색깔이나 냄새, 소리 등과 같은 감각적 인상들의 전체가 아니다. 그것은 수 규정들과 척도 규정들의 총체다. 다시 말해 하나의 물체가 물리학적 의미에서 갖는 '본성'은 색이나 소리와 같은 그것의 감각적 현상 방식에 의해서가 아니라 그것의 원자량이나 굴절률, 흡수 지수指數, 전도율, 자기화율磁氣化率 등에 의해서 규정된다.

오늘날에는 과학만이 실재를 드러낸다고 보는 과학주의적인 사고방식이 암암리에 사람들의 사고를 지배하고 있다. 이러한 사고방식에 따르면, 과학이 아닌 언어나 신화는 과학의 선행 형태에 불과하거나 이것에 의해서 대체되어야 한다. 그러나 과학 역시 하나의 상징형식에 불과하다. 상징형식을 떠나서 그 자체로 존재하면서 드러날 수 있는 이른바 실재 세계는 존재하지 않는다. 상징형식은 과학적 개념의 영역에서만 작용하는 것이 아니라 일상적인 지각의 영역에서부터 이미 개입하고 있다. 일상적인 지각에는 인상을 외부로부터 수용하는 능력을 넘어 인상을 신화나 언어라는 상징형식에 따라서 형태화하는 능력도 존재한다. 이런 의미에서 카시러는 과학뿐 아니라 신화와 언어도 현실을 드러내는 독자적인 상징형식이며 과학에 의해서 대체될 수 없다고 본다.

신화적인 세계에서 모든 것은 표정을 갖고 나타나는 영적인 성질을 갖는 것으로 간주된다. 예를 들어 바다에서 이는 폭풍우는 바다의 신인 포세이돈의 분노로 여겨진다. 모든 것은 익숙하고 친숙한 것, 비호하고 지켜주는 것이라는 얼굴을 갖거나 접근하기 어렵고 불안하게 하는 것, 음침하고 소름끼치는 얼굴을 갖는 것으로 나타난다. 오늘날 많은 사람이 더 이상 신이나 요정 혹은 정령이 출몰하는 신화적 세계에 살고 있지는 않다. 그러나 우리의 일상적인 경험에서는 여전히 신화적 세계 경험이 근저에 놓여 있다. 이러한 신화적 세계 경험을 카시러는 표정 체험이라고 부른다. 감각하고 느끼는 존재로서 우리는 세계를 일차적으로 표정들로 가득 찬 세계로 경험한다. 다시 말해 표정 체험이야말로 우리가 세계를 경험하는 일차적인 방식이다.

언어는 논리적·논증적 사고의 표현 수단과 매체로서 기능할 수 있을 뿐 아니라 일상적인 지각을 구성하는 것에도 관여하고 있다. 그러나 신화적인 세계 경험인 원초적인 표정 체험과 언어와의 연관은 결코 단절되지 않는다. 우리가 언어를 통해서 지칭하는 것들은 보통 어떤 표정을 갖는 것으로서 나타난다. 예를 들어 우리는 '어머니'라는 말을 들으면 자식에 대한 사랑이나 근심이 어린 표정도 함께 떠올린다. 언어의 이러한 성격이 가장 잘 나타나는 것은 시어라고 볼 수 있다. 시어에서는 산이나 강도 표정을 갖는 것으로서 나타난다.

이런 맥락에서 카시러는 신화와 언어는 서로 밀접한 관계에 있으며 이 둘은 한 뿌리에서 나온 두 개의 가지라고까지 말하고 있다. 신화도 언어도 그 창시자를 모르면서도 어떤 민족의 사고와 삶을 철저하게 규정하는 것이다.

(3) 상징형식의 철학과 관념론의 확장과 심화

신화, 언어, 과학은 인과법칙에 따라서 해석될 수 있는 자연현상이 아니라 인간에게만 특유한 정신활동이다. 정신적 '주체'로서의 인간은 이러한 상징형식들을 매체로 하여 자신을 표현함으로써 자신을 발견하고 규정한다. 그리고 인간은 항상 상징형식들을 통해서 규정된 세계 안에서 산다. 카시러의 이러한 철학은 세계 인식에서 인간 정신의 능동적이고 자발적인 역할을 강조하는 관념론과 통한다.

카시러는 19세기 후반부터 풍미하기 시작하는 심리주의나 생물학주의와 같은 자연주의적인 철학사조에 대해 관념론을 수호하려 한다. 심리주의나 생물학주의와 같은 자연주의는 인간의 정신활동도 자연적인 심리법칙으로 환원하거나 동물적인 차원에서의 본능이나 충동으로 환원하여 설명하려고 한다. 오늘날의 뇌과학도 이러한 자연주의적 흐름을 따르고 있다. 그것은 인간의 정신활동도 뇌에서 일어나는 물리화학적인 작용으로 본다.

물론 카시러는 기존의 관념론을 그대로 답습하는 것이 아니라 상징형식에 주목함으로써 관념론을 확장하고 심화하려고 한다. 우리의 정신은 자신을 표현하더라도 항상 감성적인 매체를 통해서 자신을 표현한다. 예를 들어 수학적인 기호 없이는 물리학이 표현하려고 하는 어떠한 자연법칙도 언표될 수 없다. 과학적 인식뿐 아니라 언어와 종교나 예술과 같은 상징형식들도 자신에게 적합한 어떤 감성적 기체를 창출하는 방식으로 자신을 표현한다. 끊임없이 변화하는 우리의 의식 내용들은 기호, 즉 상징의 도움을 얻어서 일정한 이념적 의미를 획득하게 된다. 예를 들어 물리적 음은 그것 자체로서는 고저와 강도, 음색 등에 의해서만 구별된다. 그러나 그것이 언어의 음운으로 형성됨으로써 극히 미묘한 사상적·감정적 차이를 표현하는 것이 된다.

언어를 통해 우리는 직접적 인상들의 카오스에 '명칭을 부여하고' 분절하는 방식으로 우리가 사는 일상 세계를 구성한다. 그렇다고 해서 언어는 우리가 자의적으로 만들어내는 것이 아니다. 언어는 그것의 모든 표현을 관통하면서 작용하는 고유하면서도 근본적인 형성법칙을 갖는다. 예술적 직관의 영역에서도 우리는 형상을 자발적으로 산출하지만 이러한 산출 역시 예술적인 정신활동의 법칙성에 결부되어 있다. 예를 들어 정신은 일련의 물리적 음을 결합하여 언어의 문장을 구성할 수 있지만, 하나의 멜로디를 형성할 수도 있다. 양자에서 음은 전적으로 다른 의미를 갖게 되고, 전적으로 다른 법칙에 종속된다.

카시러는 자신의 이러한 철학이 전통적인 관념론을 지배해 온 감성계와 예지계의 이원론을 극복하는 것으로 보고 있다. 이러한 이원론에서는 예지계에서는 정신적인 것의 자유로운 자발성이, 감성계에서는 감성적인 것의 수동성이 지배한다고 보았다. 그러나 카시러는 이 양자는 서로 대립하는 것이 아니라고 본다. 정신의 순수한 기능은 감성적인 것에서만 구체적으로 실현될 수 있다. 따라서 그것은 감성과 독립적으로 존재할 수 있는 것이 아니다. 아울러 감성도 정신과 독자적으로 존재하는 것이 아니라 감성적인 상상력이라는 형태로 능동성을 갖고 있다. 감성적인 것은 지각의 세계뿐 아니라 정신에 의해서 창조되는 상(像)의 세계, 즉 종교나 예술의 세계 등을 성립시키는 매체인 것이다. 이러한 상의 세계는 그것의 직접적인 성질 면에서 보면 아직 감각적인 성격을 갖고 있지만, 사실은 정신에 의해서 형성되어 있고 지배되고 있는 감성의 세계다.

이렇게 그때마다의 상징형식을 통해서 상의 세계, 즉 객체가 새롭게 구성되지만, 이러한 과정은 동시에 주체가 새롭게 구성되는 과정이기도 하다. 어떤 사물을 예술적인 대상으로 파악하고 구성하면서 우리는 그러한 대상을 예술적으로 파악하는 주관으로서 구성된다. 그리고 어떤 대상을 과학적인 대상으로 구성하면서 우리는 과학적인 인식의 주관으로서 구성된다. 이처럼 주관과 객관은 이미 고정되어 존재하는 것이 아니라 상징형식들 자체에 의해서 새로운 내용과 의미를 갖게 된다. 정신적 상징들이 풍부해져 가면서 우리가 대면하는 현실 세계도 풍요로운 모습을 갖게 되며, 우리의 자아도 풍요로운 것이 된다.

(4) 카시러의 언어철학

카시러는 인류 역사의 초기에는 신화적 사유가 지배했다고 본다. 신화적 사유의 특징은 문화가 상당히 발전된 단계에서 인간의 정신이 알고 있는 다양한 분화를 알지 못한다는 점에 있다. 그것은 인간이 만든 형상과 현실적인 사물을 구별하지 않으며, 인간과 세계 사이의 분화도 알지 못한다. 신화적인 사유는 분명한 신개념도 또한 분명한 영혼개념도 인격개념도 알지 못한 채, 아직 전적으로 미분화된 상태로 있는 주술적인 힘에 대한 직관에 입각해 있다.

신화적인 세계에서 원래 무한히 다양하고 이리저리 요동하는 다채로운 표정 체험들은 언어라는 매체에 의해서 비로소 고정되기 시작한다. 언어라는 매체에서 비로소 그러한 표정 체험들이 '형태와 이름'을 획득하게 되는 것이다. 그때까지 감정과 의지를 직접 엄습해 온 대상들이 이제 비로소 멀리 떨어져 보이기 시작한다. 즉 그러한 대상이 '직관'되며, 그것의 공간적인 윤곽과 독립적인 질적 규정을 확인할 수 있을 정도의 거리에 대상이 나타나게 된다. 이를 위해서 인간은 자신의 감각기관을 스쳐 지나가는 꿈처럼 극히 불안정한 상에서 벗어나 특정한 지속적인 징표들을 주시해야 한다. 그리고 이러한 징표들에 입각하면서 어떤 대상이 '다른 것이 아니라 바로 이것'이라고 규정해야만 한다.

정신은 언어의 인도 아래 잡다하게 분산되어 있던 것을 서로 집결하면서 자립적이고 독자적인 사물을 구성하며, 이와 함께 현실은 '실체'와 '성질', '사물'과 '속성', 공간적인 규정들과 시간적 관계들로 분리된다. 따라서 언어는 논리적·논증적 사고의 표현 수단과 매체로서 기능할 뿐 아니라 세계에 대한 지각을 구성하는 것에도 관여하고 있다. 이렇게 언어가 지각을 구성하면서 사물들을 구체적으로 형성하는 작용을 카시러는 '표시(Darstellung)'라고 부른다.

언어에서 의식에게 나타나는 현상들은 한낱 순간적인 상들로서 의식 앞에서 부유하는 것이 아니다. 여기에 주어져 있는 것이 여기에 없는 것을 지시하고, 지금 주어져 있는 것은 지금 주어져 있지 않는 것을 소급해서 지시하든가 아니면 미리 지시한다. 만약 그렇지 않다면 우리가 지각하는 세계의 현상들은 이해될 수 없을 뿐 아니라 심지어 기술될 수도 없을 것이다. 지시라는 이러한 기능 내부에서만 또한 이러한 기능에 의해서만, 우리에게 객관적 현실에 대한 인식과 객관적 현실 내부에서 '사물'과 '속성'으로의 특수한 구분이 이루어진다.

신화적 세계를 지배했던 순수한 표정 체험에는 이러한 종류의 규정 작용은 낯선 것이다. 순수한 표정 체험은 순간 속에서 나타났다가 순간 속에서 사라진다. 이러한 표정 체험이 언어에 의한 표시로 발전하지만 언어에도 이러한 표시 기능이 맹아적 형태로만 존재하는 기층이 존재한다. 이러한 기층에서 언어는 아직은 거의 오직 순수한 표정 체험 속에서 움직이고 있다. 이 경우 언어는 '객관적' 현실의 어떤 성질을 '표시하는' 것이 아니라 오히려 말하는 사람의 내적인 상태를 단순히 직접적으로 표출할 뿐이다.

일반적으로 '동물 언어'라고 불리는 것은 모두 지속적으로 이 단계에 묶여 있는 것 같다. 동물들이 부르는 소리와 울부짖는 소리가 두려움에서 비롯된 울부짖음이나 환희에서 비롯된 울부짖음, 교미하기 위해서 부르는 소리나 경고하기 위해서 부르는 소리 등으로 아무리 다양하게 구별될지라도, 그것들은 한낱 '감탄사'의 영역을 벗어나지 않는다. 어린아이의 경우에도 명명命名 기능은 언어발달의 최종단계에서 비로소 나타난다. 어린아이의 경우에 모든 유의미한 언어는 정동과 감각적 흥분의 층에 뿌리박고 있다. 똑같이 두 살짜리 어린아이의 경우에조차도 아직, 긍정과 부정, '예'와 '아니오'는 논리적인 의미의 '언표' 내지 확인하는 판단으로서가 아니라 욕구라든가 거부와 같은 정동의 표현으로서 사용된다.

언어의 발달과정에서 순수한 '표시 기능'에 비로소 점차적으로 길이 열리게 되고, 이러한 기능은 그 후 더욱더 강화되면서 마침내는 언어에 대한 지배권을 획득하게 된다. 그러나 언어의 경우에는 그것이 '표시'와 순수한 논리적 '의미'의 방향으로 아무리 나아가더라도 원초적인 표정 체험과의 연관은 결코 단절되지 않는다. 언어의 최고의 지적 성과에서조차도 극히 명확한 '표정 성격'이 여전히 포함되어 있다.

일반적으로 의성어라고 불리는 것은 모두 이 영역에 속한다. 왜냐하면 의성어는 객관적으로 주어진 현상들의 직접적인 '모방'이라기보다는 아직 전적으로 순수하게 '인상학적인' 세계관의 주박呪縛 아래 존재하기 때문이다. 의성어에서 음성은 사물들의 직접적인 '얼굴'을 포착하고 이와 함께 사물의 참된 본질을 포착하려고 시도하는 것이다. 살아있는 언어는 언어를 '사고'의 순수한 매체로 사용하는 것을 배우고 난 후에도 이러한 연관에서 결코 벗어나지 못한다. 이런 의미에서 표정 체험은 언어의 원천이며, 언어의 이러한 원천으로 되돌아간 것이 바로 시어다.

언어가 어떤 일정한 논리적 '의미'를 드러내고 이 의미를 단순히 그 자체로서 그 객관성과 보편성 면에서 제시하려고 하는 경우에조차도, 언어는 멜로디와 리듬이라는 표현 수단을 자유롭게 사용할 수 있다. 이러한 표현 수단은 부수적인 장식품과 같은 것이 아니라 언어의 참된 매체다.

언어의 실제 현실에서는 이렇듯 표정 체험과 논리적 의미는 분리되기 어렵다. 그러나 이 양자 사이에 기능적인 차이가 분명하게 존재한다는 사실은 부인할 수 없다. 언어가 갖는 논리적인 의미라는 계기를 감성적인 표정 성격으로 해소하려는 모든 시도나 전자가 후자로부터 발생한다고 보려는 모든 시도는 실패할 수밖에 없다. '표시' 기능은 표정 체험에서 연속적으로 발달해 온 것이 아니라 그것에 대해서 어떤 질적인 새로움을 갖는다.

4) 존재 이해의 장소로서의 언어: 하이데거와 가다머의 언어관

(1) 존재와 언어

현대는 과학기술시대라고 불릴 정도로, 과학만이 실재 자체를 드러내고 그러한 과학에 입각한 기술만이 인간들이 부딪힌 문제들을 해결할 수 있다는 믿음이 지배하고 있다. 하이데거나 가다머는 근대과학은 실재 자체를 드러내는 것이 아니라 생존과 지배의 확보라는 관점에서 파악한 실재의 측면만을 드러낼 뿐이라고 본다. 칸트가 뉴턴 물리학의 한계를 지적하면서 과학이 아무리 발달해도 과학은 살아있는 풀 한 포기도 만들어낼 수 없다고 말한 것처럼, 하이데거나 가다머 역시 근대과학은 실재 자체를 드러낼 수 없다고 보는 것이다.

하이데거와 가다머는 세계를 지배하려는 관심에 입각해 있는 근대과학이 아니라 오히려 세계와 사물에 대한 경이에 입각하고 있는 예술이 세계와 사물의 진리를 드러낸다고 본다.[28] 근대과학은 가설을 정립하는 것이고 예술은 진리를 표현하는 것이다. 그러나 예술에서는 근대과학에서 보듯이 기존의 위대한 예술작품이 새로운 위대한 예술작품에 의해서 반박되고 대체되는 것이 아니다.

따라서 하이데거와 가다머는 문화의 발전과정을 생물학적인 진화의 연장선상에서 보지 않는다. 그들은 각 시대의 과학과 기술도 단순히 인간의 생물학적 능력을 단순히 확장시킨 것이 아니라 그 시대의 인간 이해와 세계 이해, 즉 인간과 세계를 포괄하는 최대의 포괄자인 존재에 대한 이해와 긴밀하게 결부되어 있다고 본다. 그리고 이러한 존재 이해는 각 시대의 언어를 통해서 나타난다. 하이데거와 가다머가 존재 이해가 어떻게 일어나는가를 실마리로 하여 언어의 본질을 파악하려고 한다는 점에서 우리는 하이데거와 가다머의 언어철학을 해석학적 언어철학이라고 부를 수 있다.

서양의 전통철학에서 존재는 존재를 대상화하는 이론적인 지성을 통해서 파악될 수 있는 것으로 간주되었다. 이에 반해 하이데거와 가다머는 인간을 초시간적인 보편적인 이성의 소유자로서 파악하기보다는 역사적 존재로 파악하면서 역사성을 통해서 철저하게 규정되어 있는 존재로 본다. 따라서 이들은 존재 역시 역사적으로 변화하는 존재 이해와 이러한 존재 이해를 담은 언어를 통해서 자신을 드러낸다고 본다. 따라서 하이데거, 특히 후기 하이데거와 가다머는 존재

---

28 가다머, 『진리와 방법 』 I, p.143 참조.

이해가 언어 속에서 역사적으로 일어나고 변화하는 사건을 분석하고 있다.

존재 이해의 역사성을 중시하기 때문에 하이데거와 가다머는 이성적 사고보다는 언어에 초점을 맞춘다. 이성적 사고에 대한 내적인 반성만으로는 그것의 역사적 성격이 잘 드러나지 않기 때문이다. 이에 반해 언어는 시대와 장소에 따라서 변하기 때문에, 언어에는 역사적 성격이 잘 드러나 있다.

그런데 언어가 역사성을 갖는다는 것은 그것이 어떤 하나의 시대에 구속되어 있다는 것을 의미하지 않는다. 언어는 전통 속에서 형성되고 시대적인 한계에 구속되어 있기도 하지만 또한 시대를 뛰어넘는 성격을 갖는다. 언어는 역사적이면서도 어떤 역사적 시대에 한정되지 않는 포용성과 탄력성을 갖는 것이다. 따라서 언어는 불연속의 연속이라는 역설적인 성격을 갖는다.

이와 관련하여 하이데거는 서양철학의 역사가 각 시대를 규정하는 근본단어들을 중심으로 하여 전개되었다는 사실에 주목한다. 그러한 근본단어들로 하이데거는 이데아, 형상, 모나드, 초월론적 통각, 절대정신, 생산력과 생산양식, 힘에의 의지 등을 든다. 각 시대의 형이상학은 근본단어들을 중심으로 하여 새로운 언어를 개척하면서 존재를 새롭게 드러낸다. 이러한 근본단어들은 독자성을 갖기도 하지만 연속성을 갖기도 한다.

이렇게 존재 자체가 언어를 통해서 자신을 드러낸다는 사실에 주목하면서 하이데거와 가다머는 언어를 이성이 언어에 의존하지 않고 순수한 사고에 의해서 도달한 것을 표현하는 수단에 불과한 것이 아니라고 본다. 오히려 언어는 인간이 세계 내에 존재하면서 존재자들과 관계하는 근본적인 방식이다. 언어는 이성적 사고의 방해물이 아니라 오히려 언어를 통해서 우리의 사고가 구체화되고 정리된다.

언어가 존재를 드러내는 것이기에 언어에서 존재와 이해는 만난다. 따라서 우리는 존재에 대한 인간의 이해만이 언어적인 것이 아니라 존재 자체가 언어적인 성격을 갖는다고 할 수 있다. 우리가 이해하는 존재는 언어에 의해서 드러난 존재다. 이런 의미에서 하이데거와 가다머에서 언어는 존재와 분리된 주관적인 것이 아니라 존재 자체로 하여금 말하게 하는 것이라고 본다.

(2) 예술의 언어와 과학의 언어

근대과학은 사물에게서 은닉과 신비의 차원을 제거하려고 하면서 사물을 지배하려고 한다. 즉 그것은 수학적인 기호언어를 통해 사물을 철저하게 계산 가능하고 지배 가능한 것으로 만들려고 한다. 이런 의미에서 과학이 드러내는 사태는 사태 자체가 아니라 방법적으로 구성된 대상 영역일 뿐이다. 따라서 하이데거와 가다머는 근대과학이 아니라 시어를 비롯한 예술의 언어가 사물의 진리를 드러낸다고 본다. 근대과학은 사물의 진리를 드러내기보다는 사물을 지배하려는 관심에 입각해 있기 때문에, 사물을 그 자체로서 드러낼 수 없다는 것이다.

과학적인 언어를 비롯한 개념적인 언어를 통해 확정될 수 없는 세계 경험이 존재한다. 이러한 세계 경험에서 존재는 스스로를 드러내면서도 자신을 은닉한다. 이렇게 스스로를 드러내면서도 자신을 은닉

하는 존재를 드러내는 언어가 시어를 비롯한 예술적인 언어다.[29]

현대에는 가설의 설정과 실험을 통한 가설의 검토라는 과학적 방법이 우리에게 세계에 대한 진리를 알려주는 유일한 길로서 인정되는 경향이 있다. 현대의 과학적 언어는 다의적인 언어를 수학적 기호나 화학기호를 사용하는 인공 언어로 대체하려고 한다. 이러한 인공 언어는 역사적인 제약을 받지 않고 끊임없이 진보하는 언어다. 이렇게 과학적 방법과 과학적인 인공 언어가 절대시됨으로써 오직 계산 가능하고 예측 가능한 현상만이 존재하는 것으로 인정된다. 이에 반해 인간의 측량과 예측을 벗어나는 차원은 한갓 개개인의 사적인 차원에 속하는 것으로 간주된다.

그러나 하이데거와 가다머는 예술이 개인의 사적인 체험에서 비롯된다고 보는 것이야말로 근대적인 경향의 하나일 뿐이라고 본다. 하이데거와 가다머는 시어를 비롯한 예술이 예술가의 주관적인 체험을 표현한 것이 아니라 사물들의 고유한 존재를 드러낸다고 본다. 시어를 비롯한 예술은 사물의 고유한 존재를 드러내면서도 개념적으로 파악될 수 없는 사물의 은닉과 신비를 함께 드러낸다는 점에서 다른 언어들과는 다르다. 예술의 언어를 통해 사물은 인간이 함부로 할 수 없는 무게와 신비를 갖는 것으로서 드러난다.

이와 함께 하이데거와 가다머는 언어가 존재를 은폐하는 것이 될 수 있지만, 또한 존재를 드러내는 것이 될 수 있다고 본다. 흔히 존재는 언어라는 매개를 통해서 드러나기 때문에 언어가 존재를 드러

29 하이데거, 「예술작품의 기원」, 『숲길』, 46 이하 참조. 가다머, 『진리와 방법』 I, 200.

내는 데 장애가 된다고 생각한다. 그러나 하이데거와 가다머는 존재를 드러내는 언어가 있고 그렇지 않은 언어가 있다고 본다. 존재를 드러내는 언어에서 사물은 자신의 풍요로움과 신비를 드러낸다. 그리고 이러한 언어를 통해서 존재가 드러나기 때문에, 언어와 존재는 서로를 필요로 하는 관계라고 볼 수 있다.

(3) 대화로서의 인간

더 나아가 가다머는 대화라는 현상을 실마리로 하여 언어를 해명하려고 한다. 언어는 현재의 인간들 사이의 대화이기도 하지만 과거의 인간들과 현재의 인간들 사이의 대화이기도 하다. 자연과학은 수학기호로 이루어진 언어를 통해 역사적인 현실과는 무관한 실험실에서 수행되는 것 같지만, 자연과학도 사실은 과학자들 사이의 대화와 토론을 통해서 행해진다. 즉 그것은 현재의 과학자들 사이의 혹은 현재와 과거의 과학자들 사이의 대화와 토론을 통해 일어나는 것이다.

이렇게 인간들 사이의 대화가 가능한 것은 대화가 이루어지는 매체인 언어가 역사적인 제약성과 아울러 그것을 넘어서는 개방성을 갖기 때문에 가능하다. 언어는 역사적인 것으로서 시대적인 특수성을 지니기도 하지만 다른 한편으로는 다른 시대와 지역의 언어들에 열려 있다.

특히 과거의 철학적·종교적 고전이나 문학작품을 비롯한 예술작품은 오늘날의 우리에게 여전히 영감의 원천이 되고 있다. 이는 그것들이 우리의 것과는 다른 독자적인 세계 이해와 인간 이해를 담고 있기 때문이다. 따라서 과거와의 진정한 대화는 현재가 과거를 구시대의 것으로서 일방적으로 무시하는 것이 아니라 과거가 현재의 선입견을 교정해 주는 방식으로 일어난다.[30] 우리의 선입견과 그것이 갖는 문제점은 보통은 반성의 대상이 되지 않는다. 그것은 우리의 선입견과 다른 선입견을 담고 있는 타자가 출현할 때야 비로소 의식되는 경향이 있다.

가다머는 현재와 과거와의 이러한 대화에서 세계를 경험하는 우리의 지평이 확대되는 사건을 지평융합이라고 부른다. 과거의 텍스트와의 대화에서, 우리의 생각을 규정하는 현재의 지평과 텍스트를 규정하는 과거의 지평이 부지불식간에 하나로 융합된다. 우리는 텍스트와 대화를 나누지만, 이 경우 이러한 대화를 주도하고 대화를 규정하는 것은 텍스트도 그것을 읽는 우리 자신도 아니고 대화의 운동 자체다. 이는 놀이에서 놀이를 주도하는 것은 특정한 어떤 개인이 아니고 놀이 자체인 것과 마찬가지다.[31] 놀이에서처럼 텍스트와 우리는 대화의 운동 속에 하나가 되면서 변화를 겪는다. 이렇게 텍스트가 우리에게 영향을 주고 우리가 텍스트에게 영향을 주는 관계를 가다머는 영향사라고 부른다.

따라서 텍스트에 대한 이해는 텍스트를 해석하는 주체의 활동이 아니라 오히려 영향사적 사건이다. 이러한 영향사적 사건 속에서 우리의 지평은 풍부해지고 우리는 변화를 겪는다. 이는 우리의 자아는

---

30 Dutt, Carsten(hrsg.), *Hans-Georg Gadamer im Gespräch*, Heidelberg, 1995, p.30.

31 가다머의 놀이 개념에 대해서는 한스 게오르크 가다머, 이길우 외 옮김, 『진리와 방법』 I, 문학동네, 2000, pp.151~163 참조.

고정된 것이 아니라 유동적인 것이고 과거와 대화하면서 변화하는 것이기 때문이다. 이렇게 텍스트와 우리 자신이 변하기 때문에 지평융합은 무엇이 텍스트에 속하고 우리의 해석에 속하는지를 분명하게 인식할 수 없는 방식으로 성취된다. 다시 말해서 이러한 영향사는 우리가 지배할 수 있는 것이 아니다. 우리는 영향사 위에 존재할 수 있는 것이 아니라 그 안에 속해 있는 것이다. 이런 의미에서 가다머는 영향사는 의식이라기보다는 존재이며, 주체성이라기보다는 실체라고 말하고 있다.

5) 의미 그림론과 의미 사용론: 비트겐슈타인의 언어관

(1) 초기 비트겐슈타인의 언어관: 언어는 세계의 그림이다

비트겐슈타인의 사상은 보통 『논리-철학 논고』를 중심으로 하는 전기 사상과 『철학적 탐구』를 중심으로 하는 후기 사상으로 나누어진다. 따라서 그의 언어사상도 전기 사상과 후기 사상에서 큰 차이를 보인다.

비트겐슈타인은 우리는 언어를 통해서 세계를 이해한다고 보았다. 따라서 그는 언어의 구조에 대한 탐구를 통해 우리가 이해하는 세계의 구조를 파악하려고 한다. 이와 같이 언어를 세계 이해의 통로로 보는 입장은 그의 사상의 전후기를 막론하고 변함이 없다.

그의 초기 저작인 『논리-철학 논고』는 전통 철학의 많은 문제, 예를 들어 신이나 영혼의 존재 문제 등은 일상 언어가 다의적이고 혼란스러운 데서 비롯된 사이비 문제라고 보았다. 따라서 그는 이렇게 다의적이고 혼란스러운 일상 언어를 논리기호를 사용하는 일의적이고 체계적인 인공 언어로 환원할 필요가 있다고 보았다.

비트겐슈타인은 이러한 인공 언어는 과학적 언어에 대표적으로 구현되어 있다고 보았다. "참된 명제들의 총체는 자연과학의 전체다"라는 것이다. 그는 이러한 과학 언어를 '세계에 대한 그림'이라고 본다. 그런데 과학 언어가 세계의 그림이라는 것은 과학적 명제가 세계를 사진 찍듯이 그대로 모사한다는 것이 아니라 "세계의 논리적 형식을 반영한다"라는 것이다. 이 경우 세계가 갖는 논리적인 형식이란 세계 내의 사물들이 서로 맺고 있는 결합의 형식을 가리킨다.

이렇게 어떤 사물이 다른 사물과 서로 논리적인 연관을 맺으면서 존재하고 있는 각 사태를 비트겐슈타인은 '사실'이라고 부른다. 세계는 독자적으로 존재하는 사물들이 아니라 사실들로 구성되어 있다는 의미에서 비트겐슈타인은 "세계는 사실들의 총체다"라고 말하고 있다. 사물은 이름으로 지시되는 반면에 사실은 명제로 표현된다. 그리고 오로지 명제만이 의미를 갖기 때문에, 명제 내에서만 이름은 지시체를 갖고 의미를 가질 뿐 그 자체로서는 아무런 의미를 갖지 않는다.

비트겐슈타인은 세계는 그 논리적 형식을 알아보기 힘든 복잡한 사실들로 구성되어 있지만, 이것들은 더 이상 환원될 수 없는 단순한 사실들로 환원될 수 있다고 본다. 비트겐슈타인은 이러한 단순한 사실이야말로 근원적인 실재라고 본다. 이러한 단순한 사실에 대응하는 명제는 단순명제 혹은 요소명제라고 불리며, 복합명제는 단순명제들 혹은 요소명제들로 분석될 수 있다. 우리가 과학적인 명제가 실재의 그림이라는 점을 보통 깨닫지 못하는 까닭은 복잡한 명제를 요소명제들로 분석하여 고찰하지 못하기 때문이다.

사실들 사이의 관계를 규정하는 논리적인 형식을 보여 주는 것이 철학의 과제다. 철학의 과제는 과학자들이 실재를 탐구하기 위해서 이미 이해하고 있어야만 하는 논리적인 형식을 보여 주는 것이지만, 철학은 실재에 대해서 말할 수 없다. 이러한 실재는 오직 자연과학에 의해서만 파악될 수 있다. 따라서 실재에 대한 모든 종류의 형이상학적인 답변은 부정된다. 철학자들은 신, 자아, 도덕적 규범이나 가치 등에 대해서 말해 왔지만, 그것들은 그에 상응하는 실재를 갖지 못하는 객관적으로 무의미한 말들에 불과하다. 그것들에 대해서 우리는 분명하게 사유할 수도 말할 수도 없다.

비트겐슈타인은 이러한 것들에 대한 철학적 주장을 거짓이 아니라 무의미하다고 말한다. 비트겐슈타인이 여기서 말하는 의미 있는 주장이란 그것이 참인지를 검증해 볼 수 있는 주장이다. 그런데 전통적인 형이상학적 주장들은 그것이 참인지를 검증해 볼 수 없기 때문에 무의미한 주장들이다. 예를 들어 '신은 존재한다'라는 주장은 신은 우리의 감각에 나타날 수 없는 존재이기 때문에 그것이 참인지 거짓인지에 대해서 우리는 확인해 볼 도리가 없다. 이에 반해 '물은 H_2O로 구성되어 있다'라는 주장은 실험을 통해서 확인할 수 있다. 형이상학적인 주장들은 실재를 반영하는 요소명제들로 환원하여 표현할 수 없다. 이렇게 요소명제들로 표현할 수 없는 것에 대해서 우리는 침묵해야 한다고 비트겐슈타인은 말한다.

그렇다고 해서 비트겐슈타인이 자연과학적으로 명료하게 말할 수 없는 것은 중요하지 않다고 주장하는 것은 아니다. 오히려 윤리적인 문제나 미학의 문제 그리고 종교적인 문제는 우리 삶에서 과학적인 문제보다도 훨씬 더 큰 중요성을 갖는다. 인간은 다른 동물들처럼 단순히 생존에 급급한 것이 아니라 삶과 세계의 의미와 가치를 묻고 추구하는 존재자다. 이러한 의미와 가치의 문제는 우리가 오감을 통해서 확인할 수 있는 객관적인 사실만을 탐구하는 과학이 접근할 수 없다. 이런 맥락에서 비트겐슈타인은 자연과학적인 명제로 표현될 수 없는 것을 자연과학적인 명제로 표현될 수 있는 것보다 '더 높은 것'이라고 보았다.

'이 책 표지는 노랗다'라는 명제에 대해서는 감각적인 사실이 대응하지만 '이 책 표지는 아름답다'라는 주장에 대응하는 감각적인 사실은 존재하지 않는다. 아울러 '이 사람은 키가 180센티미터다'라는 명제에 대응하는 감각적인 사실은 존재하지만 '이 사람은 선한 사람이다'라는 주장에 대응하는 감각적인 사실은 존재하지 않는다. 또한 '나는 신의 은총을 받았다'라는 주장에 대응하는 감각적인 사실도 존재하지 않는다.

가치는 감각과 지성에 의해 파악되는 객관적인 사실이 아니라 우리의 감정이나 의지와 함께 세계로 들어오는 것이다. 따라서 비트겐슈타인은 감각과 지성이 아니라 '의지'가 선과 악의 최우선적인 담지자라고 본다. 선한 사람의 선함은 그의 지성에서 비롯되는 것이 아니라 그의 선한 의지에서 비롯된다. 선한 사람에게 윤리는 삶의 방식이지 명제들의 체계가 아니다. 따라서 윤리는 논증이 아니라 도덕적 행동의 본보기를 제공하는 것을 통해서만 가르칠 수 있으며 그것이 바로 시와 예술의 임무다.

비트겐슈타인 자신은 톨스토이의 『스물세 편의 이야기』를 읽고 큰 감명을 받았으며 삶의 의미를 찾았다고 한다. 이러한 우화는 객관적인 사실을 눈앞에 드러내는 것이 아니라 가치의 원천인 우리 자신의 감정과 의지에 호소하는 것이다. 비트겐슈타인은 과학적인 명제를 통해서 말할 수 없는 차원을 '신비스러운 것'이라고 부른다. 그리고 그는 이러한 차원은 과학적인 명제를 통해서 말해지는 것이 아니라 자신을 내보이는 것이라고 본다.

과학적인 명제는 선한 인간이든 악한 인간이든 지성을 예리하게 연마하면 이해할 수 있다. 그러나 윤리적, 미학적, 종교적인 언어는 우리가 지성을 통해서 이해할 수 있는 언어가 아니라 감정과 의지의 변화를 수반하는 실존의 변화를 통해서만 이해할 수 있는 언어다. 그러한 언어가 가리키는 차원은 우리가 객관적으로 확인해 볼 수 있는 차원이 아니라 우리 실존의 변화와 함께 자신을 스스로 드러내는 차원이다.

비트겐슈타인은 이러한 신비의 차원을 무시하고 과학과 기술만을 우상시하는 태도야말로 인류의 위기를 초래할 수 있다고 보았다. 비트겐슈타인은 오늘날의 치명적인 위험은 사람들이 과학이 모든 문제에 답할 수 있다고 믿고 또한 과학도 모든 문제에 답하려고 한다는 데에 있다고 보았다.

(2) 후기 비트겐슈타인의 언어관: 언어는 도구다

『논리-철학 논고』에 따르면 언어와 실재는 각각 단순한 요소들로 이루어지며, 단순명제들 사이의 관계와 세계 내의 단순한 사실들 사이의 관계를 규정하는 공통의 논리적인 질서가 있다. 이처럼 『논리-

철학 논고』는 역사적·사회적으로 형성되는 우리의 일상 언어의 밑바닥에 불변적이고 필연적이며 논리적이고 투명한 질서가 존재한다는 믿음에 입각해 있다.

그러나 후기 사상을 담은 『철학적 탐구』에서 이제 비트겐슈타인은 언어는 역사적이고 사회적인 다양한 논리적 질서를 갖는다고 본다. 따라서 그는 그러한 논리적인 질서를 역사적이고 사회적으로 형성된 일상언어가 어떻게 작동하는지를 관찰함으로써 드러낸다. 초기의 비트겐슈타인이 언어를 주로 실재의 반영이라는 시각에서 고찰한 반면에, 후기의 비트겐슈타인은 언어를 우리가 삶을 살아가는 데 사용하는 도구라는 시각에서 고찰한다.

예를 들어 하나의 도구는 그것이 사용되는 삶의 맥락에 따라 각각 다른 의미를 갖는다. 하나의 망치는 못을 박는 망치라는 의미를 가질 수 있지만, 집에 들어온 도둑을 퇴치할 때는 사람을 위협하는 흉기라는 의미를 가질 수 있다. 단어들은 우리의 삶의 맥락과 이렇게 긴밀한 연관을 가지고 있기 때문에 단어들이 지니는 의미가 애매할 경우에 우리는 그것이 어떤 맥락에서 사용되는지, 그러한 단어를 사용할 때 우리가 어떤 표정과 자세를 취하며 어떻게 행동하는지 그리고 그 단어가 어떠한 반응을 불러일으키는지를 고려할 경우에만 그 단어가 쓰이는 의미를 알 수 있다.

한 단어의 의미는 우리의 일상생활과 무관한 정신의 영역에 있는 것이 아니라 그것이 쓰이는 삶의 형식(forms of life)에 뿌리를 내리고 있는 것이다. 각각의 삶의 형식은 그에 상응하는 언어 사용을 요구한다. 각각의 삶에 상응하는 이러한 언어 사용방식을 비트겐슈타인은

'언어 게임'이라고 부른다. 특정한 언어표현의 의미는 바로 그 표현이 관례적으로 사용되는 언어 게임에 의해서 결정된다. 그리고 이러한 언어 게임은 그것이 행해지는 삶의 형식으로부터 의미를 얻게 된다.

후기 비트겐슈타인은 더 이상 분석할 수 없는 단순명제를 근본적인 것으로 보지 않고 일상 언어를 근본적인 것으로 본다. 일상 언어에서 드러난 세계야말로 가장 근원적인 현실이며 우리는 그 안에서 생활한다. 인간은 일상 언어 속에서 생활하기 때문에 철학도 일상 언어에 의존할 수밖에 없고 의존해야만 한다. 따라서 우리는 철학적인 문제를 해결하기 위해서는 단어들을 형이상학적인 사용으로부터 일상적인 쓰임으로 되돌려 보내야 한다. 예를 들어 '시간이란 무엇인가'라는 철학적인 문제는 시간이라는 단어가 삶의 맥락에서 그때그때 어떻게 사용되는지를 밝힘으로써 해결할 수 있다. 철학이 할 일은 언어의 사용법을 보여줌으로써 언어가 가리키는 것을 실체화하는 언어의 마법에 우리가 홀리는 것을 막는 것이다.

전기와 후기 사상의 이러한 차이에도 불구하고 전기 비트겐슈타인이든 후기 비트겐슈타인이든 철학의 전통적인 문제들이 언어의 성격을 오해한 데서 비롯된 병이며, 이러한 병은 언어의 성격을 분명히 함으로써 치유될 수 있다고 보는 점에서는 차이가 없다. 이러한 치료는 철학이 실재에 대한 새로운 이론을 세우는 것이 아니라 전통적인 철학의 문제들을 사이비 문제로 폭로하고 그것들을 완전히 사라지게 함으로써 이루어진다. 치료는 사람들이 그동안 문제라고 생각했던 것이 더 이상 문제가 아니라는 사실을 깨닫고 그것에서 벗어나는 데 있다는 것이다.

6) 해체론적 언어관: 데리다의 언어관

데리다는 개념적으로 확정할 수 없는 무수한 개체들과 이러한 개체들의 긴밀한 연관 그리고 끊임없는 생성이 존재의 실상이라고 보았다. 존재의 실상에 대한 데리다의 이러한 사상은 데리다의 언어철학에서는 음성 중심주의 대신에 글 중심주의라는 방식으로 나타난다.

서양의 전통적인 사고방식은 말을 글보다 더 우월한 것으로 보았다. 말은 생각의 투명하고 참된 반영인 반면에, 글은 말이 참으로 전달하는 진정한 의미의 불완전한 반영이다. 그러나 말의 경우에도 이미 어떤 단어의 의미는 확정할 수 없다. 그 단어는 항상 다른 의미의 흔적을 갖고 있다. 따라서 아무리 화자가 그 단어에서 한 가지 의미만을 고집해 사용한다고 해도, 의도하지 않은 전혀 다른 의미가 거기에 스며들어 있다.

데리다는 보통 고정된 의미를 간직하고 있는 텍스트들도 항상 그러한 의미에 포섭될 수 없는 것에 의해서 침식되고 있다고 보고 있으며, 따라서 그것의 고정적인 의미를 확정할 수 없다고 본다. 이는 서양 형이상학에서 중세철학이 존재라는 개념을 사용할 경우에 이미 그리스철학에서 존재라는 개념이 가졌던 의미가 거기에 흔적을 남기고 있다는 사실에서도 볼 수 있다. 또한 칸트와 같은 철학자가 인간의 이성 능력을 무전제적인 바탕 위에서 파악하려고 한다고 해도 이미 거기에 기독교적인 인간 이해가 침투해 들어 있다.

따라서 말이 글의 성격을 갖고 있으며 말과 글의 확연한 구별이란 무근거한 것이다. 의미는 불안정하며 의미의 완전한 확정이란 불가능하다. 즉 최종적 의미는 현전하는 것이 아니라 끊임없이 연기延期될 수밖에 없는 것이다.

이런 의미에서 데리다가 수행하는 해체는 어떤 글의 표면적인 주장 이면에 이미 잠복해 있는 다른 의미의 흔적을 읽어내는 작업이다. 해체는 어떤 한 텍스트가 다른 의미를 배제시키고 있지만 그럼에도 불구하고 그 의미가 항상 침투해 오고 있다는 것을 드러내려고 하는 것이다.

데리다의 이러한 의미론은 새로운 정의관과 관련되어 있다. 즉 그것은 의미가 단일한 것으로 고정되어 있다는 전제 아래 모든 것을 본질적인 것과 비본질적인 것의 이분법을 통해서 파악하는 사고방식의 폭력성을 드러내고 비판하는 것이다. 그는 남과 여, 백인과 유색인종, 이성애자와 동성애자 등과 같은 이항대립에서 전자를 중요시하는 것을 자신의 의미론에 입각하여 무근거하다는 사실을 드러낸다.

데리다는 이분법적인 사고방식의 근원을 힘의 관계에서 찾는다. 그것은 의미의 연기적인 성격을 무시하고 일의적인 의미를 강요하려는 권력의지와 폭력에 근거한다. 데리다의 해체철학이 가지고 있는 이러한 비판적인 함의가 페미니즘과 포스트식민주의처럼 전통적인 이항대립에 입각한 지배구조를 해체하려는 철학들에서 데리다의 철학이 적극적으로 원용되는 이유다.

그런데 이렇게 어떠한 확정된 의미도 거부하는 데리다의 해체철학은 모든 의미가 정당하다는 식의 상대주의로 귀착되는 것은 아닐까 하는 의문이 제기될 수 있다. 그러나 데리다는 상대주의자가 아니다. 상대주의자라면 그는 정의를 내세울 수도 사회의 변혁을 지향할 수도 없다. 그러나 그의 철학에서 정의라는 개념 그리고 장차 도래해야 할 메시아적인 것은 핵심적인 지위를 갖는다.

데리다는 확정된 실재나 그것에 상응하는 확정된 의미가 없다고 주장하지만 형이상학적인 이원론을 비판하기 위해서는 실재라는 개념을 다시 끌어들일 수밖에 없다. 다만 이러한 실재는 형이상학적인 이원론이 파악하는 실재와는 달리 그 어떠한 개념적인 고정틀도 빠져나가는 것이다. 그것은 이러한 고정틀에 은밀히 얼굴을 들이밀고 그것의 고정된 의미를 교란하는 성격을 갖는다. 데리다는 이렇게 해체되고 남는 존재의 실상을 차연差延, 흔적, 보충, 유령, 선물 등 문맥에 따라 서로 다른 이름으로 부르고 있다. 그것은 노자의 도나 불교의 공처럼 고정된 의미가 없고 개념적으로 표상할 수 없는 성격의 것이다.

이 해체 불가능한 차연은 형이상학에 대하여 이중적 관계에 있다. 먼저 그것은 형이상학이 뿌리내리고 있는 근거이자 형이상학의 의미체계에 끊임없이 영향을 미치면서 그것의 변화를 일으키는 실질적인 동력이다. 형이상학은 그것을 망각하거나 배제해 왔지만, 이러한 망각과 배제가 형이상학이 성립할 수 있는 조건이다. 따라서 이 차연은 형이상학적 체계 안에 있으면서도 밖에 있고, 이용되고 있으면서 감추어져 있다. 이러한 기원을 망각하면서 형이상학은 항상 이항대립적인 체계의 성격을 갖게 된다.

즉 그것은 이성적으로 파악될 수 있는 본질적인 것과 파악될 수 없는 비본질적인 것으로 실재를 나눈다. 이와 함께 이성과 감성 그리고 그것들에 각각 상응하는 현전과 부재, 참과 거짓, 보편과 특수, 전체와 개체, 동일성과 차이, 안과 밖, 남과 여 등 끝없이 변주되는 이분법이 형이상학적 건축술의 뼈대를 이루게 된다. 데리다는 근대의 역사는 이러한 이분법적인 사고방식과 그것의 언어가 그 극단에 이른 시대라고 보고 있다.

7) 진화론적 언어관: 포퍼를 중심으로

진화라는 개념이 생물의 기원과 변화 그리고 행태를 이해하는 데 필수적인 것으로 인정되면서, 현대철학에서는 언어도 진화론에 입각하여 해석하려는 시도가 행해지게 된다. 우리는 칼 포퍼의 언어철학에서 이러한 시도의 한 예를 볼 수 있다.

포퍼는 인류 문화의 진화를 생물학적 진화의 연장으로 보면서 인간의 언어도 진화론적으로 파악하려고 한다. 포퍼는 사물을 대상화하여 파악하는 언어활동은 인간 이외의 다른 생물이 자신이 처한 환경을 자신의 생존에 유리한 것으로 변용하는 생물학적인 동화작용의 연장이라고 본다. 진화론은 인류를 포함한 모든 생물활동에서 기초가 되는 것은 생존의 확보라고 본다. 이러한 생존의 확보를 위해서는, 인간의 경우에는 대상을 객관적으로 파악하는 것이 가장 절실하게 필요하다. 따라서 포퍼는 언어활동에서 가장 토대가 되는 기능은 사물들을 대상화하여 파악하는 것이라고 본다. 이러한 기능에 입각하여 소원이나 명령과 같은 언어도 가능하게 된다는 것이다.

이러한 파악의 연장선상에서 포퍼는 또한 대상을 파악하는 언어기능을 가장 잘 발전시킨 것이 근대과학이라고 본다. 포퍼는 과학적 지식을 인간의 생존 확보에 가장 도움이 되는 지식이라고 보는 것이다. 언어는 인간에게 있어 자신의 신체적 능력을 신체의 물리적 한계를 넘어서 확장하기 위한 도구다. 꿀벌이 꿀을 분비하듯, 언어활동도 이와 유사하게 갖가지 진술, 논증, 이론을 낳는다. 이런 의미에서 포퍼는 아메바에서 아인슈타인에 이르는 과정에는 일종의 연속성이 존재한다고 본다.

이와 함께 포퍼는 과학의 발전도 생물의 진화와 유사한 방식으로 이루어진다고 본다. 포퍼에 따르면 과학적 지식은 시행착오(trial and error)를 통해서 발전한다. 다시 말해 과학은 기존의 가설에 의해서 해결되지 못하는 문제와 그러한 문제를 해결하기 위해서 제기되는 새로운 가설 그리고 문제의 제거라는 방식으로 발전한다. 그런데 포퍼는 '문제 – 시도된 해결책들 – 제거'라는 자신의 3단계 모델은 다윈의 진화론과도 궤를 같이한다고 본다.[32]

모든 생물은 본능적인 메커니즘에 따라서 행동한다. 이러한 메커니즘은 어떤 종류의 자극에 대해서 행동하는 특정한 종류의 행동방식이다. 이러한 행동방식은 대부분이 유전에 의해서 결정되어 있다. 이러한 행동방식이 동물이 부딪힌 문제를 해결하지 못하면 그 동물은 소멸하고 만다.[33]

포퍼는 과학적 지식은 동물들이 진화과정에서 갖게 되는 행동의 본능적 메커니즘과 기본적으로 동일하다고 본다. 다만 동물들에서 행동의 새로운 본능적 메커니즘은 진화과정에서 자연발생적으로 생기는 반면에, 과학적 지식에서는 새로운 가설이 기존 가설과의 의식적

---

32 칼 포퍼, 허형은 옮김, 『삶은 문제해결의 연속이다』, 포레스트북스, 2023, p.35 참조.

33 칼 포퍼, 위의 책, p.33 참조.

대결을 통해서 일어난다는 점이 차이가 있을 뿐이다. 새로운 가설은 기존의 가설이 해결한 모든 문제뿐 아니라 해결하지 못한 문제도 해결할 수 있어야 한다.

"생물의 경우에는 문제해결이 안 되면 생물이 죽지만, 과학에서는 특정한 과학이론만 죽는다"[34]라는 것이다. 이 점에서 포퍼는 과학은 과학 이전의 상식적 지식과 마찬가지로 생물학적 현상이라고 본다. 과학은 과학 이전의 상식적 지식에서 나온 것이고 상식적 지식은 다시 동물적 지식의 연장이라는 것이다. 아메바가 뉴턴이나 아인슈타인 같은 위대한 과학자들과 가장 크게 다른 점은 이들이 비판적 방법론을 의식적으로 적용한다는 데 있을 뿐이다.

포퍼는 과학적 언어야말로 실재 자체를 드러내는 데 가장 적합한 것이라고 보면서, 종교적인 언어나 시적인 언어는 실재 자체와는 무관하며 인간의 주관적인 체험을 표현한 것에 불과하다고 본다.

6. 현대의 언어철학과 의미 재현론의 극복

우리는 보통 언어는 사물을 그대로 모사하는 것이라고 생각한다. 우리는 언어를 흡사 사물을 수동적으로 반영하는 거울처럼 여기는 것이다. 그러나 이렇게 언어가 사물을 그대로 모사하는 것이라면 모든 사람은 동일한 언어를 사용해야 할 것이다. 그러나 사람마다 나라마다 그리고 시대마다 언어는 다르다. 따라서 언어가 사물을

34 칼 포퍼, 위의 책, p.45.

그대로 반영한다기보다는 오히려 언어에 따라서 사물을 달리 보게 된다고 말할 수 있다.

카시러의 언어관을 다루면서 우리는 과학의 기호도 하나의 언어로 볼 수 있지만 과학적 언어가 세계를 그대로 반영하는 것이 아니라, 그것이 세계를 과학에 의해서 수학적으로 파악될 수 있는 세계로 구성한다는 사실을 보았다. 그리고 시적인 언어나 종교적인 언어에서 세계는 과학적 언어에 의해서 파악되는 세계와는 다른 면모를 드러낸다. 인류는 새로운 언어를 개척하면서 그동안 드러나지 않았던 세계의 다른 면모를 드러냈다고 볼 수 있다.

이러한 통찰이 현대철학에서 일어난 '언어적 전환' 이후의 서양철학에서 지배적인 것이 되었다. 언어적 전환 이전의 서양철학에서 언어는 주로 실재의 재현이란 문제를 둘러싸고 논의되었다. 이러한 문제는 언어가 실재를 얼마나 재현할 수 있느냐는 문제이다.

이와 관련하여 크게 세 가지 입장을 구별할 수 있을 것 같다. 하나는 언어는 실재를 재현할 수 있다는 입장이다. 이러한 입장은 아리스토텔레스나 중세의 실재론과 중도적 실재론 그리고 근대의 합리론이 대표한다. 이러한 입장에 대하여, 언어는 실재를 재현하는 것이 아니라 인간의 주관적 표상을 반영할 뿐이라고 보는 입장이 대립한다. 이러한 입장은 유명론이나 근대 경험론의 입장이라고 할 수 있다. 그 중간의 입장도 생각해 볼 수 있다. 언어는 실재 자체를 반영하지는 못하지만 그래도 그것을 어느 정도라도 지시한다는 입장이다. 플라톤의 입장이 이에 해당한다.

이러한 세 가지 입장과는 달리 '언어적 전환' 이후의 현대철학에서는 언어는 우리가 사는 세계를 구성한다고 본다. 이러한 견해에 따르면, 우리는 태어나면서부터 언어적으로 구성된 세계 이해 속에서 살고 있다. 어떤 신화적인 언어에 의해 구성된 세계 속에서 살고 오늘날 현대인들은 과학적인 언어에 의해 구성된 세계야말로 참된 세계라고 생각한다. 이 경우 언어는 세계를 재현하는 것이 아니라 세계를 구성한다.

이 점에서 언어적 전환 이후의 서양철학은 의미 재현론을 비판하는 성격을 갖는다고 할 수 있다. 이러한 의미 재현론은 아리스토텔레스적인 실재론의 형태로 나타날 수 있고, 경험론과 같은 심리주의로 나타날 수 있다. 실재론은 우리의 언어가 담고 있는 의미는 우리의 정신이 파악한 사물의 실상을 그대로 전달한다고 본다. 이에 반해 심리주의는 인간의 언어는 주관적인 표상을 재현한다고 본다. 이러한 재현주의적 입장은 모두 인간의 정신은 언어와 상관없이 자신의 생각을 형성하며 언어는 이러한 생각을 재현하고 전달하는 수단일 뿐이라고 본다. 이에 반해 언어적 전환 이후의 서양철학은 언어와 정신 사이에는 근본적인 연관이 존재한다고 본다. 언어와 정신은 동전의 양면과 같다는 것이다.[35]

필자는 '언어적 전환' 이후의 서양 현대의 언어철학은 불교의 입장에서 언어를 고찰할 경우에도 진지하게 고려해야 할만한 통찰들을 담고 있다고 생각한다.

---

35 게오르크 W. 베르트람, 위의 책, p.146 참조.

참고문헌

김성도, 「데리다 『그라마톨로지』: 해체사상의 창발을 알려준 새로운 언어와 사유의 실험」, 『철학과 현실』, 2004, 겨울호.

김창래, 「언어와 사유 - 가다머의 플라톤 해석을 중심으로」, 『철학연구』 26권, 고려대학교 철학연구소, 2003.

박찬국, 「존재론적 해석학과 비판적 합리주의(1) - 과학관과 언어관을 중심으로」, 『현대유럽철학』 67집, 2022.

_____, 「존재론적 해석학과 비판적 합리주의(2) - 존재관을 중심으로」, 『현대유럽철학』 70집, 2023.

_____, 『현대철학의 거장들』, 이학사, 2012.

_____, 「존재론적 해석학과 비판적 합리주의의 비교연구(1): 과학관과 언어관을 중심으로」, 『현대유럽철학연구』 67권, 2022.

배상식, 「J. 로크와 W.v. 훔볼트의 언어개념 비교연구: 언어와 사고의 관계 문제를 중심으로」, 『철학연구』 119집, 대한철학회, 2011. 8.

게오르크 W. 베르트람, 정대성 옮김, 『언어, 의미 그리고 철학 Sprachphilosophie zur Einführung』, 박이정, 2015.

이강서, 「플라톤의 언어관」, 『서양고전학연구』 13권, 한국서양고전학회, 1999.

이성준, 「요한 고트프리트 헤르더의 언어기원론과 빌헬름 폰 훔볼트」, 『독어학』 25집, 한국독어학회 2012.

정대성, 「헤르더의 계몽비판과 '표현'으로서의 언어의 이념」, 『철학논집』 45집, 2016년 5월.

에른스트 카시러, 박찬국 옮김, 『상징형식의 철학 I: 언어』, 아카넷, 2011.

_____________, 박찬국 옮김, 『상징형식의 철학 III: 인식의 현상학』, 아카넷, 2021.

Dutt, Carsten(hrsg.), *Hans-Georg Gadamer im Gespräch*, Heidelberg, 1995.

Gadamer, Hans-Georg, *Heideggers Wege*, Tübingen, 1983.

____________________, *Hermeneutik I, Wahrheit und Methode, Gesammelte Werke I*, 1986.

____________________, *Hermeneutik II, Wahrheit und Methode, Gesammelte Werke II*, 1986.

____________________, 이길우 외 옮김, 『진리와 방법』 I, 문학동네, 2000.

____________________, 임홍배 옮김, 『진리와 방법』 II, 문학동네, 2012.

Heidegger, Martin, *Sein und Zeit*, Tübingen, 12판, 1972.

________________, 전집 12권, *Unterwegs zur Sprache*, Frankfurt a.M. 1985.

Popper, K., 이한구·정연교·이창환 옮김, 『객관적 지식 - 진화론적 접근(*Objective Knowledge: An Evolutionary Approach*)』, 철학과 현실사, 2013.

__________, 허형은 옮김, 『삶은 문제해결의 연속이다』, 포레스트북스, 2023.

Robert Spaemann/Reinhard Löw, *Die Frage Wozu?-Geschichte und Wiederentdeckung des teleologischen Denkens*, München/Zürich, 1985.

{심리학에서의 언어}

말과 마음의 관계:

언어가 삶에 미치는 부정적인 영향을 중심으로

권석만(서울대학교 심리학과 명예교수)

◆ ◆ ◆

언어는 인간의 생존과 적응을 돕는 매우 유용한 의사소통 수단이다. 그러나 언어는 인간의 사고를 경직시키고 왜곡하여 고통과 부적응을 초래하는 부정적인 영향을 미친다. 우선, 언어는 '주어'와 '동사'로 구성되는 문장구조로 인해 인간의 자기의식을 강화함으로써 이기성과 더불어 죽음의 두려움을 유발하는 바탕이 되었다. 둘째, 언어로 표현된 생각을 현실로 동일시하는 인지적 융합은 여러 가지 정신병리를 유발하는 심리적 요인이 되고 있다. 생각은 생각일 뿐 현실이 아님에도 생각을 현실로 인식하게 만들어 심리적 고통을 초래하는 데에 언어가 관여하고 있다. 셋째, 언어는 생사, 유무, 선악과 같은 이분법적 개념에 근거하고 있기 때문에 인간으로 하여금 현실을 양극화하여 인식하게 함으로써 극단적 감정과 행동을 유발하는 원인이 되고 있다. 또한 언어는 강자가 약자에게 자신의 가치와 신념을 강요하는 도구로 기능할 수 있다. 문자로 기록된 경전을 신성시하면서 절대적 믿음을 강조하고 엄격한 계율을 강요하는 종교적 행위에는 언어를 통한 강압적 통제의 위험성이 존재한다. 이러한 당위적 계율을 내면화한 사람들은 심리적 경직성을 갖게 되어 상황에 유연하게 대응하지 못하고 심리적 부적응과 장애를 겪게 된다. 언어는 양날의 칼과 같다. 언어는 매우 유용한 도구이지만 불완전할 뿐만 아니라 위험한 도구이기도 하다. 언어의 순기능을 활용하되 그 역기능을 잘 이해하여 언어의 함정에 빠지지 않는 지혜가 필요하다.

---

1. 언어에 대한 학문적 관심

우리는 끝을 알 수 없는 광대한 우주의 한 모퉁이에서 아무런 목적도 없이 태양 주위를 돌고 있는 지구의 표면에 붙어 살고 있다. 136억 년 전에 대폭발(Big Bang)로 우주가 생겨나고 우주에 퍼져 있던 먼지가 응결되어 45억 년 전에 지구가 형성되었다. 삭막했던 지구에 생명체가 생겨나고 오랜 진화과정을 통해 다양한 종의 생명체가 출현하여 생존을 위한 경쟁을 펼치게 되었다. 그리고 약 20만 년 전에 호모 사피엔스(Homo Sapiens)라는 직립동물이 출현했다.

호모 사피엔스, 즉 인간은 만물의 영장, 즉 지구의 최고 포식자가 되었다. 현재 지구에는 80억 명의 인간이 살고 있으며 하루에도 수억 마리의 소, 돼지, 닭을 비롯한 다른 동물을 잡아먹는다. 인간이 이렇게 최고의 포식자가 될 수 있었던 중요한 이유 중 하나는 언어를 사용한다는 점이다. 다른 포식동물에 비해 육체적으로 나약한 인간은 약육강식의 경쟁에서 생존하기 위해 군집생활을 하며 서로 소통하고 협력해야 했다. 언어는 생존을 위한 집단생활의 결과로 생겨난 의사소통 수단이다.

인간은 대화적 존재다. 인간은 타인과관계를 맺으려는 본능적 욕구를 지닐 뿐만 아니라 언어를 통해 타인과 소통하기를 원하는 대화적 존재다. 혼자 있는 경우든 다른 사람과 함께 있는 경우든, 인간은 끊임없이 재잘거린다. 이러한 재잘거림은 내면화되어 사고를 형성하게 된다. 언어는 인간의 사고와 밀접하게 연결되어 있을 뿐만 아니라 인간의 삶 전반에 강력한 영향을 미친다.

현대인의 삶에서 언어는 필수적인 의사소통 수단이다. 현대인은 언어를 통해서 모든 지식과 정보를 교환할 뿐만 아니라 자신의 욕구와 의견을 다른 사람에게 표현하고 전달한다. 언어를 잘 구사하는 것은 현대사회의 적응을 위한 필수적 능력이기 때문에 말하기와 글쓰기는 교육의 중요한 목표이기도 하다. 그러나 언어를 사용한 의사소통은 다양한 인지적 기능이 관여하는 고도의 심리적 활동이기 때문에 의사소통과 관련된 다양한 심리적 장애가 존재한다. 또한 언어는 인간의 사고를 경직시키고 왜곡함으로써 현실의 인식 및 판단 기능에 부정적인 영향을 미쳐 심리적 고통과 정신병리를 유발하는 역기능을 지니고 있다.

1) 언어학과 언어심리학

우리는 일상생활에서 별 어려움 없이 언어를 자유롭게 구사하며 살아가고 있다. 그러나 언어는 신비스러울 만큼 매우 복잡한 구성요소로 이루어지는 인간의 행위이자 능력이다. 제4차 산업혁명이 진행되고 있는 21세기에는 언어를 이해하고 산출하는 인공지능(AI)의 개발과 관련하여 언어에 대한 관심이 더욱 높아지고 있다. 언어는 언어학과 심리학을 비롯한 인지과학(cognitive science)의 중요한 연구관심사다.

언어를 연구하는 가장 중요한 학문 분야는 언어학이다. 언어학(linguistics)은 언어의 본질과 기능, 그리고 변화를 연구한다. 언어는 매우 복잡한 구조를 지니고 있다. 작은 음소들이 모여 하나의 발음을 구성하고, 발음이 모여 한 단어를 구성하고, 단어들이 모여 문장을 이룬다. 언어학의 세부적인 연구 분야는 언어의 가장 기본구조인 음성을 연구하는 음운론(音韻論, phonology), 음성이 조합된 단어를 연구하는 형태론(形態論, morphology), 단어가 조합된 문장의 구조를 연구하는 통사론(統辭論, syntax)으로 나눌 수 있다. 의미론(意味論, semantics)은 언어의 본질을 탐구하는 중요한 분야로서 기호인 언어와 그것이 지시하는 의미와의 관계를 연구한다. 그리고 화용론(話用論, pragmatics)은 개인이 다른 사람과 의사소통하면서 맥락에 따라 다양한 방식으로 언어를 사용하는 원리를 연구한다.

심리학자들도 언어에 깊은 관심을 지니고 연구하고 있다. 언어는 인간의 삶 전반에 지대한 영향을 미치기 때문이다. 인간은 말과 글의 의미를 어떻게 이해하는 것일까? 인간이 자신의 내면적 의도를 말과 글로 표현하는 데에는 어떤 심리적 과정이 개입되는 것일까? 언어는 인간의 사고에 어떤 영향을 미치는 것일까? 이러한 여러 가지 물음에 답하기 위해서 언어에 초점을 맞추어 언어와 마음의 관계를 연구하는 심리학의 전문 분야가 언어심리학(psychology of language 또는 psycholinguistics)이다. 언어심리학은 인간이 언어를 이해하고 표현하는 심리적 과정을 밝힘으로써 모국어와 외국어의 학습을 지원할 뿐만 아니라 언어와 관련된 장애를 치료하는 데도 기여할 수 있다.

2) 언어와 정신병리 및 심리치료

인간은 다양한 원인으로 인해서 언어를 이해하고 산출하는 과정에 결함이 발생할 수 있다. 언어를 이해하고 산출하는 기능에 결함이 생기면 의사소통과 사회생활에 심각한 부적응을 겪기 때문에, 이러한 문제를 의사소통장애(communication disorder)라고 지칭한다. 의사소통장애는 매우 다양한 형태로 나타날 뿐만 아니라 그 원인도 매우 다양하다. 심리학자들은 의사소통장애를 이해하고 치료하기 위해서 언어와 관련된 심리적 과정에 깊은 관심을 지닌다.

언어는 의사소통과 사고과정을 촉진하는 순기능을 지니는 반면, 다양한 이상행동과 정신장애를 유발하는 역기능도 지니고 있다. 언어는 개인의 사고와 경험을 왜곡하고 경직시키는 역기능을 통해서 다양한 정신장애를 유발하는 것으로 알려져 있다. 언어와 관련된 인지적 융합, 이분법적 사고, 심리적 경직성이 우울증, 불안장애, 만성통증을 비롯한 다양한 심신장애를 유발하는 데 기여하는 것으로 보고되고 있다.

언어는 독이 되기도 하고 약이 되기도 한다. 심리학자들이 언어에 깊은 관심을 지니는 이유는 언어가 심리적 장애에 미치는 부정적인 영향을 밝힐 뿐만 아니라 언어를 통해서 심리적 장애를 치유하기 위해서다. 언어는 치유의 기능을 지니고 있다. 심리치료(psychotherapy)는 치료자가 언어를 사용하여 내담자의 심리적 고통과 문제를 경감시키는 전문적 활동이다. 심리치료는 그 주된 수단이 언어이기 때문에 '대화치료(talking therapy)'라고 불리기도 한다. 심리치료자는 마음을 긍정적으로 변화시킬 수 있는 언어의 치유 기능을 깊이 이해하고 그러한 언어를 구사할 수 있는 능력을 함양하기 위해 훈련한다. 내담자가 호소하는 고통을 수용적 태도로 경청하면서 효과적으로 공감하고 지지해 주는 치료자의 언어는 내담자에게 커다란 심리적 위안이 되는 동시에 긍정적인 변화의 바탕이 된다.

2. 언어의 발달

언어를 통한 의사소통은 매우 복잡한 심리적 과정으로 이루어진다. 언어는 음소, 음절, 단어, 문장과 같은 다양한 구성요소와 규칙으로 이루어진 매우 복잡한 행위다. 여러 음소로 이루어진 음절과 단어를 문장으로 조합하여 의미 있는 말로 표현하는 것뿐만 아니라 다른 사람이 하는 말의 의미를 이해하는 것은 매우 어려운 일이다. 우리는 이토록 어려운 언어를 어떻게 배워서 자연스럽게 구사하는 것일까? 특히 어린아이는 어떤 과정과 단계를 통해서 언어를 습득하는 것일까?

1) 언어의 발달단계

심리학자들은 어린아이가 언어를 습득하는 과정과 기제를 밝히기 위해 많은 연구를 진행했다. 성인의 경우에, 모국어가 아닌 외국어를 배우는 것은 매우 어려운 일이다. 언어는 매우 복잡한 규칙을 지니고 있기 때문에 언어를 배우기 위해서는 고도의 인지적 능력이 필요하다. 그런데 어린아이들은 어떻게 복잡한 언어를 습득하는 것일까?

발달심리학에서는 출생부터 만 2세까지의 아이를 '영아'라고 지칭하고, 만 2세부터 6세까지는 '유아'라고 하며, 만 6세부터 11세까지를

'아동'이라고 한다.[1] 일반적으로 다른 사람이 알아들을 수 있는 단어를 영아가 사용하기 시작하는 시기는 생후 12개월경이다. 그러나 영아는 단어를 사용하기 이전부터 비언어적 행동을 통해서 의사소통을 시도한다. 울음, 표정, 몸짓과 같은 비언어적 행동을 통해서 자신의 의사를 표현하고 상대방이 하는 말의 리듬, 고저, 강세를 통해서 감정적인 단서를 알아차리며 초보적인 의사소통을 하면서 서서히 언어를 습득하게 된다. 언어를 습득하는 시기는 아이마다 차이가 있지만, 대부분의 아이는 동일한 발달단계를 거치면서 언어를 습득해 나간다.[2]

(1) 영아기의 언어발달

언어발달의 첫 단계는 '울음'을 통해서 시작된다. 울음은 영아가 자신의 욕구를 표현할 수 있는 유일한 의사소통 수단이다. 초기의 울음은 영아가 우는 이유를 부모가 구분하기 어려운 미분화된 울음의 형태로 나타나지만 점차적으로 우는 이유를 이해할 수 있도록 분화된 울음을 나타내게 된다. 영아는 배가 고플 때, 통증을 느낄 때, 화가 났을 때, 졸음이 올 때마다 울음의 패턴, 고저, 강도를 달리하면서 자신의 의사를 부모에게 전달하며 소통한다.

영아가 '옹알이'를 하면서 언어발달의 두 번째 단계로 진행된다. 영아는 생후 4~5개월이 되면 옹알이를 한다. 옹알이는 언어와 유사한 최초의 말소리다. 옹알이는 목과 혀의 신체적 성숙으로 인한 근육활동의 결과로 나타난다. 일반적으로 옹알이는 만족감을 느끼는 상태에서

---

1 정옥분, 『발달심리학: 전생애 인간발달』, 학지사, 2014, pp.26~27.

2 정옥분, 앞의 책, pp.232~234.

가장 많이 나타난다. 처음에는 만족감에 대한 표현으로 옹알이를 시작하게 되는데, 옹알이는 점차 영아에게 즐거움을 주는 놀이의 기능을 갖게 된다. 영아의 옹알이에 대해서 부모나 주변 사람이 호응하며 반응해 주면, 옹알이는 점차 빈번해지고 소리도 다양해진다. 옹알이는 주변 사람의 강화를 통해서 모국어를 습득하게 되는 매우 중요한 기제로 작용한다. 생후 1년 이내에 영아가 나타내는 옹알이 소리는 모든 언어권에서 동일한 것으로 알려져 있다.

옹알이가 반복되면서 부모는 틈틈이 단어(예: 엄마, 아빠, 맘마, 우유)를 제시하게 된다. 이처럼 부모와 아이의 의사소통 과정에 단어가 개입되면서 영아는 점차적으로 단어를 식별하게 된다. 단어의 의미는 이해하지 못하지만 단어의 강세에 주의를 기울임으로써 일상생활의 무의미한 소리로부터 의미를 지닌 단어를 식별하게 된다. 이와 함께 단어의 소리를 모방하는 과정에서 영아는 점차 다양한 소리를 내면서 급격하게 음소의 확장 현상이 나타난다.

언어발달의 세 번째 단계는 영아가 '한 단어 문장'을 사용하면서 시작된다. 생후 1년경에 되면 영아는 분명하게 이해할 수 있는 단어를 사용할 수 있게 된다. 이 단계에서 영아는 한 단어로 자신의 의사를 표현한다. 사물이나 사건을 지칭하거나 자신의 기분과 욕구를 표현하기 위해서 한 단어 문장을 사용한다. 한 단어로 의사를 전달하기 때문에 영아는 부모를 이해시키기 위해서 표정이나 몸짓을 함께 사용한다.

생후 24개월경이 되면 영아는 문장을 만들기 위해 두 개 이상의 단어를 연결시킬 수 있게 된다. 두 단어 문장은 한 단어 문장에 비해 더 정교하고 명료하며, 두 단어 중 어디에 강세를 두는가에 따라 자신이 원하는 바를 강조하게 된다. 두 단어 문장을 사용하는 것은 일반적으로 영아가 50개 정도의 단어를 말할 수 있을 때부터 가능하다. 두 단어가 문장으로 조합되는 초기의 형태는 명사와 동사의 결합으로 이루어지는 전문식電文式 문장이며 상당히 자기중심적인 방식으로 표현된다.

영아는 부모를 비롯한 주변 사람으로부터 접하게 되는 수많은 단어에서 일정한 규칙을 추론하게 된다. 일상생활에서 듣는 수많은 단어 가운데 어떤 것은 '대상'을 지칭하는 데 사용되는 반면, 어떤 것은 '동작'을 지칭하는 데 사용된다는 것을 이해하게 된다. 또한 단어 배열이나 문장 구성과 같은 기초적인 문법적 규칙을 추론하게 된다.

(2) 유아기의 언어발달

유아가 일단 말을 하기 시작하면, 부모나 주변 사람과의 사회적 상호작용이 증가하면서 언어발달이 가속화된다. 유아가 사용하는 단어의 수는 빠른 속도로 증가하는데, 이는 유아의 인지적 성숙으로 인해 사물을 범주화할 수 있는 능력이 발달하기 때문이다. 보통 만 5세 정도가 되면 대부분의 유아는 모국어를 유창하게 구사할 수 있다.[3]

유아들이 단어를 습득하는 과정은 놀랍다. 유아기가 끝나는 6세경에는 보통 10,000개의 단어를 습득하는 것으로 보고되고 있다.[4] 이는

---

3 정옥분, 앞의 책, pp.290~295.

4 Anglin, J. M. (1993). Vocabulary development: A morphological analysis.

하루에 평균 6개 정도의 새로운 단어를 습득하는 셈이다. 유아는 단어와 그 의미를 누군가로부터 직접 배우는 것이 아니다. 유아가 처음 듣는 단어의 의미를 어떻게 습득하는지는 아직 충분히 알려져 있지 않지만, 사회적 또는 맥락적 단서를 활용하는 것으로 추정되고 있다.

유아의 연령이 증가하면서 언어의 사용이나 이해가 점차 증가한다. 만 2~3세에는 세 단어 이상을 사용하여 문장을 만들 수 있다. 또한 세 단어 문장 시기에는 문법적인 형태소를 사용하기 시작하면서 문장의 길이가 점차 길어진다. 유아는 의문문이나 부정문의 형태도 사용할 수 있게 되고, 자신의 생각이나 욕구를 표현하는 데에도 융통성을 보이게 된다.

유아기에는 단어의 획득과 문법의 숙달로 인해서 영아기보다 의사소통이 더 효율적으로 이루어지게 된다. 그러나 유아기 초기에는 상대방이 이해할 수 있도록 사회화된 언어를 사용하지 못하는 자기중심적인 특성을 나타내지만, 유아기 말기에는 자기중심적인 언어가 줄어들고 점차 사회화된 언어를 사용할 수 있게 된다. 그러나 유아는 여전히 추상적인 언어, 비유, 다의적 단어를 이해하는 데에는 한계를 지닌다.

(3) 아동기의 언어발달

언어적 유창성을 위한 중요한 언어발달은 보통 아동기에 이루어진다.

Monographs of the Society for Research in Child Development, 58, (10. Serial No. 238).

학령기 아동들은 유아들보다 더 많은 단어를 학습하게 된다. 초등학교를 졸업할 때쯤에는 약 40,000개 정도의 단어를 습득하게 된다. 어휘력이 증가하면서 유아기보다 단어를 더 정확하게 사용하게 된다. 이와 함께 문법적으로도 더 복잡하고 긴 문장을 사용하고 이해할 수 있게 된다. 아동기에는 의사소통 기술이 급격하게 발달하면서 모호한 문장의 의미를 맥락에 따라 적절하게 해석하여 이해하는 능력도 발달하게 된다.

아동기의 언어발달에서 중요한 점은 읽기와 쓰기 능력이 빠르게 발달한다는 점이다. 글을 읽는 능력이 먼저 발달하게 되는데, 첫 단계에서는 글 읽는 법을 배우고 단어를 소리로 바꾸는 능력을 획득하게 된다. 점차 글을 통해 정보를 획득하는 능력이 발달하면서, 읽기를 통한 학습이 이루어진다. 쓰기 능력은 읽기 능력이 어느 정도 발달한 후에 나타난다. 11세 이상의 청소년기에 접어들면 추상적 개념을 이해할 수 있게 되고, 가설적 사고와 연역적 사고가 발달하면서 성인과 같은 언어를 구사할 수 있게 된다. 인지발달과 함께 진행되는 언어발달은 개인에 따라 많은 차이가 있다.

2) 언어발달의 기제

인간은 복잡한 언어를 어떻게 습득하는 것일까? 언어를 습득하는 심리적 기제(mechanism)는 무엇일까? 특히 영아와 같이 인지적으로 미숙한 어린아이가 어떻게 언어를 습득하는 것일까? 이러한 물음은 언어심리학의 중요한 관심거리였다. 언어발달의 기제를 이해함으로써 어린아이의 정상적인 언어발달을 촉진하는 방법을 제시할 수 있기 때문이다.

어린아이가 언어를 발달시키기 위해서는 기본적인 인지적 능력과 더불어 시각, 청각, 후각, 촉각의 자극이 필요하다. 언어발달을 위해서 핵심적으로 중요한 것은 언어적 상호작용이다. 언어는 인지적 활동을 위한 중요한 매개체로서 다른 사람과의 관계를 형성하는 바탕이다. 어린아이의 언어발달은 인지발달뿐만 아니라 사회성 발달과도 밀접하게 연결되어 있다.

어린아이가 복잡한 언어를 습득하는 과정은 매우 급속하게 진행된다. 우는 것 외에 아무런 적응적 행동을 하지 못했던 신생아가 어떻게 몇 년 사이에 재잘거리며 말을 하게 되는 것일까? 이러한 아동의 언어발달은 선천적인 언어능력이 발현되는 것일까, 아니면 후천적인 경험에 의해서 학습되는 것일까? 이러한 물음은 고대 그리스 시대부터 현대에 이르기까지 치열한 논쟁과 연구의 대상이 되어 왔다. 언어발달의 기제에 관해서는 학습론자와 생득론자의 주장이 첨예하게 대립되어 왔다.[5]

(1) 학습이론

학습론자들은 기본적으로 인간이 백지상태에서 태어난다고 주장한다. 따라서 인간의 모든 행동은 환경과의 후천적인 상호작용 경험에 의해서 학습되는 것이라고 여긴다. 20세기 전반 심리학계에 강력한 영향을 미쳤던 행동주의 심리학자들은 언어발달에 대해서 학습이론

---

5 정옥분, 앞의 책, pp.227~232.

을 주장했다. 학습론자들은 아동의 언어습득이 강화와 모방이라는 학습기제를 통해서 이루어진다고 본다.

대표적인 행동주의 심리학자인 스키너(B. F. Skinner)[6]는 『언어 행동』이라는 저서를 통해서 언어의 습득과 발달이 다른 모든 행동과 마찬가지로 조작적 조건형성에 의해서 학습된다고 주장했다. 영아가 무심코 어떤 소리를 내거나 성인의 언어를 흉내 냈을 때, 부모는 성인의 언어와 비슷한 소리에 관심을 보이고 칭찬을 하면서 강화를 하게 되고, 영아는 그러한 강화에 영향을 받아서 이러한 소리를 더 자주 내게 된다. 강화를 받은 소리는 계속적으로 발전시켜 나가고, 강화를 받지 못한 무의미한 소리는 소멸되는 과정을 통해서 점진적으로 성인의 언어를 학습하게 된다는 것이다.

학습이론을 지지하는 유력한 근거 중 하나는 양육자의 돌봄을 받지 못하고 자란 아이는 언어를 발달시키지 못한다는 사실이다. 늑대 소년의 경우처럼, 성인으로부터 환경적인 강화를 받지 못하거나 언어를 모방할 수 있는 사람이 존재하지 않을 경우에는 언어발달이 이루어지지 못한다. 학습론자에 따르면, 아동은 부모나 주변 사람과의 후천적인 상호작용 경험을 통해서 언어를 발달시키게 된다.

그러나 미국의 사회심리학자인 로저 브라운(Roger Brown)[7]은 부모와 자녀 간의 언어적 상호작용을 세밀하게 관찰한 결과, 많은 부모는 자녀가 문법적으로 맞지 않는 문장을 사용할 때도 그 의미만 대충

---

6 Skinner, B. F. (1957). *Verbal behavior.* Appleton-Century-Crofts.

7 Brown, R. (1973). *A first language: The early stages.* Harvard University Press.

통하면 미소나 칭찬으로 강화한다는 사실을 발견했다. 이러한 발견은 부모의 강화에 의해서만 아동이 언어의 규칙을 배우게 되는 것은 아니라는 것을 시사한다. 학습이론은 아동이 언어를 습득하는 중요한 과정을 설명하고 있지만, 아동의 언어는 상당 부분 강화를 받지 않더라도 자연스럽게 발달한다.

(2) 생득이론

언어발달의 생득이론을 주장하는 학자들은 어린아이가 스스로 언어를 배울 수 있는 잠재능력을 지니고 태어난다고 주장한다. 예컨대 청각장애가 있는 부모의 어린 자녀도 정상적인 부모의 자녀와 똑같은 옹알이를 한다. 생득론자들은 언어습득 과정에서 환경적인 요인보다 선천적인 요인을 더 강조한다.

미국의 언어학자인 노암 촘스키(Noam Chomsky)[8]는 강화나 모방이 중요함을 인정하지만 언어발달을 설명하기에는 부족하다고 주장했다. 촘스키에 따르면, 아동은 언어를 학습할 수 있는 선천적인 잠재능력, 즉 언어습득장치(Language Acquisition Device: LAD)를 가지고 태어난다. 아동은 LAD를 통해서 자신에게 주어지는 언어자료를 처리하고 스스로 규칙을 형성하며 문법에 맞는 문장을 이해하고 산출한다. 생득이론은 3~4세경에 어휘가 급증하는 점이나 여러 문화권에서 아동들이 범하는 문법적 오류가 매우 유사하다는 점에서 설득력을 지닌다.

---

8 Chomsky, N. (1957). *Syntactic structures.* Mouton.

촘스키는 언어를 표면구조와 심층구조로 구분했다. 표면구조는 표현된 언어의 문법적인 구조를 뜻하는 반면, 심층구조는 언어가 담고 있는 의미를 뜻한다. 그는 언어에서 문법보다 의미의 중요성을 강조한다. 우리는 다른 사람의 말을 들을 때, 그 사람이 이야기하는 말의 문법적 구조(표면구조)에 의식을 기울이기보다는 그 사람이 한 말의 의미(심층구조)를 받아들이게 된다는 것이다. 촘스키에 따르면, 언어의 심층구조를 이해하는 능력은 타고난 것이어서 학습이 필요하지 않다. 학습을 필요로 하는 것은 언어의 문법구조, 즉 어휘와 문법이다.

언어발달이 생물학적인 성숙에 의한 것이라고 믿는 다른 생득론자는 독일 출신의 미국 신경언어학자인 에릭 르네버그(Eric Lenneberg)[9]이다. 그에 의하면, 언어를 이해하고 산출하는 것은 인간이 지니는 종 특유의 특성이자 능력이다. 르네버그는 여러 문화권에서 성장하는 아동의 언어발달이 비슷한 시기에 비슷한 순서로 이루어진다는 점에 주목한다. 생후 3~4개월에 옹알이를 시작하고, 첫돌 무렵에 한 단어 말을 하고, 두 돌 무렵에는 두 개 이상의 단어를 말하고, 4~5세에는 수천 개 단어의 의미를 이해하고 문장을 말하게 된다.

르네버그는 2세부터 사춘기에 이르기까지는 언어를 쉽고 빨리 익히기 때문에, 언어를 학습하는 데에는 결정적 시기(critical period)가 존재한다고 주장한다. 결정적 시기에 언어를 습득하지 못하면 영구적으로 언어능력이 발달하지 못한다. 출생 후 20개월부터 13세까지 아버지에 의해서 격리되어 살아온 소녀 사례의 경우, 발견 당시에

9 Lenneberg, E. (1967). *The biological foundations of language.* Wiley.

사춘기가 지났지만 말을 하지 못했다.[10] 발견된 이후 집중적인 언어훈련을 통해서 말을 배우게 되었지만 끝내 정상적인 수준에는 도달하지 못했다. 이 소녀는 2세 수준의 전보식 언어(telegraphic speech)까지는 습득할 수 있었지만 정상적인 아동들이 특별한 언어훈련을 받지 않고도 자동적으로 습득하게 되는 문법을 이해하지 못했다.

성인의 외국어 습득이 어려운 이유는 결정적 시기가 지났기 때문이다. 미국의 이민자들이 영어를 습득하는 정도를 조사한 연구[11]에 따르면, 3~7세에 이민을 와서 영어를 배운 사람은 영어를 모국어 수준으로 유창하게 말했다. 그러나 이민 당시의 연령이 높을수록 문법의 숙달 정도는 저하되었으며 15세 이상의 사춘기 이후에는 언어 습득의 정도가 급속하게 감소했다.

여러 연구에서 생득이론을 지지하는 증거들이 발견되고 있지만, 생득이론에도 몇 가지 문제점이 있다. 첫째는 언어습득장치(LAD)의 실체를 밝히기 어렵다는 점이다. 아이가 언어를 습득하는 과정에서 언어습득장치가 구체적으로 어떤 작용을 하며 왜 특정한 방식으로 작용하는지를 설명하지 못한다. 둘째는 사춘기 이후에도 언어발달이 가능하다는 연구들이 보고되고 있다. 언어발달의 결정적 시기가 존재한다는 것을 부정하는 주장도 제기되고 있다.[12]

---

10 Curtiss, S. (1977). *Genie: A psycholinguistic study of a modern-day "wild-child"*. Academic Press.

11 Johnson, J., & Newport, E. (1989). Critical period effects in second language learning: The influence of maturational state on the acquisition of English as a second language. *Cognitive Psychology, 21,* 60~99.

(3) 상호작용이론

미국의 인지심리학자인 제롬 브루너(Jerome Bruner)[13]는 학습이론이나 생득이론만으로는 아동의 언어발달을 충분히 설명하기 어렵다고 보았다. 브루너는 언어발달에서 선천적인 생물학적 요인도 중요하지만 언어를 접할 수 있는 사회적 상황에 노출되는 것도 중요하다는 상호작용이론을 제시했다. 그에 따르면, 아동의 언어발달에 있어서 사회문화적 환경, 특히 부모와 교사의 역할이 중요하다. 브루너는 아동의 언어발달에 기여하는 부모의 역할을 언어습득 지원체계(Language Acquisition Support System: LASS)라고 불렀다. 예를 들어 영아가 옹알이를 시작할 때 부모가 그에 맞추어 비슷한 발성으로 반응해 주면 영아는 옹알이를 더 많이 하게 된다. 그러나 부모가 아무런 반응을 보이지 않으면 영아는 옹알이를 점점 하지 않게 된다.

부모가 영아의 언어발달을 지원하는 다른 상호작용 방식은 '아기식 말투(motherese)'다. 아기식 말투는 간단하고 짧은 핵심단어를 고음으로 천천히 강조하면서 여러 번 반복해서 말하는 것이다.[14] 영아는 성인들이 대화할 때 주로 사용하는 단조로운 억양보다 높은 소리와 억양이 다양하게 변화하는 아기식 말투에 주의를 더 많이 기울인다.

---

12 Moerk, E. L. (1989). The LAD was a lady and the tasks were ill-defined. *Developmental Review, 9,* 21-57.

13 Bruner, J. S. (1983). *Child talk.* W. W. Norton.

14 Pegg, J. E., Werker, J. F., & McLeod, p.J. (1992). Preference for infant-directed over adult-directed speech: Evidence from 7-week-old infants. *Infant Behavior and Development, 15,* 325-345.

부모는 아기식 말투를 사용하면서도 영아가 말한 내용을 문법에 맞도록 수정하거나 확장해서 바꾸어 말한다. 수정하거나 확장한 언어를 더 많이 사용하는 부모의 자녀들이 문법 규칙을 더 빨리 습득하고 표현적 언어능력이 더 높은 것으로 나타났다.[15]

상호작용이론은 학습이론과 생득이론을 통합한 이론이라고 할 수 있다. 상호작용이론에 따르면, 생물학적 요인이 언어발달의 기본적인 윤곽을 결정하지만 언어발달의 구체적 과정은 아동이 접하게 되는 사회적 환경과 강화에 의해서 결정된다.

3) 언어발달의 장애

언어발달에는 선천적인 요인과 후천적인 요인이 함께 관여한다. 정상적으로 언어발달을 이룬 아동은 자신의 내면적 의도를 언어로 말하고 다른 사람의 언어를 이해하면서 원활하게 의사소통을 하게 된다. 이처럼 언어를 산출하고 이해하는 의사소통에는 매우 다양한 심리적 능력과 과정이 관여한다. 언어를 통한 의사소통 과정을 요약하여 제시하면 [그림 1]과 같다. 화자話者, 즉 말하는 사람은 내면에 지니는 의도나 생각을 문장으로 구성하는 부호화(encoding) 과정을 거친 후에 말이나 글로 표현하게 된다. 이때 마음 속에서 구성한 문장을 정확한 발음으로 유창하게 발화하는 것이 중요하다. 청자聽者, 즉 듣는 사람은 상대방이 말이나 글로 표현된 언어의 의미를 해독(decoding)하는 과정을 통해서 그 사람의 의도나 생각을 이해하게 된다.

---

15 Bohannon, J. N., Padgett, R. J., Nelson, K. E., & Mark, M. (1996). Useful evidence on negative evidence. *Developmental Psychology, 32*, 551-555.

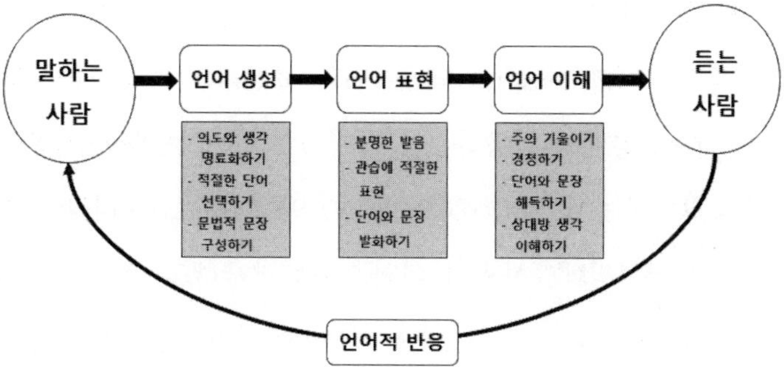

[그림 1] 언어를 통한 의사소통의 과정

이처럼 복잡한 심리적 과정이 개입하는 언어와 의사소통 능력을 발달시키는 것은 결코 쉬운 일이 아니다. 의사소통에 관여하는 심리적 과정의 일부가 적절하게 발달하지 못하거나 손상되면 언어발달의 장애가 발생한다. 현재 세계적으로 가장 널리 사용되고 있는 정신장애 진단기준인 『정신장애 통계편람(5판-본문개정판: DSM-5-TR)』(American Psychiatric Association, 2022)[16]에는 언어와 관련된 발달장애가 제시되고 있다. 언어와 관련된 발달장애는 매우 다양하며 대부분 아동기에 발생한다. 그 대표적인 예는 의사소통장애, 특정학습장애, 자폐스펙트럼장애다.[17]

---

16 American Psychiatric Association (2022). *Diagnostic and statistical manual of mental disorders (5th ed. - text revision).* Author.

17 권석만, 『현대 이상심리학(3판)』, 학지사. 2023, pp.580~599.

(1) 의사소통장애

의사소통장애(communication disorder)는 정상적인 지능수준에도 불구하고 의사소통에서 사용하는 언어에 결함이 있는 경우를 말한다. 의사소통장애에는 네 가지 하위유형, 즉 언어장애, 말소리장애, 아동기 발병 유창성장애, 사회적 의사소통장애가 있다.

언어장애(language disorder)는 나이에 비해 언어를 표현하고 이해하는 능력이 현저하게 미발달된 경우를 말한다. 나이에 비해 어휘가 현저하게 부족하고 단어를 조합하는 능력도 부족하여 사용하는 문장의 구조가 빈약한 경우를 뜻한다. 언어장애를 지닌 아동은 어휘가 제한되거나 짧고 단순한 구조의 말을 주로 사용하며 어순이나 시제가 잘못된 언어적 표현을 사용한다. 또한 단어나 어휘를 부적절하게 사용하거나 문장의 주요 부분을 생략할 뿐만 아니라 길고 복잡한 문장을 만들지 못한다. 언어장애는 학업적 성취나 사회적 적응에 심각한 어려움을 초래하게 된다.

말소리장애(speech sound disorder)는 발음의 어려움으로 인해서 언어적 의사소통에 어려움을 나타내는 경우를 말한다. 나이나 교육수준에 비해서 현저하게 부정확하거나 잘못된 발음을 사용하고 단어의 마지막 음을 발음하지 못하거나 생략하는 등의 문제를 나타낸다. 혀 짧은 소리를 내는 경우가 가장 흔하며, 단어를 발음할 때 한 음을 생략하거나 다른 음으로 대치하는 경우도 있다. 이러한 발음의 문제로 인하여 사회적 의사소통이나 학업적 적응에 현저한 어려움을 겪게 된다.

아동기 발병 유창성장애(childhood-onset fluency disorder)는 말을

더듬는 행동으로 인해서 언어의 유창성에 어려움이 있는 경우를 뜻하며 말더듬(stuttering)이라고 불리기도 한다. 말더듬은 말을 시작할 때 첫 음이나 음절을 반복하여 사용하거나(예: 난-난-난-난 기분이 좋다) 특정한 발음을 길게 하거나(예: 나는 하~악교에 간다) 말을 하는 도중에 부적절하게 머뭇거리거나 갑자기 큰 소리로 발음하는 등 다양한 형태로 나타난다.

사회적 의사소통장애(social communication disorder)는 언어적, 비언어적 의사소통 기술을 사회적인 상황에서 적절하게 사용하는 데에 어려움을 나타내는 경우를 말한다. 이러한 장애를 지닌 아동들은 사회적 의사소통에 필요한 기본적인 기술(예: 인사하기, 대화 주고받기, 순서 기다리기, 또래와 어른에게 달리 말하기, 언어의 의미를 맥락에 따라 달리 이해하기)을 습득하지 못하여 대인관계와 사회적 적응에 심각한 어려움을 겪게 된다.

(2) 특정학습장애

특정학습장애(specific learning disorder)는 나이나 지능에 비해서 실제적인 학습기능이 낮은 경우를 뜻한다. 특정학습장애를 지닌 아동들은 학업적 기술을 배우고 사용하는 데에 어려움을 나타낸다. 구체적으로 다음 중 한 가지 이상의 문제를 6개월 이상 지속적으로 나타낼 경우에 특정학습장애로 판단된다: (1) 부정확하거나 느리고 부자연스러운 단어 읽기, (2) 읽은 것의 의미를 이해하는 것의 어려움(예: 글을 정확하게 읽지만 내용의 순서, 관계, 추론적 의미를 이해하지 못함), (3) 맞춤법이 미숙함(예: 자음이나 모음을 생략하거나 잘못 사용함), (4) 글로 표현하는 것에 미숙함(문장 내에서 문법적 또는 맞춤법의 실수를 자주 범함), (5) 수 감각, 수에 관한 사실, 산술적 계산을 숙달하는 데의 어려움(예: 수와 양을 이해하는 데의 어려움, 산술계산의 중간에 길을 잃어버림), (6) 수학적 추론에서의 어려움(예: 양적인 문제를 해결하기 위해서 수학적 개념, 사실 또는 절차를 응용하는 데에서의 심한 어려움). 이러한 학업적 기술의 결함으로 인해 정상적 지능을 갖추고 있고 다른 심리적 문제가 없음에도 불구하고 현저한 학습부진을 나타낸다. 특정학습장애는 결함이 나타나는 특정한 학습기능에 따라서 읽기장애, 쓰기장애, 산술장애로 구분된다.

(3) 자폐스펙트럼장애

자폐스펙트럼장애(autism spectrum disorder)는 사회적 상호작용과 의사소통에서 어려움을 나타낼 뿐만 아니라 관심과 흥미가 제한되어 있고 동일한 행동을 반복적으로 나타내는 장애를 의미한다. 자폐스펙트럼장애를 지닌 아동들은 두 가지의 핵심증상을 나타낸다. 그 첫째는 사회적 상호작용의 결함으로서 대인관계에 필요한 눈 마주치기, 표정, 몸짓 등이 매우 부적절하여 부모나 친구와 친밀한 관계를 형성하지 못하는 것이다. 다른 핵심 증상은 제한된 반복적 행동 패턴으로서 특정한 패턴의 기이한 행동을 똑같이 반복하게 되며 특정한 대상이나 일에 비정상적으로 고집스럽게 집착하는 행동을 나타내는 것이다.

자폐스펙트럼장애를 지닌 아동의 가장 큰 특징은 대인관계의 형성과 의사소통이 이루어지지 않는다는 점이다. 마치 다른 사람을 무시하거나 관계를 맺지 않으려는 듯이, 상대방의 말에 대응하지 않고 부적절한 행동을 나타낸다. 자폐스펙트럼장애의 증상은 영아기부터 나타날 수 있는데, 이런 아동은 부모와 눈을 마주치려 하지 않고, 부모의 자극에 관심이나 웃음을 나타내지 않으며, 부모가 안아주려 해도 몸을 뒤로 뻗치며 마치 부모의 사랑을 거부하는 듯한 행동을 나타내어 부모의 마음을 몹시 아프게 한다.

부모와 관계형성이 이루어지지 못하므로 자폐스펙트럼장애를 지닌 아동들은 나이에 알맞은 언어를 습득하지 못하며 의사소통에 심각한 문제를 나타낸다. 적절한 어휘나 문장을 구사하는 언어능력이 현저하게 부족할 뿐만 아니라 타인의 말에 주의를 기울여 경청하지 못하고 부적절하거나 괴상한 말을 사용하여 타인과 원활한 의사소통이 이루어지지 않는다.

3. 언어와 사고의 관계

심리학자들이 언어에 깊은 관심을 지니는 이유는 언어가 의사소통의 중요한 수단일 뿐만 아니라 다양한 인지 활동(지각, 범주화, 기억, 추론, 의사결정 등)에 지대한 영향을 미치기 때문이다. 언어와 사고는 밀접하게 연결되어 있다. 과연 언어와 사고는 어떤 관계를 맺고 있는 것일까? 언어와 사고의 관계는 오랜 역사를 지닌 논쟁거리이자 연구 주제였다. 지난 반세기 동안 다양한 언어를 사용하는 사람들을 대상으로 언어와 사고의 관계를 탐색하는 수많은 연구가 이루어졌다. 그러나 언어와 사고의 관계에 대해서 합의점에 도달하지 못했다. 언어는 사고의 표현 수단일 뿐이라는 견해에서부터 언어가 사고를 결정한다는 급진적인 견해에 이르기까지 다양한 주장이 제시되고 있다.

1) 언어는 사고의 표현 수단일 뿐이라는 관점

영아는 말을 배우기 이전부터 초보적인 수준의 사고를 한다. 발생학적으로 보면, 사고가 먼저 생겨나고, 사고를 표현하기 위해 언어가 생겨난 것이다. 이러한 관점에 따르면, 언어는 사고를 표현하는 수단일 뿐이다. 또한 언어는 어휘의 한계가 있기 때문에 모든 사고를 표현할 수 없다. 이처럼 언어는 사고에 의해서 생겨났다는 관점이 언어의 인지결정론(cognitive determinism)이다. 이러한 견해를 주장하는 대표적인 인물은 스위스의 발달심리학자인 장 삐아제(Jean Piaget)다.

삐아제[18]에 따르면, 언어는 독립적인 능력이 아니라 인지발달의 결과로 나타나는 여러 가지 인지능력 중 하나다. 따라서 언어는 인지가 발달하는 단계에 따라서 함께 발달한다. 삐아제는 어린아이의 인지발달이 감각운동기, 전조작기, 구체적 조작기, 형식적 조작기의 단계를 거쳐서 이루어진다고 주장한다. 감각운동기는 언어능력이 발달하기 전 단계로서 이 시기의 영아들은 상징을 사용하지 못하고 감각과 운동을 통해서 세계를 이해한다. 특히 이 시기의 아동들은 대상 영속성(object constancy)의 개념을 갖지 못한다. 어떤 물체가 자신의 시야에서 사라지면 그 물체가 더 이상 존재하지 않는 것으로 생각한다. 아동은 감각운동기의 후기가 되어야 비로소 물체가 자신에게 보이는 것과 상관없이 항상 존재한다는 것을 알게 된다. '있다' 또는 '없다'와 같은

---

18 Piaget, J. (1952). *The origins of intelligence in children.* International Universities Press.

단어가 나타나는 시기는 아동이 대상 영속성을 획득하는 것과 관련되어 있다.[19] 이처럼 대상 영속성과 같은 인지발달은 언어발달에 필요한 선행조건이라고 할 수 있다. 아동의 인지능력이 감각운동기 이후 전조작기, 구체적 조작기, 형식적 조작기로 발달함에 따라 세상을 단순한 표상에서 점점 더 복잡한 표상으로 구성하고 통합해 나아간다. 이러한 인지발달이 이루어짐에 따라 언어도 점점 더 다양하고 복잡하게 발달한다는 것이 삐아제의 주장이다.

촘스키(Chomsky)도 인지가 언어에 선행한다는 관점을 제시하고 있다. 그에 따르면, 언어는 인지의 한 측면이다. 인간에게는 여러 유형의 인지체계가 존재하고, 각각의 인지체계는 독특한 기능을 수행하며 각기 다른 속성을 지닌다. 이러한 인지체계들은 언어를 사용하는 인지적 능력의 바탕이 된다.

2) 언어가 사고를 결정한다는 관점

미국의 인류학자이자 언어학자인 에드워드 사피어(Edward Sapir)[20]와 그의 제자인 벤자민 워프(Benjamin Whorf)[21]는 여러 문화권의 사람들이 세상을 지각하고 사고하는 방식에 차이가 있음을 발견하고 언어가 사고에 영향을 미친다는 사피어-워프 가설(Sapir - Whorf hypothesis)

---

19 Gopnik, A., & Choi, S. (1990). Do linguistic differences lead to cognitive differences? A cross-linguistic study of semantic and cognitive development. *First Language, 10,* 199-215.

20 Sapir, E. (1929). The status of linguistics as a science. *Language, 5,* 207-214.

21 Whorf, B. L. (1940). Science and linguistics. *Technology Review, 42,* 229-231.

을 주장했다. 워프는 '현실 세계(real world)'가 상당 부분 집단의 언어적 관습에 근거하고 있다고 주장하기도 했다.

언어와 사고의 관계를 연구하는 대표적인 방법은 다른 언어를 사용하는 문화권의 구성원들의 사고방식을 살펴보는 것이다. 사피어와 워프는 자신의 주장을 뒷받침하기 위해서 알래스카에 사는 에스키모인의 언어인 이누이트(Inuit)어의 눈(snow)에 대한 조사자료를 제시하였다. 이누이트어에는 눈(snow)을 기술하는 다양한 어휘가 존재하고 그 결과로 인해 에스키모인들은 눈을 다양한 방식으로 인식하여 구분한다. 이누이트어에서는 눈(snow)에 대해 '내리는 눈(falling snow), 바람에 휩쓸려온 눈(wind-driven snow), 녹기 시작한 눈(slushy snow), 땅 위에 있는 눈(snow on the ground), 단단하게 뭉쳐진 눈(hard-packed snow)'과 같이 다양한 언어가 존재하기 때문에 에스키모인들은 눈을 다양한 방식으로 인식한다는 것이다. 반면에 영어에서는 '눈(snow)'이라는 한 가지 표현밖에 없기 때문에 모든 눈은 동일하게 인식된다.

워프는 어휘의 차이뿐만 아니라 모국어의 문법적 구조가 세상을 인식하는 방식에 영향을 미친다는 점을 숫자, 방향, 색깔 인식에 실증적으로 입증하고자 했다. 문화마다 숫자를 세는 방식이 다르다. 예컨대 브라질의 아마존강 지역에 사는 원주민인 피라하(Piraha) 부족에게는 "하나", "둘", "많다"와 같이 숫자를 세는 언어가 제한되어 있다. 이처럼 단순한 방식으로 숫자를 세는 언어적 표현방식은 인지적 능력에 영향을 미치는 것으로 나타났다. 이들은 영어권 사람과 비교해서 1~3개의 물체는 손가락을 사용하여 정확하게 기억했지만 3개를 넘어서면 기억의 정확성이 감소했다. 이러한 결과는 언어가 사고에 영향을 미친다는 가설을 입증한다.

호주 원주민인 쿠크 타요레(Kuuk Thaayorre) 부족에게는 동서남북을 표현하는 언어만 존재하고 관찰자의 입장에서 "오른쪽", "왼쪽", "앞", "뒤"와 같이 방향을 제시하는 언어가 존재하지 않는다. 따라서 이들은 "당신의 왼쪽 다리에 거미가 있다"라고 말하지 않고 "당신의 동쪽 다리에 거미가 있다"라고 표현한다. 또 이들은 인사할 때 "안녕하세요?"라고 말하지 않고 "어디서 왔나요?" 또는 "어디로 가나요?"라고 인사한다. 따라서 상대방은 공간적 방향을 항상 지각하고 있지 않으면 인사에 대꾸할 수 없다. 이러한 언어를 사용하는 쿠크족은 영어 사용자에 비해서 낯선 장소에서 방향을 더 잘 파악했다. 이처럼 언어는 물체, 숫자, 방향, 색깔, 공간, 동작과 관련된 개념적 표상에 영향을 미치는 것으로 나타났다.

사피어-워프 가설은 언어가 사고에 미치는 영향력의 정도에 따라 '강한(strong)' 가설과 '약한(weak)' 가설로 구분된다.[22] 강한 가설에 따르면, 개인의 사고 범주는 그가 사용하는 언어에 의해 결정된다. '언어 없이는 사고도 없다'는 언어결정론(linguistic determinism)의 입장에서 주장되는 강한 가설은 학계에서 기각되었다. 반면에 약한 가설은 '개인의 사고는 그가 사용하는 언어의 범주에 의해서 영향을 받는다'는 언어상대성 가설(hypothesis of linguistic relativity)로 제시되고 있다.

---

22 Gleitman, L., & Papafragou, A. (2013). Relations between language and thought. In D. Reisberg (Ed.) *The Oxford Handbook of Cognitive Psychology* (pp.504-523). Oxford University Press.

오늘날 사피어-워프 가설은 전적으로 인정되지도 않고 전적으로 거부되지도 않는 상태이다. 사피어-워프의 가설은 실증적으로 입증하기도 어렵고 부정하기도 어려운 속성을 지니고 있기 때문이다. 전혀 다른 언어를 사용하는 여러 집단이 공통적인 문화를 공유하며 살아가는 경우가 흔히 관찰되고 있다. 또한 어떤 대상이나 사건을 직접적으로 지칭하는 어휘가 존재하지 않더라고 돌려서 설명하는 것은 가능하다. 어휘의 존재 여부는 필요에 의해 영향을 받는다. 환경에 적응하기 위한 필요에 따라 어휘가 존재할 수도 있고 그렇지 않을 수도 있다.

3) 언어와 사고는 서로 영향을 미친다는 관점

러시아의 언어학자인 레프 비고츠키(Lev Vygotsky)[23]는 언어와 사고가 독립적으로 발전하지만 만 2세가 되면 서로 변증법으로 상호작용하면서 기능적으로 통합된다고 주장했다. 그에 따르면, 사고와 언어는 다른 뿌리를 지니고 있다. 그러나 사고와 언어의 관계는 연령이 증가함에 따라 변화한다. 만 2세 이전에는 언어와 사고가 독립적으로 발전하지만 2세 이후에는 사고와 언어가 통합된다. 사고는 언어화되고, 언어는 논리성을 지니게 된다.

인지치료를 제시한 아론 벡(Aaron Beck)[24]은 사고가 속말(self-talk)의 형태로 진행된다고 보았다. 그에 따르면, 인간의 사고는 독백(monologue)이나 내면적 대화(internal dialogue)의 형태로 이루어진

---

23 Vygotsky, L. S. (1962). *Thought and language.* MIT Press.

24 Beck, A. T. (1976). *Cognitive therapy and emotional disorders.* International Universities Press.

다. 우울증이나 불안장애를 지닌 사람들은 자신을 과도하게 비난하거나 환경의 위험성을 과장하는 부정적인 내용의 내면적 대화를 자주 한다. 인지치료자는 내담자가 속으로 중얼거리는 내면적 대화의 내용을 자각하고 표현하도록 격려할 뿐만 아니라 그러한 대화 내용의 합리성, 논리성, 유용성을 함께 살펴보는 것이 중요하다. 이러한 과정을 통해서 내담자가 좀 더 합리적이고 현실적인 내면적 대화를 할 수 있도록 돕는 것이 인지치료의 핵심이라고 할 수 있다. 인지치료자는 내담자의 부정적인 속말 습관을 변화시키기 위해서 내담자가 그러한 속말을 반박하는 긍정적인 내용의 말을 큰 소리로 뇌이거나 글로 써서 반복적으로 읽는 방식의 맞불 놓기(countering)를 치료기법으로 사용하기도 한다. 인지치료의 관점에 따르면, 부정적인 사고는 부정적인 언어의 속말 형태로 이루어지고, 부정적인 속말은 부정적인 사고를 강화한다.

미국의 철학자인 제리 포더(Jerry Foder)[25]는 사고가 언어와 유사한 구조를 지닌다는 '사고언어 가설'(The language of thought hypothesis: LOTH)을 제시했다. 그에 따르면, 사고는 언어와 별개의 인지적 과정이지만 언어와 유사한 문법적 구조를 지닌다. 마치 단어가 문법에 따라 조합되어 문장으로 구성하듯이, 단순한 개념은 체계적인 방식으로 조합되어 사고를 형성하게 된다. 캐나다의 인지심리학자인 스티브 핑커(Steve Pinker)[26]는 사고가 뇌에서 이루어지는 정신적 언어(mental

---

25 Fodor, J. A. (1975). *The language of thought*. Harvard University Press.

26 Pinker, S. (1994). *The language instinct: How the mind creates language*. William Morrow.

language)와 같다고 주장했다. 그는 사고 언어(language of thought)를, 생각할 때만 사용되는 가설적인 정신적 언어라고 정의하면서 '언어'라는 용어의 혼동을 피하기 위해 '멘털리즈(mentalese)'라고 지칭했다. 핑커에 따르면, 인간의 사고과정은 정신적 표상이 문법과 유사한 규칙에 의해서 인과적으로 구성되는 과정이다. 이러한 주장은 아직 입증되지 않았기 때문에 가설의 형태로 존재한다. 이러한 가설은 문화, 사고, 언어의 영향을 분리해서 검증해야 하기 때문에 실증적으로 입증하기가 쉽지 않다.

언어와 사고의 관계는 정신병리학 연구에서도 논의되고 있다. 외상후 스트레스장애(PTSD)를 지닌 사람들은 기억 침투와 기억 불능이라는 상반된 증상을 나타낸다. 이들은 본인의 의사와 달리 외상 사건의 생생한 장면이 플래시백처럼 수시로 의식에 떠올라 고통을 받는 기억 침투를 경험한다. 그러나 자신이 경험한 외상 사건을 의도적으로 회상해야 할 경우에는 사건의 발생과정이나 세부사항을 기억하지 못하는 기억 불능을 나타낸다. 이러한 현상을 설명하기 위해 제시된 이중표상이론(dual representation theory)[27]에 따르면, 두 가지 유형의 기억체계가 외상후 스트레스장애에 관여한다. 하나는 언어적으로 접근 가능한 기억(VAM: Verbally Accessible Memory)으로서 외상 경험에 대한 의식적 평가 정보를 저장하고 있으며 다른 자서전적 기억과 통합되어 있다. 따라서 필요할 경우에는 이러한 기억체계에 저장된 정보를 의도적으로 회상하여 언어로 표현할 수 있다. 다른 하나는

---

27 Brewin, C. R., Dalgleish, T., & Joseph, S. (1996). A dual representation theory of posttraumatic stress disorder. *Psychological Review, 103*, 670–686.

상황적으로 접근 가능한 기억(SAM: Situationally Accessible Memory)으로서 외상 사건에 대한 피해자의 감각적 인식과 생리적, 정서적 반응 정보를 저장하고 있다. 이러한 기억체계는 낮은 감각적 수준의 상세한 정보를 포함하고 있기 때문에 언어적으로 접근할 수 없으며 의식적으로 통제하기 어렵다. 상황적 단서가 주어지면 플래시백처럼 외상 사건에 대한 감각적 표상이 생생하게 떠오르게 된다. 이중표상이론에 따르면, 외상후 스트레스장애는 이러한 두 개의 병리적 과정이 결합되어 있는 혼합장애이다. 따라서 외상후 스트레스장애의 치료를 위해서는 두 측면의 노력이 필요하다. 그 하나는 언어를 통해서 VAM을 변화시키는 것이다. 즉 외상 사건에 대한 인지적 평가를 수정(예: 귀인의 변화, 책임감 경감, 통제감 회복)함으로써 부정 정서를 감소시키는 것이다. 다른 치료적 노력은 외상과 관련된 SAM의 자동적 활성화를 억제하는 것이다. 이를 위해서는 정서적으로 이완된 상태와 외상 기억의 심상을 반복적으로 짝지어 연합시킴으로써 새로운 SAM을 형성하여 기존의 SAM의 활성화를 억제하는 것이다.

언어와 사고의 관계에 대한 여러 연구를 종합적으로 분석한 논문[28]에 따르면, 언어는 사고를 표현하고 전달하는 기능을 넘어서 인지적·지각적 표상(예: 색깔, 물체, 공간, 숫자, 동작, 방향)을 재구조화함으로써 인지와 지각에 중대한 영향을 미치지만 그러한 표상 자체를 변화시키지는 못한다. 이러한 주장은 언어와 사고가 서로에게 영향을 미치지만 언어와 사고는 독자적인 영역을 지니고 있음을 의미한다.

---

28 Gleitman, L., & Papafragou, A. (2013). 앞의 논문, pp.504~523.

4. 언어가 삶에 미치는 부정적인 영향

언어는 인간의 생존과 적응을 돕는 매우 유용한 의사소통 수단이다. 동서고금을 막론하고, 말 잘하고 글 잘 쓰는 것은 매우 중요한 사회적 능력이다. 그러나 언어는 인간의 사고를 경직시키고 왜곡하여 여러 가지 고통과 부적응을 초래하는 역기능도 지니고 있다. 여기에서는 심리학의 관점에서 언어가 인간에게 고통을 초래하는 역기능을 살펴보고자 한다.

1) 언어와 자기의식

언어의 구조는 인간의 사고를 반영할 뿐만 아니라 인간의 사고에 강력한 영향을 미친다. 지구상에는 무수하게 많은 언어가 존재하고 각기 다른 문법구조를 지니고 있다. 그러나 놀라운 것은 전 세계의 언어에 공통적인 특징이 있다는 점이다. 그린버그(Greenberg)[29]에 따르면, 전 세계의 언어는 세 종류의 어순, 즉 주어+목적어+동사(SOV), 주어+동사+목적어(SVO), 동사+주어+목적어(VSO)로 구별된다. 이 중에서 VSO 순서의 언어는 매우 드물고, 대부분의 언어는 SVO나 SOV의 어순을 갖는다. 촘스키(Chomsky)[30]는 인간 언어가 보편성을 지니는 이유는 진화과정에서 발달한 생물학적 기제에 의해서 모든 인간이 공통의 상징 조작체계를 지니고 있기 때문이라고 주장했

---

29 Greenberg, J. H. (1963). *Universals of language*. MIT Press.

30 Chomsky, N. (1986). *Knowledge of language: Its nature, origin, and use*. Praeger.

다. 인간이 다양한 언어를 습득할 수 있는 것은 보편 문법(universal grammar)이라고 부르는 공통의 상징 조작체계가 존재하기 때문이라는 것이다.

언어는 매우 다양한 형태의 문장으로 생성될 수 있지만, 기본적인 구성요소는 주어, 동사, 보어, 목적어이다. 주어와 동사로 이루어지는 1형식 문장(예: "나는 학교에 간다." "내가 뛰어간다." "해가 떠오른다.")은 주체가 행위를 한다는 사고방식을 반영한다. 보어가 포함되는 2형식 문장(예: "내 이름은 ○○○이다." "나는 불교신자다." "그 사람은 농부다." "그 사람은 부자다.")은 주어에 대한 추가적 정보를 제시한다. 2형식 문장은 개인의 정체감을 형성하는 기반이 된다. "당신은 누구입니까?"라고 물으면 "나는 ~입니다"라는 2형식 문장으로 대답하면서 자신을 이름, 외모, 심리적 속성, 사회적 신분과 동일시하게 된다. 목적어를 포함하는 3형식 문장(예: "나는 아내를 사랑한다." "아내는 벌레를 싫어한다.")은 주체가 객체를 대상으로 행위한다는 의미를 담고 있다. 간접목적어와 직접목적어를 포함하는 4형식 문장(예: "나는 아내에게 선물을 주었다." "스님이 나에게 법문을 해주셨다.")은 주어가 하는 행동으로 인해서 수혜를 받는 대상과 수혜의 내용을 제시하고 있다. 목적어와 목적격 보어를 포함하는 5형식 문장(예: "나는 그 사람이 좋은 사람이라고 생각한다." "스님은 나의 마음을 평안하게 해주신다." "사람들은 그 사람을 ○○○라고 부른다.")은 주체가 타자의 상태나 행위에 대한 인식을 내포하고 있다.

언어를 배운다는 것은 개인이 속한 문화의 세계관과 관습을 학습하고 내면화하는 과정이다. 인간의 자기의식은 주어와 동사로 구성되는 언어구조와 밀접하게 연관되어 있다. 인간은 오랜 진화과정에서 생존을 위해 육체를 경계로 자신을 타자와 구분하고 행위의 주체로 생각하는 '자기의식'을 마음의 심층구조에 장착하고 있는지 모른다. 그러한 자기의식을 반영하여 언어는 주어와 동사의 기본구조를 갖게 되었는지 모른다. 그러나 우리는 태어나면서부터 주어와 동사로 구성된 언어를 습득하고 매일 그러한 언어를 사용하면서 자기의식을 더욱 굳건하게 내면화하고 있다. 말이든 글이든, 주어와 동사로 구성된 언어의 반복적 사용은 자기의식을 더욱 강화하게 된다.

인간은 혼자 있든 타인과 함께 있든 끊임없이 중얼거린다. 내면적 중얼거림이 바로 생각이다. 인간의 사고는 내면적인 중얼거림이자 재잘거림이다. 이러한 문장을 수없이 반복적으로 사용하는 인간은 '나'라는 자기의식과 더불어 주객主客과 능소能所를 구분하는 사고방식을 마음에 깊이 각인하게 된다. 인간의 기본적 의식구조는 언어교육을 통해서 대대손손 세습되고 더욱 강화된다.

미국의 심리학자인 마크 리어리(Mark Leary)[31]는 『자기의 저주』라는 저서를 통해서 자기의식과 자기애가 삶에 미치는 다양한 부정적 영향을 제시하고 있다. 그에 따르면, 자기(self)는 우리의 가장 커다란 지원군이자 가장 강력한 적이다. 자기의 출현은 우리 조상이 다른 종에 대한 우위를 지닐 수 있는 진화적 이점을 주었으며 오늘날의 문화와 문명을 발달시키는 데 기여했다. 그러나 자기의식을 갖는 것이 항상 축복인 것만은 아니다. 자기인식 능력은 인간에게 많은 혜택을 제공했지만 행복과 성장을 저해하는 커다란 대가를 치르게

---

31 Leary, M. R. (2004). *The curse of the self: Self-awareness, egotism, and the quality of human life.* Oxford University Press.

만들었다.

자기의식은 자신에 관한 지각을 왜곡하여 잘못된 선택과 결정에 이르게 한다. 자신의 과거에 대해서 반추하고 미래를 상상하게 함으로써 우울, 불안, 분노, 질투와 같은 부정 정서의 고통을 유발한다. 이기성과 자기중심성은 사람들로 하여금 자신의 단점에 눈멀게 하고, 자신에게 유리한 편향성을 조장하며, 다른 사람들과의 관계를 손상시킨다. 또한 자기의식은 자신과의 관련성에 따라 사람들을 내집단과 외집단으로 분리하여 사회적 갈등을 만들어낸다. 종교와 영성에 있어서도 이기적인 자기는 영적 성장을 방해하고 부도덕한 행동으로 인도하는 가장 강력한 훼방꾼이다.

이처럼 자기의식은 인간의 자연스러운 기능을 방해하고 고통스러운 감정을 유발하며 사회적 갈등과 투쟁을 증폭시킨다. 이런 점에서 자기의식은 인간에게 축복인 동시에 저주이기도 하다. 자기의식으로 인한 가장 고통스러운 대가는 죽음 불안이다. 인간은 다른 동물과 달리 자신의 죽음을 인식한 상태에서 살아가야 하는 가장 고통스러운 저주를 받았다.

죽음 불안은 인간사회에 종교가 생겨나도록 만든 가장 중요한 심리적 요인이다. 죽음의 문제, 즉 죽음 불안을 해소하는 것은 종교의 중요한 역할이자 기능이다. 불교 역시 생로병사의 괴로움에서 벗어나 해탈을 추구하는 종교다. 석가모니 부처님 역시 자기의식을 지닌 한 인간으로서 생사의 문제를 해결하기 위해 출가하여 치열하게 수행했다. 수행 끝에 도달한 깨달음 중 하나는 제법무아諸法無我다. 모든 것은 인연화합으로 이루어진 것이기 때문에 '나'라고 할 것이 없는데,

우리 인간은 자기에 집착하고 자기 존재의 소멸을 두려워한다. 부처님의 가르침에 따라 '무아無我'의 진실을 마음 깊이 받아들이면 죽음 불안에서 벗어날 뿐만 아니라 자유로운 삶으로 나아갈 수 있다. 그러나 무아의 진리를 진정으로 받아들이는 일은 참으로 어렵다. '나'라는 주어로 시작되는 말과 글을 매일 사용하는 사람들에게는 무아를 받아들이는 것이 결코 쉽지 않다.

2) 언어와 인지적 융합

언어는 현실을 상징하는 기호에 불과하다. 그러나 언어는 현실을 대신하는 강력한 힘을 지님으로써 인간의 삶에 심각한 부정적인 영향을 미친다. 더 정확하게 말하면, 인간은 현실을 대신하는 막강한 권력을 언어에 부여함으로써 언어의 노예가 되고 있다. 말은 말일 뿐 현실이 아님에도 불구하고 인간은 말을 현실로 받아들여 희로애락의 늪에 빠져들고 있다.

(1) 인지적 융합

우리는 '레몬'이라는 단어를 들으면, 노란 레몬을 떠올리고 입에는 침이 고이며 신맛에 얼굴을 찡그리기도 한다. 단지 소리에 불과한 '레몬'이라는 단어는 과일인 실재의 노란 레몬과 어떤 관련성이 있는 것일까? 또한 '레몬'이라는 소리는 어떻게 우리에게 노란 레몬의 모습을 떠올리고 그 신맛을 느끼며 침까지 흘리게 만드는 것일까?

언어 현상은 세 요소의 상호작용으로 이루어진다. 기호체(sign), 지시체(object), 의미체(sense)의 상호작용으로 이루어진다.[32] 기호체는 어떤 대상을 지시하는 소리나 글을 의미하며, 예를 들어 "레몬"이나 "똥"이라는 말이나 글자를 뜻한다. 지시체는 그러한 말이나 글자가 가리키는 사물로서의 대상을 의미하며 실재의 레몬이나 똥을 말한다. 의미체는 언어와 대상을 한데 묶어내는 의미를 의미하며 언어가 지시하는 대상을 마음에 떠올리는 심리적 표상을 뜻한다.

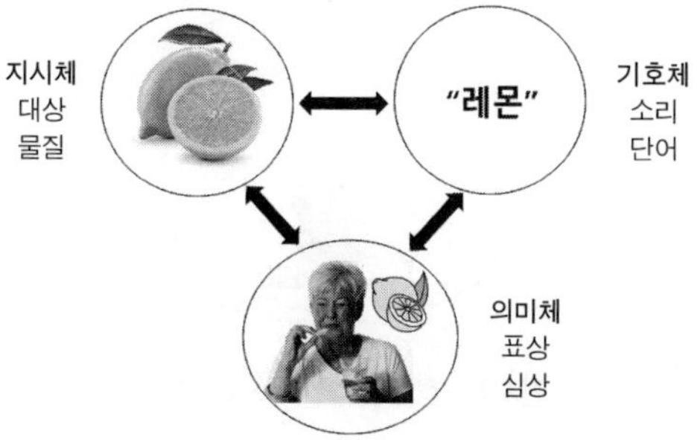

[그림 2] 언어 현상의 삼자관계

과일인 레몬을 처음 맛보는 사람은 감각적 경험을 통해서 그 과일의 색깔이 노랗고 신맛이 난다는 것을 알게 된다. 그리고 그 과일의 이름이 '레몬'이라는 것으로 배운다. 그러한 학습이 이루어지면 '레몬'이라는 소리만 들어도 노란색을 떠올리고 신맛을 느낀다. 레몬에 대한 기호체, 지시체, 의미체 간의 연합이 이루어진 것이다.

사실 '레몬'이라는 소리와 실재의 과일인 레몬 간에는 아무런 관계가 없다. 다만 인간사회에서 그 과일을 '레몬'이라고 지칭하기로 한 사회

---

32 김주환, 『내면소통: 삶의 변화를 가져오는 마음근력 훈련』, 인플루엔셜, 2023, pp.318~319.

적인 약속일 뿐이다. 인간의 마음은 '레몬'이라는 소리를 들으면 과일 레몬의 모양과 맛을 표상으로 떠올리고 그러한 표상을 통해서 실제로 과일을 보고 맛본 것과 유사한 경험을 유발한다. 마음이 대상과 언어를 연결하는 것이다. 심리학에서는 이러한 현상을 인지적 융합(cognitive fusion)이라고 한다.

인지적 융합(Cognitive Fusion)

인지적 융합은 인지적 사건(생각, 심상, 감정)에서 기인한 의미에 갇혀버리는 심리적 현상을 의미한다. 인지적 융합에서 중요한 역할을 하는 것이 바로 언어다. 그 대표적인 예가 한 인간을 대신하는 '이름'이다. '김 아무개'라는 이름은 문자이자 소리일 뿐인데 그 이름은 한 사람의 인생과 존재 전체를 대신하게 된다. '입신양명立身揚名'이라는 말이 있듯이, 사람들은 출세하여 자신의 이름을 날리고 나아가서 역사에 이름을 남기려 한다. 역사에 이름을 남기는 것은 죽은 후에도 사람들의 입에 회자되면서 살아남는 불멸不滅의 의미를 지니는 것으로 여겼다. 또한 과거에는 조상이나 신분이 높은 사람의 이름을 함부로 부르지 못하게 했다. 족보에는 조상의 이름 앞에 함부로 부르지 말라는 의미로 '휘諱' 자를 붙였다. 아랫사람이 높은 분의 이름을 부르는 것은 그 사람의 가치를 떨어뜨리는 것이라고 생각했기 때문이다. 이름과 관련된 인지적 융합 중 하나가 욕이다. "김 아무개는 개새끼"라는 욕은 개인을 모독하는 행위이며, 이러한 욕을 먹은 사람은 자신이 모독당한 것으로 여겨 분노한다. 이처럼 인간은 이름이 개인의 존재와 삶 전체를 대신하는 것으로 동일시하며 이름을 소중하게 여기고 있다.

(2) 인지적 융합과 정신병리

인지적 융합은 인간의 다양한 경험에 강력한 영향을 미치고 있다. 심리학자들은 심리적 고통을 유발하는 여러 가지 현상에 인지적 융합이 관여하고 있음을 밝히고 있다. 특히 인지행동적 입장을 지닌 심리학자들은 불안장애, 강박장애, 우울증을 비롯한 여러 정신장애뿐만 아니라 만성통증과 신체적 기능장애에도 인지적 융합이 관련되고 있음을 실증적으로 입증하고 있다.[33]

범불안장애(generalized anxiety disorder)는 불안장애의 한 유형으로서 매사에 걱정이 너무 많아서 항상 불안을 느끼며 중요한 일에 집중하지 못하고 피로와 다양한 신체적 증상을 나타내는 심리적 장애이다. 범불안장애를 지닌 사람들은 사소한 자극에서 위험 가능성을 민감하게 포착하고 심각한 위험이 발생할 수 있다고 생각하면서 걱정과 불안에 빠져들게 된다. 이러한 범불안장애를 지닌 사람들의 인지적 특징 중 하나는 위험하다는 생각을 실제로 발생한 위험과 동일시하는 사고-사건 융합(thought-action fusion)이다. 예컨대 10대의 딸을 둔

---

33 권석만, 앞의 책, pp.159~211.

어머니는 예정 시간에 귀가하지 않는 딸에게 전화하여 연결되지 않으면 '우리 딸이 못된 놈들에게 끌려가 폭행을 당하는 것은 아닐까?'라는 생각을 떠올린다. 그러한 생각을 하는 순간, 실제로 딸에게 그러한 일이 벌어진 것처럼 온몸이 긴장되면서 심장이 떨리고 숨이 가빠지고 심한 불안을 느낀다. 가만히 있으면 안 될 것 같아 딸의 친구들에게 전화하고 집 밖으로 나가 동네를 돌아다니고 경찰서에 신고하려고 한다. 물론 이 경우에 딸에게 그러한 일이 벌어지지 말란 법은 없다. 그러나 그러한 걱정은 가능성이 매우 희박한 생각에 불과하지만 어머니의 몸과 마음에 실제로 그러한 일이 벌어진 것과 유사한 부정적인 영향을 미치고 있는 것이다.

강박장애(obsessive compulsive disorder)는 원하지 않는 불안한 생각이 자꾸 떠올라 고통을 겪을 뿐만 아니라 그러한 생각을 지우기 위해서 부적절한 행동을 반복하는 심리적 장애다. 예컨대 우연히 마음에 근친상간적인 생각(예: 형제자매에게 성적 접촉을 하고 싶은 충동이나 심상)이 떠오른 사람은 그러한 생각을 하는 것이 실제로 그러한 행위를 하는 것과 같다고 여기면서 심한 불안과 죄책감을 느낀다. 이러한 생각이 떠오르지 않게 하기 위해서 다양한 강박행동(예: 숫자세기, 경전 읽기, 미신적 행동하기)을 하게 된다. 인간의 마음에는 하루에도 오만가지 잡생각이 떠오르고 지나간다. 좋은 생각도 하지만 때로는 음란한 생각, 공격적 생각, 불안한 생각이 떠오르고 사라진다. 강박장애를 지닌 사람들의 인지적 특징 중 하나는 부정적인 생각을 하는 것이 부정적인 행위를 한 것과 다르지 않다고 여기는 사고-행위 융합(thought-action fusion)이다. 사고-행위 융합은 두 가지 유형으로 구분되는데, 그 첫째는 도덕적 융합(moral fusion)으로서 음란한 생각을 하는 것은 도덕적으로 음란한 행위를 하는 것과 다르지 않다는 믿음이다. 둘째는 발생가능성 융합(likelihood fusion)으로서 음란한 생각을 하게 되면 실제로 음란한 행위를 하게 될 가능성이 높아진다는 믿음이다. 생각은 생각일 뿐인데 생각을 실제적 행위와 동일시함으로써 그러한 생각에 대해서 심한 불안과 책임감을 느끼고 그러한 생각을 제거하기 위한 노력을 기울이게 된다. 그러나 불행하게도 사고억제의 역설적 효과(ironic effect of thought suppression)에 의해서 그러한 생각이 의식에 더 자주 떠오르면서 고통 속에 빠져드는 심리적 문제가 강박장애다.

(3) 인지적 탈융합

인지적 융합은 생각에 사로잡히는 것을 의미한다. 대부분의 심리적 장애는 현실을 과장하거나 왜곡하는 생각에 사로잡혀 발생한다. 생각은 생각일 뿐 현실이 아니다. 말은 말일 뿐 실재가 아니다. 이렇게 언어와 생각의 굴레에서 벗어나는 것을 심리학에서는 인지적 탈융합(cognitive defusion)이라고 한다. 최근에 심리치료 분야에서 각광을 받고 있는 수용전념치료(Acceptance Commitment Therapy: ACT)[34]는 인지적 융합을 여러 가지 심리적 장애의 유발 요인으로 여기고 있으며 인지적 탈융합을 통해서 심리적 장애를 치료하고 있다.

---

34 Hayes, S. C., Strosahl, K. D., & Wilson, K. G. (2011). *Acceptance and commitment therapy: The process and practice of mindful change.* Guilford Press.

수용전념치료는 여러 심리적 장애뿐만 아니라 만성통증과 같은 신체적 문제의 치료에도 적용되고 있다. 만성통증을 경험하는 사람들은 육체적 통증뿐만 아니라 이러한 통증이 심각한 신체적 문제와 연결되어 있거나 통증이 앞으로 더 심각해져서 치료되지 않을 수 있다는 파국적인 생각(예: "나는 더 이상 통증을 참을 수 없어." "심각한 질병이 있을지 몰라." "통증이 앞으로 더 심해질 거야.")을 하는 경향이 있다. 이러한 파국적인 생각을 더 많이 할수록, 그리고 이러한 생각이 현실을 반영한다고 더 강하게 믿을수록, 신체적 통증과 더불어 더욱 강한 불안과 괴로움을 경험하게 된다.

그러나 여러 연구에서 인지적 탈융합을 통해 만성통증 환자의 통증 강도와 기능 장해가 감소되었음이 보고되고 있다.[35] 통증과 관련된 파국적인 생각을 그저 생각일 뿐이라고 여기는 인지적 탈융합 훈련을 하게 되면 통증과 불안이 현저하게 감소한다. 수용전념치료에서는 마음챙김, 상징적 비유, 구체적인 사례 제시 등의 다양한 기법을 통해서 인지적 탈융합을 훈련한다. 인지적 탈융합 훈련을 통해서 통증에 대한 인내력이 증가하고 통증을 느끼는 역치 수준이 높아졌다.[36]

---

35 Solé, E., Tomé-Pires, C., de la Vega, R., Racine, M., et al. (2016). Cognitive fusion and pain experience in young people. *Clinical Journal of Pain, 32,* 602-608.

36 Keogh, E., Bond, F. W., Hanmer, R., et al. (2005). Comparing acceptance- and control-based coping instructions on the cold-pressor pain experiences of healthy men and women. *European Journal of Pain, 9,* 591 - 598.

생각은 생각일 뿐 현실이 아님에도 불구하고, 인간은 언어를 매개로 한 인지적 융합을 통해서 생각에 사로잡혀 살아간다. 불교는 괴로움을 유발하는 인지적 융합에서 벗어나라는 가르침과 수행법을 제시하고 있다. 『금강경』의 유명한 구절인 "일체유위법 여몽환포영 여로역여전 응작여시관(一切有爲法 如夢幻泡影 如露亦如電 應作如是觀)"은 인지적 융합에서 빠져나와 인지적 탈융합으로 나아가라는 의미로 해석될 수 있다.

3) 언어와 이분법적 사고

언어적 개념은 대부분 이분법적 범주에 근거하고 있으며 이분법적 사고를 조장한다. 우리는 초등학교에서부터 비슷한 말과 함께 반대말을 배운다. 삶과 죽음, 옳음과 그름, 선함과 악함, 아름다움과 추함 등과 같이 우리가 사용하는 대부분의 언어는 흑백 논리에 근거하고 있다. 이러한 언어를 사용하는 사람들의 사고방식은 세상을 흑백 논리적으로 양극화하여 인식함으로써 극단적 감정과 행동을 유발할 수 있다.

(1) 이분법적 사고

이라크와의 전쟁을 유발한 미국의 43대 대통령인 조지 부시(George W. Bush)는 "당신은 우리를 지지하거나 반대하거나 둘 중의 하나다"라고 말한 바 있다. 미국의 우주항공학자인 에드워드 머피(Edward A. Murphy, Jr)는 "세상에는 두 종류의 사람이 있다. 사람들을 두 유형으로 구분하는 사람과 그렇지 않은 사람"이라고 말하기도 했다.[37]

이분법적 사고는 우리의 삶에 어떤 영향을 미칠까? 심리학자들은 이분법적 사고의 순기능과 역기능에 대해서 연구해 왔다. 이분법적 사고(dichotomous thinking)는 세상을 '흑 아니면 백', '선 아니면 악', '전부 아니면 전무'와 같은 두 개의 양극적인 것으로 생각하는 경향성을 의미한다. 이러한 이분법적 사고는 빠른 이해와 의사결정에 도움이 된다. 이분법적 사고는 모든 사회에 널리 퍼져 있다. 학생들은 수없이 많은 시험을 치르면서 OX 방식의 '정답 아니면 오답'으로 평가된다. 정치에서 이루어지는 투표는 어떤 제안에 대해서 '찬성 아니면 반대'를 하게 되어 있다. 법정에서도 피의자를 '유죄 아니면 무죄'로 판단된다.

인류의 조상은 낯선 사람을 만났을 때 그 사람이 자신에게 호의를 지닌 사람인지 아니면 악의를 지닌 사람인지를 신속하게 판단하여 그에서 접근할 것인지, 아니면 회피할 것인지를 결정하는 것이 생존에 도움이 되었을 것이다. 또한 그 사람이 자신보다 강한 사람인지 아니면 약한 사람인지를 판단하여 그 사람에게 의지할 것인지, 아니면 공격할 것인지를 판단하는 데는 이분법적 사고가 도움이 되었을 것이다.

이분법적 사고는 불확실성에 대한 인내 부족(intolerance to uncertainty)과 관련되는 것으로 알려지고 있다.[38] 불확실성에 대한 인내가 부족한 사람들은 모호한 상황을 위협으로 인식하고 불쾌감과 불안

---

37 Oshio, A. (2009). Development and validation of the dichotomous thinking inventory. *Social Behavior and Personality, 37*, 729-742.

38 Dugas, M. J., Freeston, M. H., & Ladouceur, R. (1997). Intolerance of uncertainty and problem orientation in worry. *Cognitive Therapy and Research, 21,* 593-606.

감을 느낀다. 따라서 이들은 '지금 여기'의 상황을 있는 그대로 편안하게 받아들이지 못할 뿐만 아니라 미래에 부정적인 사건이 일어날 수도 있다는 점을 수용하지 못하고 걱정하게 된다. 이러한 사람들은 이분법적 사고를 통해서 불확실성의 불안감에서 벗어나려 할 뿐만 아니라 불확실한 상황에 극단적인 정서와 행동으로 반응하게 된다.

(2) 이분법적 사고와 정신병리

이분법적 사고는 신속한 의사결정의 장점이 있지만 여러 가지 부정적인 심리적 결과를 초래하는 것으로 알려지고 있다. 이분법적으로 판단하는 사고 성향은 개인마다 그 정도가 현저하게 다르다. 이분법적 사고 성향이 높은 사람들은 우울증, 불안장애, 섭식장애, 성격장애를 비롯한 여러 가지 정신병리를 나타낼 가능성이 높다.

인지치료의 창시자인 아론 벡(Aaron Beck)[39]에 따르면, 우울증을 비롯한 대부분의 정신장애는 현실을 부정적으로 과장하거나 왜곡하는 인지적 오류(cognitive error)와 관련되어 있다. 가장 대표적인 인지적 오류가 이분법적 사고 또는 흑백 논리적 사고다. 예컨대 다른 사람이 "나를 좋아하는가 아니면 싫어하는가"의 이분법적 기준으로 판단하는 사람은 어떤 사람이 환한 미소를 지으며 자신을 반겨주지 않으면 그 사람이 자신을 싫어한다고 생각하여 부정 정서를 경험하게 된다. 다른 사람을 "내 편 아니면 적 편"으로 판단하는 사람은 자신의 의견에 분명한 지지를 보내지 않는 모든 사람을 잠재적인 적으로

39 Beck, A. T., Rush, A. J., Shaw, B. F., & Emery, G. (1979). *Cognitive therapy of depression*. Guilford Press.

간주하여 불안과 분노를 경험하게 된다. 자신의 성취를 '성공 아니면 실패'로 판단하는 완벽주의자들은 5%의 부족도 실패로 간주하며 불만족에 빠진다.

성격장애는 다양한 하위유형으로 구분되는데, 경계선 성격장애와 같이 강렬한 감정과 행동을 나타내는 성격장애 역시 이분법적 사고와 관련되고 있는 것으로 알려져 있다.[40] 경계선 성격장애의 가장 큰 특성은 강렬한 애증을 나타내는 불안정한 인간관계다. 이러한 성격장애를 지닌 사람들은 호감을 느끼는 사람을 이상화하며 매우 강렬한 애정을 느끼며 적극적인 행동을 나타내지만, 상대방이 자신을 실망시키거나 거부하는 듯한 조짐을 느끼면 매우 강렬한 분노를 경험하며 공격 행동을 나타낸다. 이러한 인간관계를 반복적으로 나타내는 경계선 성격장애자들의 인지적 특성은 상대방을 '나를 사랑하는 천사인가 아니면 나를 미워하는 악마인가'로 판단하는 이분법적 사고다.[41]

정신분석학자들은 경계선 성격장애의 강렬한 애증이 '분리'라는 방어기제에 근거한다고 주장한다. 분리(splitting)는 선함과 악함의 양면성을 복합적으로 지니는 개인을 '선함만을 지닌 사람 아니면 악함만을 지닌 사람'으로 나누어 생각하는 것이다. 대상관계이론을 제시한 정신분석학자인 멜라니 클라인(Melanie Klein)[42]에 따르면, 분

---

40 Beck, A. T., & Freeman, A. (1990). *Cognitive therapy of personality disorders.* Guilford Press.

41 Oshio, A. (2012). An all-or-nothing thinking turns into darkness: Relations between dichotomous thinking and personality. *Japanese Psychological Research, 54.* 424-429.

리와 같은 극단적인 이분법적 사고방식은 생의 초기에 어머니와의 관계에서 기원한다. 어머니에게 전폭적으로 의존하는 영아는 어머니가 자신에게 호의적인 좋은 대상인지 아니면 악의적인 나쁜 대상인지를 판단하는 것이 중요하다. 대부분의 어머니는 자녀에게 호의적으로 대하지만 때로는 짜증과 거부 행동을 나타낼 수 있다. 인지적으로 미숙한 영아는 어머니가 선함과 악함을 동시에 지닌 존재라고 통합하여 인식하지 못하고 '선한 대상 또는 악한 대상'으로 분리하여 인식한다. 특히 정서적으로 불안정한 성격으로 인해서 자녀에게 강한 애정과 분노를 번갈아 표출하는 어머니에게서 양육된 사람은 분리를 주된 방어기제로 발달시키게 된다. 이러한 사람들은 다른 사람이 자신에게 호의적인 행동을 나타내면 그 사람을 '악함이 전혀 없는 완전히 선한 대상'으로 인식하며 강렬한 사랑의 감정을 경험하지만 거부적인 행동을 나타내면 '선함이 전혀 없는 완전히 악한 대상'으로 인식하며 강렬한 분노 감정을 경험하게 된다.

이처럼 이분법적 사고 성향이 강한 사람은 인간관계에서 애증의 갈등을 자주 경험하게 된다. 이들은 다른 사람을 '너무 좋은 사람' 또는 '너무 나쁜 사람'으로 인식하여 극단적 감정과 행동을 나타내기 때문이다. 경계선 성격장애를 지닌 사람들은 사람뿐만 아니라 다양한 대상이나 행위에 대해서 '모 아니면 도'의 양극적인 태도를 나타낼 뿐만 아니라 모호한 태도를 나타내는 사람들을 '회색분자'로 매도하며 혐오한다.

---

42 Klein, M. (1932). *The psychoanalysis of children*. Hogarth.

(3) 이분법적 사고의 극복

언어는 이분법적 개념에 근거하고 있을 뿐만 아니라 이분법적 사고를 조장하고 강화한다. 이분법적인 언어로 생각하고 말하는 사람들은 세상을 이분법적으로 인식하고 판단하게 된다. 이분법적 인식은 현실을 과도하게 단순화한 왜곡으로서 극단적인 감정과 행동을 유발한다. 개인이 겪는 심리적 고통뿐만 아니라 사회와 국가 간의 갈등과 반목은 이분법적 사고에 기인한 극단적인 감정과 행동에 의해서 유발되는 경우가 많다.

삐아제[43]에 따르면, 인간이 세상을 인식하는 사고방식은 연령이 증가함에 따라 특정한 방향으로 발달한다. 인지발달의 방향은 이분법적 사고에서 다분법적 사고로, 질적인 범주적 사고에서 양적인 수량적 사고로, 단차원적 사고에서 다차원적 사고로, 그리고 일방향적인 인과적 사고에서 양방향적인 인과적 사고로 나아간다. 고도의 인지적 성숙을 이룬 사람은 현실의 다차원적 속성을 깊이 인식하기 때문에 극단적인 방향으로 편향되지 않는 유연한 자세를 지니게 된다. 선함에서 악함을 보고, 악함에서 선함을 보기 때문이다. 선함은 악함으로 변할 수 있고, 악함은 선함으로 변할 수 있다. 또한 한 사람에게 선함으로 인식되는 것이 다른 사람에게는 악함으로 인식될 수도 있다. 그야말로 '선즉시악 악즉시선(善卽是惡 惡卽是善)', 즉 선함이 바로 악함이고 악함이 역시 선함일 수 있는 것이다.

불교는 이분법적 사고를 극복하기 위해서 양변兩邊에 집착하지

---

43 Piaget, J. (1950). *The psychology of intelligence*. Routledge.

않는 중도中道의 자세를 강조하고 있다. '생사불이生死不二'나 '색즉시공色卽是空'과 같은 불교적 표현은 중생들이 물들어 있는 이분법적 사유를 초월한 경지를 보여 주는 언어라고 할 수 있다. 변화무쌍한 세상에서 평정심을 유지하려면 이분법적 사고를 극복하는 것이 중요하다. 평정심을 유지하기 가장 어려운 상황은 가족을 비롯하여 가까운 사람과 갈등하는 경우다. 이분법적 사고의 위험성을 잘 인식하고 '선즉시악 악즉시선'의 마음으로 대하면 평정심에 가까워질 수 있다. 예컨대 지금 나에게 분노를 표출하고 있는 배우자는 과거에 나를 사랑했고 나 역시 뜨겁게 사랑했던 바로 그 사람일 뿐만 아니라 미래에 나와 함께 여생을 같이할 사람이기도 하다. 또한 지금 나에게 애정을 나타내고 있는 배우자는 과거에 나를 화나게 했을 뿐만 아니라 앞으로도 언제든 나를 힘들게 할 수 있다. 좋은 배우자 즉 나쁜 배우자이며, 나쁜 배우자 즉 좋은 배우자일 수 있는 것이다. 이러한 중도의 자세를 마음 깊이 굳건하게 내면화한 사람은 배우자의 일시적인 행동에 정서적 동요를 경험하지 않고 평정심을 유지하며 여여如如하게 살 수 있을 것이다.

4) 언어와 심리적 경직성

언어는 의사소통의 도구일 뿐만 아니라 교육의 주된 수단이다. 부모는 언어를 통해 자녀를 가르치고, 교사는 언어를 통해 학생을 가르치고, 종교지도자는 언어를 통해 신자를 가르친다. 언어는 지식과 지혜를 전승하는 유용한 도구가 될 수도 있지만 강자가 약자에게 자신의 신념을 강요하고 통제하는 폭력적 도구로 악용될 수도 있다.

(1) 언어의 권위와 계율

모든 종교에는 문자로 기록된 경전이 있다. 기독교의 경우, 성경의 창세기(1장 3절)에는 "하나님이 이르시되 '빛이 있으라' 하시니 빛이 있었다(God said, "Let there be light." and there was light.)"라는 구절이 있다. 하나님은 말씀으로 세상 만물을 창조한 것으로 기술되고 있다. 또한 요한복음 1장 1절에는 "태초에 말씀이 계시니라"라는 구절이 있다. 이 구절에서 '말씀'은 무엇을 의미하는 것일까? 이 구절은 "이 말씀이 하나님과 함께 계셨으니 이 말씀은 곧 하나님이시니라"는 문장으로 이어진다. 말씀이 곧 하나님이라는 것이다. 언어가 단순히 의사소통의 수단이 아니라 언어 사용자의 권위이자 명령인 동시에 언어 사용자의 존재 자체를 대신하는 것으로 승격되는 것이다. 말씀을 기록한 성경이 곧 하나님이고, 성경을 보는 것은 하나님을 만나는 것이다. 따라서 말씀에 순종하라는 메시지가 담겨져 있다.

강자의 말씀은 단순한 언어가 아니라 강자 자체인 것이다. 부모님의 말씀은 곧 부모님 자체이며, 스승의 말씀은 곧 스승 자체인 것이다. 부모님의 말씀을 따르지 않으면 불효不孝하는 것이고, 스승의 말씀을 어기면 불충不忠하는 것이다. 종교지도자 중에는 자신의 이익 추구를 위해 경전의 문구를 견강부회하여 해석하며 신자들을 현혹하는 경우가 드물지 않다. 이처럼 언어는 화자話者와 동일시되어 청자聽者의 행동을 통제하는 역할을 하게 된다.

모든 종교는 계율을 지니고 있다. 반드시 해야 하는 행동과 결코

해서는 안되는 행동이 계율로 제시되고 있다. 이러한 계율은 종교의 최고 권위자에 의해서 주어진 것이며 신자들에게는 그러한 계율을 지켜야 하는 의무가 주어진다. 종교적 계율을 불문율로 내면화하고 살아가는 사람들의 정신세계는 어떠할까? 독실한 종교인이 어쩌다 계율을 어기게 되면 그 사람의 마음에는 어떤 일이 벌어질까?

인간은 대화적 존재로서 혼자 있을 때도 속말로 중얼거린다. 생각의 대부분은 누군가와 말을 주고받는 내면적 대화로 이루어진다. 이러한 내면적 대화의 주된 상대가 누구냐는 것이 개인의 정신세계에서 매우 중요하다. 그 상대는 어머니 또는 아버지, 친구, 연인, 스승일 수도 있고 때로는 하나님이나 부처님일 수도 있다. 기도祈禱는 개인이 신앙하는 초월적 존재와 내면적으로 주고받는 대화라고 할 수 있다. 내면적 대화의 주된 상대가 호의적이고 지지적인 존재인가 아니면 비판적이고 징벌적인 존재인가에 따라 개인의 삶이 현저하게 달라진다. 예컨대 내면적인 대화 상대가 비판적인 권위적 존재인 사람은 자신의 사소한 실수를 자책하거나 타인의 비판과 질책을 걱정하는 부정적인 사고를 자주 하기 때문에 평소에 우울감이나 불안감을 경험할 가능성이 높다.

(2) 심리적 경직성과 정신병리

심리학의 연구에 따르면, 정신병리를 지니는 사람들의 공통적 특징 중 하나는 심리적 경직성을 지닌다는 점이다. 심리적 경직성(psychological rigidity)은 자신이 지니는 신념, 태도, 습관을 변화시키는 것에 대해서 강렬하게 저항하는 성향을 의미한다. 심리적 경직성이 높은 사람들은 자신의 신념, 태도, 습관을 고수할 뿐만 아니라 이러한 것을 변화시키는 것이 매우 위험하거나 고통스러운 결과를 초래할 것이라고 믿는다. 이러한 심리적 경직성은 대부분의 경우 부모를 비롯하여 권위적인 인물의 계율적 언어를 통해서 학습된 것이다.

합리적 정서행동치료(REBT)를 제시한 앨버트 엘리스(Albert Ellis)[44]에 따르면, 정신장애로 고통받는 사람들은 대부분 "반드시 ~해야 한다"거나 "결코 ~해서는 안 된다"는 형태의 언어로 구성된 비합리적 신념(irrational beliefs)을 지니고 있다. 비합리적 신념은 융통성이 없는 절대적이고 완벽주의적인 계율의 형태를 띠고 있다. 사람마다 매우 독특한 내용의 비합리적 신념을 지니지만, 가장 흔한 비합리적 신념은 자신, 타인, 세상에 대한 당위적 요구(demandingness)다. 예컨대 자신에 대한 당위적 요구는 "나는 다른 사람들로부터 특별한 대우와 존중을 받아야 한다", "나는 모든 일에서 성공해야 한다", "나는 절대로 다른 사람에게 비난받을 일을 해서는 안된다"와 같은 신념으로 이루어진다. 타인에 대한 당위적 요구는 "사람들은 항상 나를 존중해 주어야 한다", "진정한 친구라면 항상 내 편을 들어줘야 한다", "사람들은 항상 도덕적으로 선하게 행동해야 한다", "그렇지 않으면 나쁜 사람이며 징벌을 받아야 한다"와 같은 신념이다. 세상에 대한 당위적 요구의 예로는 "사회는 항상 공정하고 정의로워야 한다", "세상은 항상 내가 원하는 방향으로 돌아가야 한다", "그렇지 않은 사회나 세상은 혐오스러우며 참을 수 없다"와 같은 신념이 있다.

---

44 Ellis, A. (1962). *Reason and emotion in psychotherapy.* Lyle Stuart.

당위적 요구를 지니는 사람들은 그러한 요구가 충족되지 않았을 때 결과를 파국화하여 "결코 있어서는 안 될 끔찍한 일"이 발생했다고 과장한다. 또한 이들은 좌절에 대한 인내력이 낮아서 당위적 요구가 좌절된 상황을 "도저히 견딜 수 없다"고 여긴다. 따라서 당위적 요구를 충족시키지 못한 자신이나 타인에 대한 질책으로 이어진다. 당위적 계율을 지키지 못한 자신은 타락한 죄인이고, 당위적 계율을 어긴 다른 사람은 사악한 존재이며 비난과 처벌을 받아야 한다고 생각한다.

이러한 비합리적 신념과 당위적 요구는 심리적 경직성을 유발하여 우리의 삶을 고통과 불행으로 몰아가게 된다. 자신, 타인, 세상에 대한 당위적 요구는 현실에서 충족될 수 없는 것이기 때문에 필연적으로 좌절될 수밖에 없기 때문이다. 엘리스는 절대적이고 당위적인 비합리적 신념을 정서장애의 근원이라고 여겼으며 정신분석가인 카렌 호나이(Karen Horney)[45]도 이러한 신념을 '당위의 폭정(tyranny of should)'이라고 지칭하며 신경증의 핵심이라고 주장했다.

(3) 심리적 유연성

심리학자들은 정신건강을 위해서 심리적 유연성이 중요함을 강조하고 있다. 심리적 유연성(psychological flexibility)은 개인이 소중하게 여기는 목표의 성취를 촉진하는 방식으로 상황에 대처하는 경향성을 의미한다.[46] 인생의 다양한 과제와 도전에 대처하는 가장 지혜로운

---

45 Horney, K. (1946). *Our inner conflicts: A constructive theory of neurosis.* Routledge.

46 Doorley, J. D., Goodman, F. R., Kelso, K. C., & Kashdan, T. B. (2020).

방법은 무엇일까? 수많은 종교인과 철학자, 그리고 현대의 멘토들은 여러 가지 지혜와 대처방법을 제시하고 있다. 그러나 결국 최선의 대답은 대처방법이 '그때그때 다르다'는 것이다. 고난과 역경에 대처하는 효과적인 방법은 추구하는 목표와 변화하는 상황적 요인에 따라 그때그때 다르다는 것이다.

권위적 인물에 의해서 당위적 명제의 형태로 제시된 계율적인 삶의 지침은 심리적 유연성을 저해하고 현실에 대한 적응과 삶의 질을 저하시킨다. 심리치료자들은 많은 사람이 당위적 계율의 감옥에 갇혀서 현실에 유연하게 적응하지 못할 뿐만 아니라 불필요하게 과도한 자책감과 죄의식을 느끼며 고통스럽게 살아가는 모습을 자주 목격하게 된다. 최근에 많은 심리치료자의 관심을 받고 있는 수용전념치료(ACT)[47]는 심리적 경직성을 완화하고 심리적 유연성을 증가시키는 데에 초점을 두고 있다. 수용전념치료는 내담자로 하여금 우울이나 불안과 같은 심리적 불쾌감을 수용하면서 자신이 소중하게 여기는 목표를 성취하는 데 전념하도록 돕는다. 많은 사람이 우울이나 불안과 같은 심리적 불쾌감을 회피하기 위해서 많은 시간과 에너지를 투여하기 때문에 자신이 진정으로 소중하게 여기는 가치를 실현하는 데에 전념하지 못하기 때문이다.

심리적 유연성을 잘 보여 주는 사례는 경허鏡虛 스님이 물이 불어난

Psychological flexibility: What we know, what we do not know, and what we think we know. Social and Personality Psychology Compass, 14, e12566 (https://compass.onlinelibrary.wiley.com/doi/pdf/10.1111/spc3.12566.)

47 Hayes, S. C., Strosahl, K. D., & Wilson, K. G. (2011). 앞의 책.

개울 앞에서 난처해하는 여인을 서슴없이 등에 업고 건네준 일이다. 경허 스님은 경직된 계율에 얽매지 않는 자유로움과 심리적 유연성을 보여준 것이다. 스님이 소중하게 여겼던 가치는 어려운 상황에 처한 사람을 도와 자비를 베푸는 것이었을 것이다. 비구는 여자를 가까이해서는 안 된다는 계율에 갇혀서 어려움에 처한 여인을 그저 바라보기만 하기보다는 자신이 소중하게 여기는 자비행을 위해서 여인의 어려움을 해결해 주었던 것이다.

불교는 자유를 추구하는 종교다. 2,600년 전의 고타마 싯다르타는 왕위를 이어야 한다는 아버지의 뜻을 거역하고 출가했다. 아버지의 권위나 교육적 가르침에 순종하기보다 자신이 가장 중요하게 여기는 가치에 전념하기 위해서 출가한 것이다. 싯다르타가 치열하게 수행한 이유는 생로병사를 비롯한 모든 굴레에서 벗어난 해탈의 대자유大自由를 얻기 위한 것이다. 훗날 열반을 앞둔 석가모니 부처님에게 제자 아난다가 "스승님이 열반에 드시면 우리 제자들은 무엇에 의지해야 합니까?"라고 물었을 때도 "너 자신과 진리를 등불로 삼아서 그것에 의지하라"는 '자등명 법등명(自燈明 法燈明)'의 뜻을 남겼다. 선불교의 임제臨濟 선사도 "부처를 만나면 부처를 죽이고 조사를 만나면 조사를 죽여라"는 살불살조殺佛殺祖의 정신을 강조했다. 심리학자의 관점에서 보면, 불교는 그 무엇에도 그 누구에게도 얽매이지 않는 자유로움과 심리적 유연성을 추구하는 종교라고 여겨진다.

5. 언어는 양날의 칼

언어는 양날을 가진 칼과 같다. 언어는 매우 유용한 도구이지만 불완전할 뿐만 아니라 위험한 도구이기도 하다. 언어는 다른 사람과 의사소통하고 새로운 지식을 배우는 데는 매우 유용한 도구이지만, 현실을 반영하기에는 불완전한 도구일 뿐만 아니라 현실을 왜곡하고 정신세계를 속박하는 위험한 도구이기도 하다. 진리는 언어로 정확하게 표현할 수 없고, 언어로 표현된 진리는 정확하지 않다. 언어는 인지적 융합, 이분법적 사고, 심리적 경직성을 촉발하여 인간을 고통과 불행으로 몰아가는 역기능을 지닌다.

세속에서 적응하고 성공하기 위해서는 언어라는 칼을 잘 사용하는 것이 매우 중요하다. 그러나 생로병사의 고통에서 벗어나 대자유를 추구하는 사람은 언어의 역기능을 잘 인식하고 언어에 의한 의식의 속박에서 벗어나는 것이 중요하다. 불교와 도교를 비롯한 동양의 종교는 언어를 경계하고 있다. 『도덕경』의 첫 장에서는 "도가도비상도道可道非常道", 즉 "도를 도라고 말하면 그것은 항상 올바른 도가 아니다"라는 표현을 통해서 언어를 경계하고 있다. 장자莊子도 "아는 자는 말하지 않고, 말하는 자는 알지 못한다"라고 말하고 있다. 불교, 특히 선불교에서는 '불립문자不立文字' '교외별전敎外別傳' '직지인심直指人心' '견성성불見性成佛'이라는 표현을 통해서 문자를 통한 개념적 이해보다 직접 경험을 통한 깨달음을 강조하고 있다.

인간의 성숙과정을 연구하는 심리학자들(예: Abraham Maslow, Lawrence Kohlberg, Roger Walsh, Ken Wilber)은 심리적 발달을 전인습

적, 인습적, 후인습적 단계로 구분하고 있다.[48] 전인습적 단계(pre-conventional stage)는 자기의식이 발달하지 않은 상태로서 사회적 인습과 언어에 대한 학습이 이루어지기 전의 미숙한 상태를 의미한다. 인습적 단계(conventional stage)는 명료한 자기의식을 형성할 뿐만 아니라 사회의 인습과 규범을 학습한 상태로서 대부분의 사람이 공유하는 일상적인 삶의 상태를 말한다. 이러한 인습적 단계에서는 언어를 잘 구사하는 것이 매우 중요하다.

동서양의 영적 수행자들은 인습적 단계를 인간이 도달할 수 있는 최선의 상태라고 여기지 않는다. 오히려 이러한 삶의 단계는 자아에 집착하고 사회적 인습에 의해 속박된 상태일 뿐만 아니라 인간의 잠재능력이 충분히 발현되지 못한 미숙한 상태라고 간주한다. 또한 인습적 단계에서 경험하는 것은 일종의 환상이라고 여긴다. 자아초월 심리학자들은 인간의 심리적 발달이 인습적 단계를 넘어 그 이상의 단계까지 나아갈 수 있다고 여긴다. 이러한 발달단계가 바로 후인습적 단계(postconventional stage)다. 후인습적 단계의 의식 수준에서는 개인적인 자아의식을 초월하기 때문에 무아 경험, 우주와의 합일 경험, 주관-객관의 이원성 초월과 같은 영적인 신비체험을 하게 된다. 이러한 수준에 이르기 위해서는 언어의 감옥에서 벗어나는 것이 중요하다.

생로병사의 고통에서 벗어나기 위해 깨달음을 추구하는 사람은 언어의 한계를 넘어서는 것이 중요하다. 불교에서 추구하는 궁극적인

---

48 권석만, 『현대 성격심리학』, 학지사, 2015, pp.700~703.

경지는 '언어도단 심행처멸(言語道斷 心行處滅)', 즉 언어의 길이 끊어지고 마음 가는 곳이 사라진 상태라는 언어로 표현되고 있다. 그러한 경지로 나아가기 위해서는 언어의 밧줄을 붙잡고 올라가야 한다. 언어를 통하지 않는 가르침은 드물 뿐만 아니라 언어로 표현되지 않는 깨달음은 공허하기 때문이다. 언어의 그물을 맴돌면서도 그 그물에 걸리지 않는 바람처럼 살고자 하는 것이 수행자의 삶인지 모른다. 언어도단과 심행처멸의 경지에 오르지 못하더라도 세상에서 건강하게 살아가기 위해서는 언어의 순기능을 잘 활용하는 동시에 언어의 역기능을 잘 이해하고 언어의 그물에 걸려들지 않는 것이 중요하다.

참고문헌

권석만, 『현대 성격심리학』, 학지사, 2015.

______, 『현대 이상심리학(3판)』, 학지사, 2023.

김주환, 『내면소통: 삶의 변화를 가져오는 마음근력 훈련』, 인플루엔셜, 2023.

정옥분, 『발달심리학: 전생애 인간발달』, 학지사, 2014.

American Psychiatric Association (2022). *Diagnostic and statistical manual of mental disorders (5th ed. -text revision).* Author.

Anglin, J. M. (1993). Vocabulary development: A morphological analysis. *Monographs of the Society for Research in Child Development, 58.* (10. Serial No. 238).

Beck, A. T. (1976). *Cognitive therapy and emotional disorders.* International Universities Press.

Beck, A. T., & Freeman, A. (1990). *Cognitive therapy of personality disorders.* Guilford Press.

Beck, A. T., Rush, A. J., Shaw, B. F., & Emery, G. (1979). *Cognitive therapy of depression.* Guilford Press.

Bohannon, J. N., Padgett, R. J., Nelson, K. E., & Mark, M. (1996). Useful evidence on negative evidence. *Developmental Psychology, 32*, 551-555.

Brewin, C. R., Dalgleish, T., & Joseph, S. (1996). A dual representation theory of posttraumatic stress disorder. *Psychological Review, 103*, 670-686.

Brown, R. (1973). A *first language: The early stages.* Harvard University Press.

Bruner, J. S. (1983). *Child talk.* W. W. Norton.

Chomsky, N. (1957). *Syntactic structures.* Mouton.

Chomsky, N. (1986). *Knowledge of language: Its nature, origin, and use.* Praeger.

Curtiss, S. (1977). *Genie: A psycholinguistic study of a modern-day "wild-child"*. Academic Press.

Doorley, J. D., Goodman, F. R., Kelso, K. C., & Kashdan, T. B. (2020). Psychological flexibility: What we know, what we do not know, and what we think we know. *Social and Personality Psychology Compass, 14*, e12566 (https://compass.onlinelibrary.wiley.com/doi/pdf/10.1111/spc3.12566.)

Dugas, M. J., Freeston, M. H., & Ladouceur, R. (1997). Intolerance of uncertainty and problem orientation in worry. *Cognitive Therapy and Research, 21*, 593-606.

Ellis, A. (1962). *Reason and emotion in psychotherapy*. Lyle Stuart.

Fodor, J. A. (1975). *The language of thought*. Harvard University Press.

Gleitman, L., & Papafragou, A. (2013). Relations between language and thought. In D. Reisberg (Ed.) *The Oxford Handbook of Cognitive Psychology* (pp. 504-523). Oxford University Press.

Greenberg, J. H. (1963). *Universals of language*. MIT Press.

Gopnik, A., & Choi, S. (1990). Do linguistic differences lead to cognitive differences? A cross-linguistic study of semantic and cognitive development. *First Language*, 10, 199-215.

Hayes, S. C., Strosahl, K. D., & Wilson, K. G. (2011). *Acceptance and commitment therapy: The process and practice of mindful change*. Guilford Press.

Horney, K. (1946). *Our inner conflicts: A constructive theory of neurosis*. Routledge.

Johnson, J., & Newport, E. (1989). Critical period effects in second language learning: The influence of maturational state on the acquisition of English as a second language. *Cognitive Psychology, 21*, 60~99.

Keogh, E., Bond, F. W., Hanmer, R., et al. (2005). Comparing acceptance- and control-based coping instructions on the cold-pressor pain experiences of healthy men and women. *European Journal of Pain*, 9, 591 - 598.

Klein, M. (1932). *The psychoanalysis of children*. Hogarth.

Leary, M. R. (2004). *The curse of the self: Self-awareness, egotism, and the quality of human life*. Oxford University Press.

Lenneberg, E. (1967). *The biological foundations of language*. Wiley.

Moerk, E. L. (1989). The LAD was a lady and the tasks were ill-defined. *Developmental Review, 9*, 21-57.

Oshio, A. (2009). Development and validation of the dichotomous thinking inventory. *Social Behavior and Personality, 37*, 729-742.

Oshio, A. (2012). An all-or-nothing thinking turns into darkness: Relations between dichotomous thinking and personality. *Japanese Psychological Research, 54*. 424-429.

Pegg, J. E., Werker, J. F., & McLeod, P. J. (1992). Preference for infant-directed over adult-directed speech: Evidence from 7-week-old infants. *Infant Behavior and Development, 15*, 325-345.

Piaget, J. (1950). *The psychology of intelligence*. Routledge.

Piaget, J. (1952). *The origins of intelligence in children*. International Universities Press.

Pinker, S. (1994). *The language instinct: How the mind creates language*. William Morrow.

Sapir, E. (1929). The status of linguistics as a science. *Language, 5*, 207-214.

Skinner, B. F. (1957). *Verbal behavior*. Appleton-Century-Crofts.

Solé, E., Tomé-Pires, C., de la Vega, R., Racine, M., et al. (2016). Cognitive fusion and pain experience in young people. *Clinical Journal of Pain, 32*, 602-608.

Vygotsky, L. S. (1962). *Thought and language*. MIT Press.

Whorf, B. L. (1940). Science and linguistics. *Technology Review, 42*, 229-231.

■ 책을 만든 사람들

박찬욱 (밝은사람들연구소장)

한자경 (이화여자대학교 철학과 교수)

한상희 (경북대학교 인문학술원 학술연구교수)

김성철 (금강대학교 불교문화연구소 교수)

김방룡 (충남대학교 철학과 교수)

박찬국 (서울대학교 철학과 교수)

권석만 (서울대학교 심리학과 명예교수)

'밝은사람들연구소'에서 진행하는 학술연찬회에 관심이 있으신 분은 전화(02-720-3629)나 메일(happybosal@hanmail.net)로 연락하시면 관련 소식을 받아보실 수 있습니다.

유튜브(www.youtube.com)에서 "밝은사람들연구소"를 검색하시면, 지난 학술연찬회의 주제발표와 종합토론 영상을 시청하실 수 있습니다.

언어, 진실을 전달하는가 왜곡하는가

초판 1쇄 발행 2023년 11월 16일 | **초판 2쇄 발행** 2024년 11월 18일
집필 한상희 외 | **펴낸이** 김시열
펴낸곳 도서출판 운주사
(02832) 서울시 성북구 동소문로 67-1 성심빌딩 3층
전화 (02) 926-8361 | **팩스** 0505-115-8361
ISBN 978-89-5746-764-0 94000 값 23,000원
ISBN 978-89-5746-411-3 (세트)
http://cafe.daum.net/unjubooks 〈다음카페: 도서출판 운주사〉